近代中国财政思想转型研究

敖　涛　付志宇◎著

西南财经大学出版社
中国·成都

图书在版编目(CIP)数据

近代中国财政思想转型研究/敖涛,付志宇著.—成都:西南财经大学出版社,2022.6
ISBN 978-7-5504-5375-3

Ⅰ.①近… Ⅱ.①敖…②付… Ⅲ.①财政—经济思想史—研究—中国
Ⅳ.①F812.95

中国版本图书馆 CIP 数据核字(2022)第 091233 号

近代中国财政思想转型研究
JINDAI ZHONGGUO CAIZHENG SIXIANG ZHUANXING YANJIU
敖 涛 付志宇 著

责任编辑:王 利
责任校对:植 苗
封面设计:墨创文化
责任印制:朱曼丽

出版发行	西南财经大学出版社(四川省成都市光华村街 55 号)
网 址	http://cbs.swufe.edu.cn
电子邮件	bookcj@swufe.edu.cn
邮政编码	610074
电 话	028-87353785
照 排	四川胜翔数码印务设计有限公司
印 刷	四川煤田地质制图印刷厂
成品尺寸	170mm×240mm
印 张	14.25
字 数	248 千字
版 次	2022 年 6 月第 1 版
印 次	2022 年 6 月第 1 次印刷
书 号	ISBN 978-7-5504-5375-3
定 价	68.00 元

序一　一部颇具特色的财政思想史佳作

一

众所周知，财政在国家治理中居于重要地位，财政思想既是财政学的内容，也是政治经济学、经济思想史、经济史的重要组成部分。古今中外，概莫能外。“政治经济学之父”（约翰·穆勒语）亚当·斯密使政治经济学从道德哲学中解放出来，第一个创立了范围广泛而完整的古典政治经济学理论体系，其代表作《国富论》“与蒸汽机毁灭了旧世界，建立了新世界”，并且被西方学界称为“西方经济学的《圣经》”（阿诺德·托因比语）。

西方学术传统大多践行黑格尔信条即“真理只有作为体系才是现实的”，以体系立言设派。《国富论》构建的古典政治经济学体系的宗旨是“富国裕民”，共5篇32章，第一篇和第二篇是政治经济学的基本原理部分，探讨了国民财富的性质以及实现经济增长的条件；第三篇和第四篇从经济史和经济学说史的角度论述了经济政策对国民财富增长的意义和作用；第五篇论君主或国家的收入，属于财政学问题。斯密提出了政府的三项基本职能，实际上阐述了政府与一国经济或财富增长之间的关系，并且第一次创立了近代财政学的基本架构。此外，斯密还提出了资产阶级财政学说史上著名的四大税收原则：公平、确定、便利、经济。不难看出，《国富论》就其结构和所涉及的主要内容来说，并不是一部严格意义上的政治经济学著作。它的内容不仅包括政治经济学，还包括了经济史、经济学说史和财政学。斯密在经济关系史上，第一次构筑了西方政治经济学的理论体系。

应该强调指出，亚当·斯密在经济学说史上的重要地位基本上没有受到颠覆性威胁，但自19世纪中期以来进入相对被忽视的冷遇期。1998年，诺贝尔经济学奖得主阿马蒂亚·森与他的夫人艾玛·罗斯柴尔德指出：“套用莎士比亚的话说，有的人生而渺小，有的人后天变得渺小，亚当·斯密则是被强行地变得渺小。”但是，自20世纪80年代以来，“回归斯密”或“拯救斯密”成了国外经济学发展的一个新动向，其中一个重要的原因就是斯密的经济学是完整的理论体系。

二

《近代中国财政思想转型研究》一书结构安排较有特色。该书作者对近代中国的财政思想转型进行了系统分析，以贯穿整个近代中国财政思想转型过程的现代化趋势为文脉，提炼出章节之间紧密的内在逻辑关系。首先，从财政民主与财政收入、财政支出、财政预算四个方面梳理总结中国传统的财政思想；其次，梳理了中华民国成立前的财政思想发展史，其特点是引入的西式财政理论与旧式的财政思想碰撞而形成的近代中国财政思想转型的二元性；最后，逐章剖析了近代中国的租税思想与支出思想、公债思想与预算思想以及特殊财政思想。

综上所述，中国财政思想转型滥觞于清末，随后在民国开启了财政制度方面的开拓之旅。作者对此做了回顾与反思，得到三点结论：

第一，近代中国财政思想与财政改革始终是以现代化为指向的，最终演变形成两个不同的结果。但是近代中国针对财政改革所设计的现代化制度、机制在具体的实践运行中发生了严重变异，财政改革徒有其表，最终导致近代的财政制度陷入困境直至崩溃，与近代中国财政思想的关系从交织走向分流。

第二，近代中国财政思想转型的结果构建起了一个基本完备的财政思想体系，包括税收、支出、预算、财政监督等方面的思想，开启了近代中国财政现代化的新篇章。从理念内涵层面来看，近代中国财政思想各个部分的内容都带有强烈的现代化内涵表征，如公平、民主等直到现在依旧是主流的财政思想应当追求的价值取向。

第三，近代中国财政思想转型存在着理论与内容方面的不足，可以为当前的财政现代化改革提供历史借鉴。从理论层面看，出现了财政思想对现实财政现象缺乏解释力的“两张皮”现象；从内容层面看，近代财政思想对中国特有的财政制度关注较少，缺乏针对性。

三

作者对近代中国财政思想转型的载体即近代的财政著作及期刊等出版物以及财政学教育做了统计分析研究，从浩如烟海的历史文献档案中梳理出来20多份统计图表，足见作者治学功底之深厚。记得一位资深的历史学家说过：“什么是史学？第一是史料，第二是史料，第三还是史料。”巧妇难为无米之炊，这方面的统计研究为本书研究提供了充分的论据。而至今为止，学术界关于这方面的论著可以说是凤毛麟角。

根据《民国时期总书目（1911—1949）经济》统计，北京图书馆、上海图书馆、重庆图书馆及其他一些图书馆在1911—1949年中出版了16 000余种经济学出版物，其中财政类出版物共2 181种。

例如，根据本书图4-1“近代中国各年代财政类著作出版物占比”、图4-2“近代中国各年代财政类期刊出版物占比”的统计数据，从近代中国财政类出版物的数量来看，在20世纪最初的20年间出版了财政类著作176种、财政类期刊23种，而到了20世纪30年代，财政类著作出版种类多达480种，期刊也有38种。换言之，仅在20世纪30年代，出版的财政类著作大约是前20年的2.7倍。这表明无论是财政时事问题还是财政理论，都受到了社会的普遍关注，“我国财政学方面之著作，既如货币金融书籍之众多，则其对于我国财政方面改进之影响必甚巨，曰：事实俱在，岂容否认?”①

基于学术逻辑、历史逻辑与现实逻辑以及问题导向与逻辑导向相统一的视阈，随着我国2020年基本建立现代财政制度目标的实现，党的十八届三中全会更是把建设现代财政制度目标上升到国家治理的高度。通过回溯中国近代财政思想转型的滥觞，继承并发扬其精髓，甄别并摒弃其糟粕，努力创立适应新时代新发展理念、新发展阶段和新发展格局需要的财政思想体系，才能充分发挥财政职能在治国理政中举足轻重的作用。

《近代中国财政思想转型研究》一书颇具特色：一是把经济思想史与经济史“打通”了，尤其注重研究财政思想未能转化为财政制度或政策措施之缘由；二是研究了财政思想转型的载体，这方面的论著可以说是凤毛麟角；三是强调了西方财政思想与中国实际的融合，继承并发扬国内外近代财政思想中的优秀成果，甄别并摒弃其中的糟粕，以现代化的理念创立适应新时代需要的中国财政学。

由此观之，本书实为经济史与经济思想史相融合，财政思想史与财政史相结合，历史研究法与逻辑分析法相耦合，学术逻辑、历史逻辑与现实逻辑相统一之佳作。

是为序。

颜鹏飞

2022年3月8日于珞珈山

① 朱通九. 近代我国经济学进展之趋势［J］. 财政评论，1941（3）：124.

序二　财政思想史研究园地里的新成果

任何一个学科的学术史都是该学科成立的逻辑起点，也是该学科发展的理论基石。财政思想史既研究财政学发展的源泉，也呈现不同历史时期的财政学流派，因此成为财政基础理论研究的重要内容。经过几代学者的不懈努力，财政思想史已经成为财政学学科建设中一个成熟的学科方向。近年来，受外部环境的影响，发生了一些变化，研究队伍有所萎缩，成果比较零星。“光虽有时而不章，灯燃而光传；薪虽有时为指穷，薪尽而火传”，值得庆幸的是，还有少数学者坚持从事财政思想史的学术研究，将史学求真的精神火种传承下去。

《近代中国财政思想转型研究》是近期财政思想史研究领域的新著，在本书即将付梓之际，我得以先睹为快。“奇文共欣赏，疑义相与析”，我读完本书后有这么几点个人的体会，希望能与读者分享。

第一，从本书的研究内容来看，成功地探索了财政思想与制度的知行关系。一方面，重视思想的物质载体。近代财政思想的成功转型跟当时西学东渐的各种思想文化交流形式是密不可分的。本书从近代的财政学高等教育、报刊的财政言论、财政类学术出版物和学术团体的财政问题争鸣等媒介物入手，进行了大量的统计图表分析，形象地展示出思想转型的道器关系。另一方面，重视对思想的制度分析。制度经济学的一个重要观点就是非正式制度在经济结构变迁中的作用。作为一种非正式制度，思想观念对制度变迁的影响是潜在而深远的，这在书中多有反映。如分析近代遗产税思想对税制的作用时，突出了传统思想中家族与财产观念的软约束。反之，财政实践是检验思想是否被时代接受的标准。国民参政会上提交的财政提案数量众多，思想进步，但大多因缺乏操作性而被束之高阁。通过深入研究，本书得出的一个重要结论就是财政思想转型成功的标准在于知行合一，相信读者看后自会信服。

第二，从本书的研究方法来看，娴熟地处理了经济学与史学方法的互洽关系。一方面，重视学科的交叉融合。财政思想史先天地横跨经济学、史学、财政学与经济思想史等不同的学科，故而研究者需具备多种学科的知识结构。本书也确实反映出作者对交叉研究的知识储备，博采众家，熔为一炉。如对税收三种维度的经济理论分析、对民国档案文献的史料辨析、对学术著作的哲学思辨、对财政民主的政治学解构、对外债借款的管理学判断，分别从社会科学与人文科学的不同角度透视财政思想近代化的过程，增加了本书的可读性。另一方面，重视方法的融会贯通。传统经济思想史的写法多为纪传体或学案体，经济史的体例常用编年体或纪事本末体。纵观本书的方法，可谓史无定法，既有结合论者的生平分析思想成因，也有对学术流派的渊源探究；既有对某项制度的年代梳理，又有对某种财政思潮的演化考察……其方法的采用和选择取决于研究对象自身的属性，也呈现出近代财政现象的多样性特征。读书好比看万花筒，读者可以从书中找到自己习用的研究路数，换一个角度也可望发现其他学科的研究方法。

第三，从本书的学术观点来看，准确地揭示了一般与个别、历史与现实的辩证关系。一方面，重视思想的中国特色。近代财政思想虽来源于西方财政理论，但并非都适用于当时的中国。作者在本书的体例安排上设专章介绍特殊财政思想，也即西方财政理论所不能解释的如超然主计、地方自治财政、战时财政思想等。众所周知，国民政府能够坚持长期抗战，直接税制功不可没，马寅初的过分利得税思想因操作性强而被采纳。而国民党政权的覆灭也与其财政经济状况的恶化密不可分，王云五的财税金融改革方案起到了最后一根稻草之效。正反两方面研究足以证明财政思想的转型成败取决于与现实的耦合或背离。另一方面，重视思想的史鉴价值。本书最后部分对近代财政思想转型的规律加以总结，并为当前的财税体制改革提供借鉴，可以说是“学史明理”的重要成果。如对比近代的裁厘改税与“营改增”、节制资本思想与实现共同富裕、自治财政思想与地方税体系建设、平均地权思想与土地财政破解等诸多问题，相信读者能从中发现历史的进步螺旋式上升的规律。“后之视今，亦犹今之视昔”，近代财政思想因其具备相似的时代背景，足以为当下提供参考，亦是本书的鲜明特色。

《近代中国财政思想转型研究》一书不仅是财政思想史研究园地里的新成果，也为未来财政思想史的课堂教学与教材编撰提供了新的素材。在此谨对本书的出版表示祝贺！

“有匪君子，如切如磋，如琢如磨”，希望学界同仁能就本书的内容、方法与观点进行切磋，也帮助本书的作者继续琢磨，深耕广拓，在财政思想史研究的园地里结出更多的果实！

樊丽明

2022 年 5 月 25 日于泉城

摘　要

一个国家在某个特定历史时期占据主导地位的财政思想体系，并不只是简单的理论范畴问题，而是会对政府行为产生影响，关联到资源配置、收入分配、经济稳定等各个方面。在不同的历史时期，由于政治、经济、文化等方面的背景差异，一个国家不可能存在一成不变的财政思想。近代中国财政思想经历了一个从传统到现代化转型的过程，这一时期的财政研究氛围极其活跃，财政思想范围日益扩大，财政思想内容不断充实，财政改革实践也层出不穷，逐步形成了这一时期独具特色的财政思想体系。虽然这一时期的财政思想与当下相比在各方面存在着极大的差异，但其无疑是特定历史条件下的宝贵思想结晶。随着我国2020年基本建立现代财政制度目标的实现，财政思想也进行了相应的现代化改革和创新。论及财政思想的现代化，我们不应忽视与现今财政思想有着莫大渊源的近代财政思想。在现代财政思想体系构建中，通过回溯中国近代财政思想转型的滥觞，结合我国目前的国情，继承并发扬近代中国财政思想中的优秀成果，甄别并摒弃近代财政思想中的糟粕，以现代化的理念指导创立适应时代需要的财政思想体系，才能充分发挥财政的职能作用。

基于此，本书对近代中国的财政思想转型进行了系统分析，以贯穿整个近代中国财政思想转型过程的现代化趋势为文脉，提炼出章节之间紧密的内在逻辑关系。

本书第1章为绪论，对近代中国财政思想转型的相关研究进行了综述。第2章简要回顾了中国传统的财政思想，从财政民主与财政收入、财政支出、财政预算四个方面加以梳理总结。第3章以近代中国财政思想形成的内外环境为出发点，分别概述中华民国成立前的财政思想发展历史以及肇始于晚清的西式财政理论的引入，总结出近代中国财政思想转型的二元性。在这一特征的形成至结束过程中，现代化财政思想体系自西至东，并与传统财政思想发生了激烈的碰撞，最终形成旧式的财政思想退而让之的状态。近代中国的财政思想便是在这样复杂的内外环境下开始转型的。在第3章相关背景研究的基础上，联系本书的研究核心为财政思想转型，在对其进行分析之前，有必要对近代财政思想转型的传播平台及知识基础进行探讨。出于必要性和充分性考虑，本书第4章运用统计方法分析了近代的财政著作及期刊等出版物以及财政学教育。一方面从必要性的角度出发，通过对这两方面的统计分析，较为清晰地了解近代中国财政思想的发展脉络及轨迹；另一方面从充分性角度出发，这一时期的财政著作及期刊等出版物对近代中国财政思想的演进有着重大助推力，财政学的高等教育也提供了财政思想在当时以及未来发展的知识基础。这方面的统计研究为本书研究提供了充分的论据。基于第4章宏观式的统计研究，本书第5章具体回溯了近代中国财政思想的转型，并提炼出财政思想现代化的公共性特征。财政学是近代才建立起来的学科，学科的构建过程关系到整个思想体系的发展导向，对其进行基本认识显得尤为重要。而作为现代公共财政的本质——公共性特征，则为其他部分的研究奠定了现代化的理论基调。依托第5章财政学科的构建框架，本书在第6章首先研究了近代中国财政思想体系当中最为重要的理论——租税思想与财政支出思想。在这个部分，近代的财政思潮、学说甚至争论集中体现了当时学术界的思想高度，也为财政思想彻底转型做出了巨大贡献。依托多个维度的研究，租税思想凸显出浓厚的现代化色彩，而财政支出思想则相较之下略显沉寂，由此显现出近代中国财政思想重收入轻支出的研究状况。基于此，本书在第7章将视角转向对公债思想及预算思想的研究。公债是财政收入的特殊补益，预决算制度则影响着财政收支的配置过程，二者在内容及管理层面都对财政收支影响深刻。根据本书的研究，近代中国的公债思想聚焦于利弊、发行、管理、使用与偿还等方面的研究，而预决算相关思想在不断完善对编制、审批、执行、决算、评价全环节研究的同时，始终坚持民主、法治的价值取向。继预决算思想过后，近代中国的财政体制与财政监督的思想也衔尾相随。鉴于近代中国这两方面的思想以及战时财政思想与现今对应的财政思想都有较大的特殊性，本书集中在第8章将地方自治财政思想和超然主计、联综组织思想以及战时财政思想归于特殊领域类理论进行了探究。第9章在前面的研究基础上进行总结，并由此提出相关反思、借鉴以及启示。

通过以上研究，本书得出如下结论：

第一，近代中国财政思想与财政改革始终是以现代化为指向的，最终演变形成两个不同的结果。在这一时期，财政思想与财政改革在现代化潮流中相互交织。近代中国在现代化的时代浪潮中，自觉或不自觉地在财政领域采取了一系列变革创新的改革措施，由此为财政思想的产生提供了现实土壤；近代中国的财政思想在借鉴西方财政思想并进行理论演化的过程中，丰富了财政思想内容，也汲取了西方财政思想中优秀的内涵如民主、法治等现代化观念，反过来又对政府的财政改革产生了或多或少的影响。但是近代中国针对财政改革所设计的现代化制度、机制在具体的实践运行中发生了严重变异，财政改革徒有其表，最终导致近代的财政制度陷入困境直至崩溃，与近代中国财政思想的关系从交织走向分流。

第二，近代中国财政思想转型的结果是构建起了一个基本完备的财政思想体系。通过研究，本书认为，近代中国财政思想在新旧财政思想的碰撞下开始萌芽、发展并逐步实现现代化转型。从内容结构上来看，其在财政一般理论、收入、支出、预决算、体制等方面的思考已经基本完备，有的制度如超然主计、联综组织与现今相比甚至还具有不少优越性。从理念内涵层面来看，近代中国的财政思想各个部分的内容都带有强烈的现代化内涵表征，当时所倡导的理论内涵如公平、民主等直到现在依旧是主流的财政思想应当追求的价值取向。

第三，近代中国的财政思想转型存在着理论与内容方面的不足，可以为当前的财政现代化改革提供历史借鉴。从理论层面看，近代财政思想较多地吸取了西方主流财政学理论，但对中国传统财政思想中的合理成分接续较弱，以致出现了财政思想对现实财政现象缺乏解释力的“两张皮”现象。从内容层面看，近代财政思想着重于现代税制与预算制度的建立，但对中国特有的财政制度关注较少，缺乏针对性，导致财源枯竭，财力困顿，抗战时期所谓“财政国家”自我持续能力削弱，尤其是到了国民政府后期出现财政收支矛盾突出，通货膨胀严重等现实财政问题。这些历史教训为我们现在正在进行的财税体制改革带来了深刻的启示。

关键词：近代中国；财政思想；财政理论；转型；现代化

Abstract

In some particular historical period, the theoretical system of public finance in the dominant position of a country, is not simply the question in the theoretical category, but would impact the government behavior, which is related to the allocation of resources, income distribution, the virtuous cycle of the national economy and other aspects. Due tothe different backgrounds of politics, economy, culture and so on, it is impossible for the different countries in different periods to share the same financial theory. During the period of the recent China, the theory of public finance has gone through a process from scratch, and during this period the research on the theory of public finance was extremely active, the scope of the study of public finance was expanding, the content of public finance was becoming more and more abundant, and the practice of financial reform emerged without end, gradually forming the theoretical system of public finance in this period. Although the theory of public finance at that time is extremely different from the theory at present, it is undoubtedly a valuable crystallization under the specific historical conditions. At present, China has clearly put forward the goal of establishing a modern financial system by 2020, and the theoretical system of public finance is being reformed and developed accordingly. On the modernization of public finance, the theory of public finance in the period of the recent China should not be neglected, which has a great connection with the current public finance theory. In the construction of modern financial theory system, only through tracing back the origin of the theory of public finance in the modern times of China, combined with the present situation of our country, inheriting and carrying forward the achievements of public finance in the recent China, abandoning and avoiding the dross in the public finance in the recent China, and establishing the theoretical system of finance to meet the needs of the times with the concept of modernization, the financial functions can be given full play.

Based on this, this paper makes a systematic analysis on the theoretical system of public finance in the recent China. With the modernization trend of the evolution of the theory of public finance throughout the period of the recent China as the vein, the close internal logical relationship between each chapter is extracted.

The first chapter is the introduction, in which it makes a summary of the research on the theory of public finance in the period of the recent China. In the second chapter, based on the internal and external environment of the financial theory system in the Recent China, the author reviews the history of the development of the financial thought before the establishment of the recent China and the theoretical basis of the western public finance started from the Late Qing Dynasty, and summarizes the duality in the modern Chinese financial thought. During the process from the formation to the end, the system of modern financial thought spread from the west to the east, collided with the traditional financial thought, and finally ended in the abdication of the traditional financial thought. The theoretical system of public finance in the recent China began to be constructed in such a complex internal and external environment. On the basis of related background research in Chapter Two, combined with the theoretical system of public finance as the research core of this paper, the author discusses the communication platform and knowledge base of the financial theory system in the recent China. Considering the necessity and sufficiency, in Chapter Three, the author conducts a statistical analysis on the financial work and periodical publications in the recent China. On the one hand, from the perspective of necessity, through the statistical analysis of these two aspects, it gives a clear understanding of the development and trajectory of the financial system in the recent China. On the other hand, from the perspective of sufficiency, during this period, the works of public finance and periodical publications have great promotion on the development and evolution of the theory of public finance in the recent China, and the development of higher education of public finance has also established the knowledge base of the theory of finance at that time and the development in the future. The statistical research in this area has provided sufficient arguments for this study.

Based on the macroscopicstatistical study in the third chapter, in Chapter Four, the author specifically reviews the construction of the subject of public finance in the recent China, and abstracted the characteristics of publicity in the modernization of Finance. Public finance is a subject which was established in the recent China. The construction process of the discipline is related to the development of the whole theoretical system. Public finance is a subject established in the recent China. The construction process of the discipline is related to the development of the whole theoretical system, therefore the basic understanding of it is particularly important. While the essence of the modern public finance——the characteristics of publicity, has laid the theoretical foundation of modernization for other parts of the research. Relying on the construction of the framework of public finance in the fourth chapter, in Chapter Five, it firstly studies the most important theory in the theoretical system of public finance in the recent China——fiscal revenue and expenditure theory. In this theoretical part, the trend of thought, theory and even debate of the scholars in the recent China embodied the theoretical level of the academic circles at that time and made a great contribution to the deepening of the theory. According to the research on multiple dimensions, it can be seen that theory of taxation highlighted a strong color of modernization, while compared with that, the theory of fiscal expenditure was kept relatively quiet, thus revealing the research condition on theory of public finance in the recent China that "values income and neglects expenditure". According to the research characteristics of the theory of public finance in the recent China that "values income and neglects expenditure", in Chapter Six, the author switches the perspective to the study of the theories of the final accounts and the public debt. Public debt is a special supplement of financial revenue, and the system of budget and final accounts affects the allocation of financial revenue and expenditure. The two have profound impacts on the financial revenue and expenditure in the content and management level. According to the research of this paper, the theory of public debt in the recent China focused on the research on the issuance, management, use and repayment, while the related theory of budget and final accounts was continuously improving in the research on the whole link of preparation, approval, implementation, final accounts and evaluation, and it always adhered to the value orientation of democracy and legal system. Following the theory of final accounts, the theory of financial system and financial supervision in the recent China emerged one after the other. Since the theories of these two aspects in the recent China and the financial theory in the wartime have great particularity compared with the corresponding theories at present, in Chapter Seven, the author classifies the local autonomy finance theory, detached Zhuji theory, combined branches of clan theory and financial theory in the wartime into the special field to conduct analysis. On the basis of the research above, Chapter Eight makes conclusion, and puts forward corresponding reflection, reference and enlightenment.

After the analysis above, this paper reaches the following conclusions:

Firstly, during the period of the recent China, the theory of public finance and the reform of Finance had always been directed towards modernization, but they eventually evolved into two different results. During this period, the theory of public finance and financial reform interwove with each other in the trend of modernization. In the wave of modernization, The government of the recent China carried out a series of reform measures in the field of finance consciously or unconsciously, thus providing realistic foundation for the theory of public finance; while borrowing western public finance and theoretically evolving, the theory of public finance in the recent China has enriched its content and absorbed the modern connotation of Western finance such as democracy and legal system. In turn, it had affected the government's financial reform more or less. However, in the specific practice, the system and mechanism of modernization designed for financial reform in the recent China have undergone serious variations, and the financial reform was only a form, resulting that the financial situation of the recent China was in a dilemma, and the relationship between the government and the financial theory in the recent China changed from weaving to diversion.

Secondly, during the period of the recent China, the theory of public finance set up a basic theory system of public finance. After the research, the author proposes that, the theory of public finance in the recent China began to develop under the collision of the new and old financial thoughts. In view of the content and the structure, its researches on the general theory of finance, income, expenditure, budget and final accounts, and the system have been basically completed, and a lot of theories with innovation emerged compared with today; in view of the concept and connotation, each part of the public finance theory in the recent China had a strong connotation of modernization, in which the connotations of modernization such as fairness and democracy advocated at that time have been still the value orientation of the theory of public finance until now.

Thirdly, the financial thought of the recent China have some faults and shortcomings in theories and contents which can provides the history use for reference in the nowadays finance and taxation system reform. The one part is the theories only studies the western public finance, lacks the heritage of ancient China financialthought. The other part is the contents of the financial thought only concentrates on the taxation and public debt, lacks the special financial systems in recent China, which makes the financial resources decreased and the financial talents declined. Mostly the latter fault lead to the government perished due to the serious currency inflation in 1940s. These lessons can enlighten us profoundly the directions to the nowadays finance system innovations.

Key words: the Recent China; the Financial Thought; the Theory of Public Finance; Transform; Modernization

目 录

1 绪论

1.1 研究背景及意义

1.1.1 研究背景

一个国家在某个特定历史时期内占据主导地位的财政思想体系，并不只是简单的理论范畴问题，而是会对政府行为产生影响，关联到资源配置、收入分配、国民经济等各个方面。不同时期的不同国家之间，由于政治、经济、文化等方面的差异，不可能存在一成不变的财政学理论。近代中国的财政思想经历了一个从传统到现代转型的过程，这一时期的财政思想极其活跃，财政研究范围日益扩大，财政思想内容不断充实，财政改革实践层出不穷，形成了这一时期独具特色的财政思想体系。虽然这一时期的财政思想与当下相比各方面存在着极大差异，但其无疑是特定历史条件下的宝贵思想结晶。

目前我国明确提出了建立现代财政制度的目标，对财政理论也正在进行相应的现代化改革和创新。论及财政理论的现代化，我们不应忽视与现今财政理论有着莫大渊源的近代财政思想。国家领导人在众多场合多次强调要加强对历史尤其是近代中国的发展史的学习与研究，为我们当前的学术研究指明了方向。近期国家又倡导要创建用原有理论解释中国问题的中国经济学，其中中国财政学也是重要组成部分之一。在中国财政学的创建中，所谓“原有理论”正是传统财政思想与近代财政实践结合的智慧结晶。回溯近代中国财政思想滥觞、演化到彻底转型的过程，并结合我国目前的财政工作实践，正是创建中国财政学的基础工作之一。继承并发扬近代财政思想中的优秀成果，甄别并摒弃其中的糟粕，以现代化的理念创立适应时代需要的中国财政学，才能充分解释中国自身的财政问题。

1.1.2 研究意义

近代中国财政思想在中国财政思想史上的地位不容动摇。出于对其现实意义及推动制度层面改革进步的考虑，对近代中国财政思想转型进行深入研究自然具有重要价值。

从现实意义来讲，即使是在今天，我们也还一直在财政思想现代化的路上。党的十八届三中全会更是把建设现代财政制度目标上升到国家治理的高度。而论及财政的现代化，百余年前的财政思想转型探索有着值得我们深入探讨的巨大价值。中国财政思想转型滥觞于清末，随后在民国短短数十年间进行了财政制度方面的开拓。无论是北洋政府还是南京国民政府，虽然其财政状况千疮百孔、乏善可陈，但不可否认的是，近代中国财政思想转型的影响深远，比如建立现代税收思想体系、倡导地方自治、创建财政预决算制度、创设财政监督体系等财政思想。这些财政思想方面的转型，不仅在当时开启了近代中国财政现代化的新篇章，也为我国今后长时间的财政现代化改革提供了宝贵的经验借鉴。

从制度层面来讲，近代中国社会长期处于动荡局面，表现在财政改革的过程中也是举步维艰。但是有一点毋庸置疑，即这一时期的财政思想一方面得益于财政改革的现实依据，另一方面则是当时的社会动荡反过来也为财政思想的探索与交流提供了一个十分自由的学术环境，从此拉开了中国财政思想转型的序幕。近代建立起来的财政思想体系，如税收、支出、预算、财政监督等方面的思想，即便在今天都显得毫不逊色。回溯近代中国财政思想源流，有一定的理论意义。由此看来，对近代中国财政思想转型进行回溯有着十分重要的理论重塑及实践借鉴意义。

但是由于各种原因，这方面的研究长期以来并没有能够得到系统深入的发展。这其中有着很多影响因素，很重要的一个影响因素是中华人民共和国成立以后，受意识形态方面的影响，许多学者对近代经济思想史的研究避而不谈，即便是偶尔涉及近代财政思想，也是立足于批判。此外，近代中国财政思想的研究难度也使得很多学者望而却步。如前面所提到的，在当时自由的学术环境下，各类关于财政的思想借助报纸、期刊、书籍等形式得以广泛传播，因而呈现在我们面前的便是浩如烟海的各家之言。想要将这一时期的有价值的思想提炼出来，需要耗费大量时间及精力，因而许多学者不愿涉猎此领域。

随着经济的发展，财政在国家治理中的重要地位及近代中国经济思想史研究的极大价值逐渐凸显，我国财政学术界也越来越注意挖掘近代财政思想史方面有价值的理论。本书亦希望能为此领域内的研究增添一分力量。

1.2 研究现状

1.2.1 以思想为视角的研究

1.2.1.1 中华民国的财政思想研究

研究近代中国的财政思想，必须对当时学者的研究有全局性的了解。在近代中国，财政学成为当时经济学大类中的热门学科，但目前所能找到的当时对这些财政学说进行总结的文献寥寥无几。最早有朱偰于1935年在《中央时事周报》第四卷第六期所刊发的《论中国之财政书籍及中国财政学》，以评论的形式，在开篇以较小篇幅简略评介了当时国内财政史、地方财政、关税、公债等领域的代表性财政书籍，并对中国财政学的发展状况进行了总结。除此之外，还有学者朱通九于1941年在《财政评论》第五卷第三期上所刊发的《近代我国经济学进展之趋势》。该文对当时的经济学思潮进行了总结，尤其对当时公共财政方面的思潮进行了总结，并对当时众多的财政学家诸如尹文敬、何廉及李锐等人的理论著作进行了评述。此外，夏炎德的《中国近百年经济思想》（上海：商务印书馆，1948）在第六章介绍了廖仲恺统一财政的思想，并在第七章设有“过去经济思想的评价”，介绍了当时的经济学家如马寅初、陈启修等在财政领域的思想。

1.2.1.2 中华人民共和国的财政思想研究

1. 著作类

中华人民共和国成立以后，在对近代财政思想总结方面贡献最大的当属胡寄窗先生。他的《中国近代经济思想史大纲》（北京：中国社会科学出版社，1984）中有对20世纪20年代至40年代国内财政思想概况的介绍，并对当时主要的财政学著作进行了专门评述。此外，胡寄窗还与谈敏共同撰写了《中国财政思想史》（北京：中国财政经济出版社，1989），该书研究范围从先秦的财政思想直至五四运动时期的财政思想，其中在概述清末民初的财政思想时，对梁启超、孙中山等人的财政思想进行了详细的评述，但是对其他学者的财政思想未做进一步概括。侯厚吉、吴其敬的《中国近代经济思想史稿》第三册（哈尔滨：黑龙江人民出版社，1984）不仅对章太炎的财政金融学说进行了介绍，还在“清朝末年和民国初年买办官僚的经济思想”一章中对当时盛宣怀、梁士诒、周学熙等人的财政观点进行了总结。叶世昌的《二十世纪中国社会科学（应用经济学卷）》（上海：上海人民出版社，2005）在“建国前财政学发展”一节的叙述中，专门介绍了民国财政学家如尹文敬、吴兆莘、贾士毅、何廉及李锐的著作，并对当时财政思想的研究特点、财政学体系进行了总结。钟祥财的《20世纪中国经济思想述论》（上海：东方出版中心，2006）里设有“20世纪中国的收入分配及相关政策思想”一章，其中以“财政政策的思考主线”为题，专门对近代中国马寅初等人的财政思想进行了相关研究。夏国祥所著《近代中国税制改革思想研究（1900—1949）》（上海：上海财经大学出版社，2006）一书系统研究了近代中国的税收思想，对近代中国的税制改革思想展开了细致的研究。孙大权《中国经济学的成长》（上海：上海三联书店，2006）以中国经济学社为研究对象，对当时众多的财政学家进行了介绍，并在“中国经济学社的主要经济思想”一节中对学社成员们的财政思想进行了总结。邹进文的《民国财政思想史研究》（武汉：武汉大学出版社，2008）则对近代中国的财政思想进行了深入概述。该书对北洋政府、南京国民政府前期、南京国民政府后期、抗战时期等不同阶段的财政思想进行了梳理和总结。付志宇所著《近代中国税收现代化进程的思想史考察》（成都：西南财经大学出版社，2010）以人物为视角，从税收现代化的角度对近代中国各个时期的税收思想进行了充分的考察。

此外，对于近代中国财政思想的研究并不限于内地，我国台湾地区也有相关的研究成果，当然大多数的研究对象主要被夹揉在财政制度史中。如陈淑株的《蒋经国对赣南财政的整顿及其效果》（台北：“中央研究院”近代史研究所，1999）介绍了蒋经国对赣南财政的整顿以及自治财政的相关情况。林满红在《财政与近代历史》（台北：“中央研究院”近代史研究所，1999）一书序言中分析了1600—1949年政府财税控制能力的变化。苏云峰的《政局与财政的互动关系：以抗战前期湖北为例》（台北：“中央研究院”近代史研究所，1999）研究了湖北的政治和财政之间的互动关系。王树槐的《北伐成功后江苏省财政的革新（1927—1937）》（台北：台湾商务印书馆，2008）一书探讨了江苏省财政革新之真相及其成功在理论层面的原因。侯坤宏的《抗战时期的中央财政与地方财政》（台北：“国史馆”，2000）探究了中央与地方之间的关系以及“财政中央化”与“庶政地方化”二者的矛盾。林美莉的《西洋税制在近代中国的发展》（台北：“中央研究院”近代史研究所，2005）系统研究了近代中国建立西方近代税制体系的全过程。上述著作中均涉及财政思想的相关内容。

2. 论文类

除了学术著作之外，还有不少学术论文也对近代中国的财政思想史进行了深入研究。刘圣宜的《略论民国初年的理财思想》（《华南师范大学学报》1994 年第 1 期）针对民国初年财政学术界中最具有代表性的理财思想进行了叙述和分析。王学庄的《“重税”“累进税”辨：关于孙中山地价税研究中的一个问题》（《广东社会科学》1991 年第 3 期）则细化至孙中山在“重税”“累进税”方面的思想。赵晓雷的《中国经济思想发展的历史转折——论工业化思想主体地位的确立》（《中国经济史研究》1994 年第 1 期）论述了近代中国随着工业化思想的确立，财政观念发生了现代化转变，例如赋税来源由“赋出于田”转为“赋出于工商”，财政重心由节流转为开源等。马陵合的《论民初关于外债问题的争议》（《史学月刊》1997 年第 3 期）介绍了在民国初期财政窘迫的状况下，理论界、政治界各家外债观的交锋过程。夏国祥的《清末民初西方财政学在中国的传播》（《江西财经大学学报》2004 年第 6 期）总结了民国初期财政理论在中国的传播过程。严清华、邹进文的《民国经济思想史研究的意义与构想》（《河南师范大学学报》2005 年第 1 期）从研究方法、研究视角、研究领域等方面提出了民国经济思想史包括财政思想史研究的新构想。冯小红的《南京国民政府时期（1927—1937）的县财政研究综述》（《历史教学》2005 年第 4 期）则从地方县级财政角度进行了研究。宋丽智的《国民政府时期超然主计思想变迁研究》（《财经研究》2007 年第 8 期），详细梳理了当时学者们关于超然主计思想的理论争辩。梁捷的《首批海归经济学家与民国财政研究》（《上海证券报》，2007-03-05）、汤虎君的《民国财政税务实践和研究大家——贾士毅》（《档案与建设》2012 年第 3 期）两篇文章则从经济学家的视角研究了近代中国的财政思想。刘京、丛月芬的《近代中国的财政研究及对当前财政改革的启示》（《开发研究》2010 年第 3 期）集中评述了近代中国公共财政与国家财政的关系、财政制度改革、地方财政等五个方面的财政理论在近代中国的研究状况。

在我国台湾地区，周呈奇的《国民政府时期的现代经济学研究（1927—1949）》（《华人经济研究》2008 年第 2 期）一文对 1927—1949 年的经济思想包括财政思想的成就及影响进行了阐述。

1.2.2 以人物为视角的研究

以财政人物为研究视角，即是以个体的财政思想为主线进行研究。分析个体时可结合多种因素，如个体的其他经济思想、观点，其所处的社会政治经济状况，其财政思想的源泉与影响等。这一研究方法因其研究对象具体明确，且以管中窥豹方式了解当时经济思想发展进程的优势，被很多学者采用。当然，这种研究视角也有一些不利因素：首先，不确定性因素很多，比如理论的延续性、观点的持续变化、结论未得出、经济学者有待历史考验；其次，受近代中国人物数量、思想素材限制，财政思想发展的面貌难以全面反映；最后，由于能够建立完整理论体系的经济学者、学派数量极少，历史的完整性难以依靠此方法获得。笔者根据所掌握的现有文献资料进行梳理，对这方面的研究成果综述如下：

中华民国时期有吴干在1936年撰写的《马寅初、非常时期与所得税》，从问题讨论的角度侧面介绍了马寅初的战时财政思想，尽管意见不同，但是全面阐释了两家之言。岑学吕在1939年编撰的《三水梁燕孙先生年谱》，以人物纪事的形式记录了梁士诒的财政思想。中华人民共和国成立后，有叶青的《孙中山财税思想对当前财税改革之影响》（《中南财经大学学报》1995年第6期）就孙中山在财税改革方面的思想进行了概述。苏全有的《论袁世凯的财政思想与实践》（《河南师范大学学报》1996年第1期）从经济近代化的角度对袁世凯的财政思想与实践进行了重新解读。陈勇勤的《所得税与国民政府财政——从崔敬伯的财税理论谈起》（《学术研究》1996年第2期）针对崔敬伯在20世纪二三十年代撰写的重点探讨财政税收问题的论著进行了归纳。韩华的《论陈焕章对孔子“理财”思想的现代诠释》（《社会科学研究》1999年第8期）评介了陈焕章利用近代西方经济学原理重建孔子学说中“理财”思想的实践。周霞的《袁世凯的赋税思想与政策》（《广西社会科学》2002年第1期）就袁世凯任大总统后的赋税思想进行了评价。纪庆芳的《马寅初战时经济思想探微》（《枣庄师范专科学校学报》2002年第4期）研究了马寅初的战时财政思想。蔡志新的《孔祥熙理财思想初探》（《历史教学》2003年第6期）对孔祥熙担任国民政府财政部部长期间的理财方针、战时财政思想以及其他的一些理财言论进行了分析和探索。牛定柱的《对马寅初财政思想的简要述评》（《云南财贸学院学报》2005年第1期）简要论述了马寅初的财政思想。舒丽娟的《南京国民政府时期马寅初税收思想研究》（《北方经贸》2014年第2期）研究了马寅初后期的税收思想。

还有大量的硕士论文、博士论文对近代中国的财政思想也进行了有益的探讨。如华中师范大学涂永的硕士论文《宋子文财政思想述评》（2002）对宋子文的财政思想进行了述评。河南大学牛林豪的硕士论文《1945年前马寅初财政思想研究》（2005）研究了马寅初在税人论、预决算论方面的财政思想。华中师范大学陈弘的硕士论文《贾士毅财政思想评述》（2006）评述了贾士毅的财政思想。郑州大学彭景景的硕士论文《近代中国马寅初经济思想研究》

（2012）对马寅初的战时财政思想进行了专门评论。天津财经大学刘印本的硕士论文《马寅初民国财政预算统制思想研究》（2013）对马寅初的预决算思想进行了专门评述。湖南师范大学王鹏飞的硕士论文《民国后期马寅初的财政思想研究（1940—1949）》（2015）对马寅初在民国后期的税入论、财务论等财政思想进行了系统研究。

1.2.3 以论著为视角的研究

以财政学著作及刊物为视角的研究，十分具有针对性。在近代中国，许多财政研究领域的学者或著书立说或在期刊上发文传播思想、表达意见。因此，从这个视角出发的财政思想研究较有新意。虽然目前以刊物为研究视角的经济思想研究业已展开，但财政方面的成果仍寥寥无几。财政思想史方面的代表性研究成果仅有郭小兵（2012）对民国的《财政评论》进行研究。该论文很有针对性，系统分析了当时主流学术刊物《财政评论》所载文章的财政思想。以财政学著作以及刊物为视角的研究或将成为下一步对近代中国财政思想研究的重点。

综合上述历史文献来看，关于近代中国财政思想的研究主要表现在以下两个方面：一是从特定人物的财政思想的视角进行的专题研究占主要部分，对近代中国财政思想进行整体性研究的较少，以财政思想转型作为研究对象的成果基本上没有；二是目前的主要研究成果多数仅对某一历史阶段的财政思想进行探析，对1840—1949年这一完整的近代史时期内的财政思想进行研究的成果也较少。这种情况造成了目前以近代中国财政思想转型为主线的研究还是片段化的、零碎的。因此，对该问题进行系统、深入研究的空间还很大。

1.3 研究内容及范畴界定

1.3.1 研究内容

本研究所探讨的是近代中国财政思想的转型，因此采用了当代财政理论框架来分析近代中国的财政思想体系。本书主要关注以下几个方面：

1.3.1.1 对传统财政思想的回顾

传统中国财政思想是财政思想转型的起点，需要对此进行简要的梳理和回顾。

首先是税收思想丰富多彩，无论是税种还是税制、税负还是结构，传统中国文献都有非常详尽的论述。其次是支出思想，主要是节流节用与支出系统划分两个方面的思想比较突出。最后是预算思想。在传统中，量入为出的预算原则思想占据主导地位，并在一定的历史背景下出现过量出为入的指导思想与预算实践。

1.3.1.2　近代财政思想转型的环境

第一，以宏观的角度分析近代财政思想转型的萌芽、发起的外在环境，从政治、经济、文化、教育等方面观察各因素对近代财政思想的影响程度，并勾画出财政思想在这一时期的显著特征。

第二，以微观的角度探讨财政思想转型的内部环境，主要是传统意识、思想形式等方面在这一时期的转变。

1.3.1.3　近代财政思想转型的载体

近代中国的财政学出版物以及财政学教育是财政思想转型的传播平台及知识基础，对此方面的研究能够让我们直观地审视这一时期财政思想的结构特征以及发展轨迹。根据我们所掌握的数据及史料，具体研究内容如下：

第一，以不同时期、不同类别的交叉统计对近代财政出版物进行分解分析，并总结其与财政思想的关系。

第二，回溯近代财政学教育的发展，分析三次学制及留学教育对财政思想转型发展的贡献。

第三，探讨近代中国财政学术交流对于财政思想转型的影响。

1.3.1.4　近代财政思想转型的过程

财政基础理论的形成关系到整个财政思想体系的发展方向，通过解析财政基础理论能够从整体的高度立体化看待近代中国财政思想转型。具体内容包括：

第一，探寻并回顾这一时期财政理论的传统渊源及相关背景，同时理清财政思想转型与理论体系构建的具体表现形式。

第二，协同比较“理财求富”“理财救国”等观念，论述财政基础理论中对公共性内涵的普遍认知，以此论证财政思想的现代化内涵。

1.3.1.5　近代中国的税收与支出思想

第一，界定税收现代化概念，并设定财政制度、财政体制、财政管理三个维度，聚焦近代学者在税收领域的思潮、学说甚至争论，探讨税收理论在晚清时期、北洋政府时期、国民政府前期、国民政府后期四个阶段不断完善的现代化趋势。

第二，分析财政支出思想在支出原则、支出膨胀论、国地支出、支出的技术程序方面的表现及其影响。

1.3.1.6　近代中国的公债与预算思想

第一，结合晚清时期、北洋政府时期、国民政府前期、国民政府后期四个阶段的公债政策背景，理清各个阶段公债实践与公债思想之间的传导关系及差异，并归纳出这一阶段公债思想的特点及其局限性。

第二，结合对比近代效率优先的预算相关改革，并论述预算思想在编制、审批、执行、决算、评价等环节的完善，从而论证预算思想关于民主、法治的价值取向。

1.3.1.7　近代中国的特殊财政思想

近代中国的特殊财政思想包括地方自治财政思想、战时财政思想以及超然主计与联综组织思想。为更鲜明地体现这些思想的特殊性，具体研究内容如下：

第一，追溯地方自治理念在近代的传播、演变过程，进而清晰地反映出地方财政思想的特殊性，并分析其形成背景、基本概念、具体设计等方面内容。

第二，结合超然主计与联综组织思想形成以及深化的过程，凸显其首创性。

第三，研究战时财政的集中问题，提炼出战时财政思想在特殊时期的独特性。

1.3.1.8　反思与启示

在前面几章的研究基础上，我们综合总结后得出结论，并由此提出正反两方面的经验和教训、反思和借鉴以及对现实的启示。

1.3.2　范畴界定

1.3.2.1　时间范畴的界定

本研究内容的时间范畴属于“近代中国”，但学界对“近代中国”这一时间跨度存在不同划分。若以1840年鸦片战争爆发作为近代史开端的标志，则近代中国时间跨度为1840—1949年。若以1853年曾国藩在扬州征收厘金为起点，则近代中国时间跨度为1853—1949年。两个时间范畴的差异对本研究并不存在实质性影响，但考虑到本研究以财政思想为对象划分古代与近代的界线，而征收厘金是中国财政史的重要节点，有其时间范畴上的显著性，所以，出于对阶段性特征的考虑，本研究在时间范畴上将近代中国分为四个时间段，依次为晚清政府时期（1853—1911年）、北洋政府时期（1912—1927年）、南京国民政府前期（1928—1937年）、南京国民政府后期（1938—1949年）。具体到个别的财政分支思想时，会根据研究对象的特殊性进行阶段的划分，有可能将晚清时期与北洋政府时期合并，也有可能将南京国民政府前期与后期合并。

1.3.2.2 理论范畴的界定

目前，国内不少学者对理论范畴提出了一些新的思考，如刘亚猛认为不应该把理论看成隶属于某一学科，并对该学科的性质和方法加以说明的一种系统表述，而应该把它看成一种超然于具体学科之外，融智力史、伦理原则、社会预言和评价标准等为一体的一种特殊话语体裁①。无独有偶，乔纳森·卡勒（Jonathan Culler）也认为，任何可以被称为“理论”的话语都应具有以下四大定义特征：第一，理论首先应该是跨学科的话语，其影响和应用不能局限于某一领域；第二，任何理论都应该同时具有分析性和思辨性；第三，理论应该是对常识的批判，对理所当然概念的盘诘；第四，理论具有内在的反思倾向，是有关思想的思想，是对我们借以产生意义的那些范畴的探究②。

本书的研究对象为近代中国财政思想转型，对于理论范畴的界定较为认同卡勒等学者的理解，认为财政思想的研究面不应局限于财政的性质及相应子概念，而以财政思想体系作为“有关财政思想的思想”，当有如下层级的递进：简单、初级的财政观念→集中、成熟的财政思想→独立、科学的财政思想体系。这既是一个层次递进的过程，也是一个相互结合的过程，因此三个层次中的内容在本书中都应当给以关注。

1.4 研究方法

1.4.1 文献分析法

本书内容涉及大量近代中国财政思想转型方面的相关历史资料，以及前人对于近代中国财政思想的研究成果。只有通过对近代中国大量的财政思想历史资料进行分析，才能为本书所要论证的观点提供较有力的论据；只有了解了前人研究成果及其不足，才能在此基础上开展创新性研究。但是，简单堆砌历史资料及成果容易造成缺乏理论论证的后果。故而，本书采用文献分析法，详

① 刘亚猛. 什么是“理论”[J]. 外国语言文学，2006（4）：264.

② JONATHAN CULLER. Literary Theory：A Very Short Introduction [M]. New York：Oxford Up，1977：14-15.

尽、系统地搜集并梳理了有关近代中国财政思想转型相关的历史资料和文献，一方面借鉴其研究方法和成果，同时避免其研究之不足；另一方面以其为佐证，有效配合理论分析进行研究，从而构建出本书的研究框架，并得出本书的研究结论。

1.4.2 统计分析法

本书运用了统计学的统计分析法。我们所选取的财政类出版物数量符合统计分析法的数量性特点，一定数量的不同研究内容的财政类出版物有其整体的代表性和固定性，体现了总体性和具体性特点，但不同的出版物有其自身的研究内容，也具有差异性特点。本书对财政类出版物的定量分析可以对数量、时间、主题等多方面的资料进行统计，理清财政思想体系和出版物的发展规律、主题发展等多个方面关系，有利于对财政思想体系和出版物的认识进一步精确化。

1.4.3 财政思想史与财政史研究方法相结合的方法

财政思想史和财政史二者研究的角度各有侧重，所以其研究方法也不同，其结果也必定有差异。传统的财政史研究，注重实证分析和经验验证，从而揭示出经验性的材料，实现由个别到一般、由分散到综合、由微观到宏观的过程。财政思想史则注重从“史”的角度研究和描述某一思想理论形成与发展的深层原因和一般规律，揭示其本质的东西。研习历史的人都知道，“治史如断狱”，对重要历史人物的重大断语，应力求有相应的史实和史料依据，简单重复已有的结论意义不大，随意褒贬、剪裁历史更不足取。进而言之，评价历史人物不能孤立地局限于他们个人，尤其不能仅从其一时一地的言论或行动出发而试图给出整体性的断语，而应考虑到他们所处的时代、一定的社会环境，并同一定的社会政治力量及其他历史人物的关系诸因素结合起来。也就是说，应注重整体意义上的历史真实性发展趋势，进行多视角的考察、多层面的评析。

本书一方面大量搜集和参阅有关近代中国财政思想转型的文献，经过仔细分类、梳理、概括，完成史料的积累过程，从财政史的角度研究和描绘近代中国财政思想转型的历史进程；另一方面又从财政思想史的角度去研究分析思想家及学者们在不同时期对某一思想的不同论述、时代背景、产生的效果等，从中把握这一思想的形成过程和发展脉络，以便认识和把握这一思想深化和发展的历史进程，达到财政思想史与财政史研究方法有效结合的目的。

1.4.4 历史研究法与逻辑分析法相统一的方法

若干世纪以来，经济思想都表现出相当明显的连续性，近代中国的财政思想也不例外。研究财政思想，不能偏重技术性的观点综述，应着重梳理有价值的思想形成和演变轨迹。从浩瀚的思想资料中按照历史发展进程整理、合理表现出思想史的线索，可以得到近代中国财政思想转型的时间序列，并运用经济学的概念和工具进行理论分析，描述各思想之间的相互影响和联系。本书运用历史研究法，以1911—1949年为时间段，有针对性地研究这一时间段的人物思想活动和重要论著的发展状况，从时间轴上宏观地梳理近代财政思想体系构建的前因后果。同时采用逻辑分析法，即按照财政思想内容的逻辑顺序和结构，将财政思想分为若干领域和若干专题，分门别类地考察其发生、发展的规律，侧重于从整体上揭示财政思想体系自身发展的客观形成规律。通过采用历史研究法与逻辑分析法相统一的方法，科学地揭示近代中国所实际产生的财政思想及其转型的变化规律。

1.5 创新与不足

1.5.1 本书的创新点

第一，从研究内容来看，本书改变学术界以往专题、个案的分析模式，整体研究近代中国财政思想转型，以特定时期内整体性的财政基础理论及分支思想为研究视角，考察其历史背景、转型过程、发展趋势等。目前学术界关于近代中国财政思想的研究成果已然有不少，但是大多采取个案分析的方式，以财政思想转型的整体视角为对象来分析近代中国财政思想的研究凤毛麟角。本书可以对这方面研究加以补充。

第二，从研究框架来看，本书从大历史观的视角出发，有针对性地按照近代社会发展的时间顺序，运用历史学的史料辨析方法，从宏观上梳理近代财政思想体系构建的前因后果。同时运用经济理论的逻辑分析法，注重展现财政思想体系的逻辑顺序和主体框架，以若干领域和若干专题分门别类地考察财政思想体系形成、演变的规律，侧重从内在框架上清晰完备地揭示近代中国财政思想自身转型发展的运行轨迹。如此架构，既突出了条理性，又能从结构安排上将本书的结论顺理成章地显现出来。

第三，从研究视阈来看，本书把近代中国财政类出版物及财政学教育放到对近代财政思想转型的研究范围当中。目前中国财政史学界尚无人涉足财政类出版物与财政学教育领域的研究。本书对财政出版物及财政学教育的探讨，解决了孤立、分散研究的不足，从研究思想转型的物质载体出发，既加强了近代财政思想转型的背景研究，又有利于财政思想体系的生成研究。此方面研究是本书的创新尝试。

第四，从研究结论来看，本书对近代中国财政思想在转型过程中的成败得失加以总结，以期对当前的财税体制改革提出借鉴。近代中国财政制度的成功固不待言，外人所盛赞的“黄金十年”就植根于裁厘改税、关税自主、废两改圆等诸多财政改革，对当前的现代财政制度构建提供了历史经验。尤为重要的是，对于近代中国思想和制度背离的部分，实足加以深刻反省，并总结出失败的根源。“秦人不暇自哀，而后人哀之。后人哀之而不鉴之，亦使后人而复哀后人也。”晚清政府预备立宪之中道而殂，北洋政府分税改革之胎死腹中，南京国民政府金圆券制之散失人心，种种财政制度的缺失都肇因于与先进改革思想南辕北辙，而个中的财政规律对尚在途中的当下财税体制改革不无镜鉴之价值。

1.5.2 本书的不足之处

首先，受时间和空间的限制，还有部分财政思想方面的史料未能获得，尤其是近代战火纷飞导致民间论著散佚，这导致写作的缺失。唯有在后续的时间内继续搜集史料，争取利用互联网、搜集民间史料、全面掌握丰富的馆藏档案等条件具备，方可以弥补此方面欠缺。

其次，由于本书属于经济史学的研究范畴，对近代中国财政思想的系统分析与现行主流经济学研究论文多采用计量模型的研究方法不一致，可能会影响某些观点及结论的佐证力。本书将以数理分析和定性分析加以辅证，以提升本书观点及结论的说服力。

再次，由于近代中国时间跨度相对较长，而财政思想又相对较为活跃，想要准确把握这一时期财政思想转型的轮廓及特征，有赖于个人的学术积淀和宏观把握功力，才能做出准确的界定和辨析，因此要想对该历史时期财政思想转型进行整体性考量尚存在较大难度。“方以理成，学如积薪”，学术界更多研究者的继续努力，将会有益于对此问题研究的深化。

最后，在浩如烟海的近代中国财政经济史料及汗牛充栋的现有相关研究成果面前，我们深感困难与压力。近代经济史学研究的一大挑战就是史料既多且杂，需要学者做出精准的史料辨析。而且，目前可资借鉴的整体性研究成果还较少，该研究领域尚是濯濯童山，给研究增添了较大难度。我们还有一个深刻体会：在现代财政理论知识背景下，要想从整合近代财政思想转型的理论框架视角分析其现代化内生逻辑的生成机制同样存在极大难度，需要较强的经济理论分析能力与扎实的史学考证能力相匹配，从而也对本项研究提出了巨大挑战。

2　传统中国的财政思想

2.1　传统中国的财政民主思想

2.1.1　财政民主的本质

“财政民主”这个概念在学界并没有存在很多年，最初是由詹姆斯·布坎南从公共选择理论中引申出来的，后又陆续有学者对其进行界定。其中，以北京大学刘剑文教授的定义最为人所熟知，即财政民主是“政府依法按照民众意愿，通过民主程序，运用民主方式来理政府之财的行为”①。“财政民主”是由两个词构成的：“财政”和“民主”，而这两个词都非我国原有，都是舶来品。戊戌变法时期，康有为、梁启超曾提出建立以民主为基础的君主立宪制，但直到五四运动时期，陈独秀提出“拥护德莫克拉西（Democracy）和赛因斯（Science）两位先生”，民主，也就是“德先生”，才被国人所知。“财政”一词的引入时间与“民主”大致相同，是在清光绪年间由维新派从日本“进口”的，英文原为 Public Finance。1898 年，光绪皇帝“明定国是”诏书中写道：“改革财政，实行国家预算”，“财政”一词才第一次在政府文告中被启用。但我国古时并非没有表达其意的词语，如以“国计”“国用”等来表示一国的花销用度，实际上与现今财政的含义并无二致。虽然财政民主是一个比较新的概念，但其在英、美等国却已经实行了多个世纪，从 1215 年英国的《大宪章》到 1689 年的《权利法案》，再到 1750 年英属北美殖民地的“无代表不纳税”，都是财政民主演进历程上的重要标志。财政民主这种思想以及与之实质相近的财政制度在我国历史上是否存在？若存在，是怎样的形式？若不存在，又是为何？

---

①　刘剑文．宪政与中国财政民主［J］．税务研究，2008（4）：3-8.

要考证我国的财政民主思想与制度的历史，首先要明确两个观点：一是在不同的历史背景下，即使存在相似的事件或事物，表现也是不同的，不可用今人的眼光去苛求古人，亦不可用西方的标准衡量东方；二是没有一种制度是完美的，每一款法条、政令都是以当时统治阶级的利益最大化为目的的，轻徭薄赋也好，苛捐杂税也罢，都是为了满足统治阶级在当时客观条件下的利益。其次，如上文所说，财政民主由财政和民主构成，财政的概念和本质无论是在古时今日还是在国内国外都已基本达成了共识，值得研究的是民主。

我们现在所理解的民主和我国古时候的民主是不是一回事？本书认为不是。我们现在的民主是按照平等和少数服从多数的原则来共同进行管理的制度，而我国自尧舜之后就都是由君主统治，并且“君天下曰天子”（《礼记·曲礼》）的理念不断被强化，中央集权体制不断加深，从国家层面来讲是不存在现代意义上的民主的。那么古时的民主是什么呢？可以从以下三个方面来看：

第一，畅通的民众政治参与通道。吕思勉在谈到秦汉政治制度时说：“古者平民登庸，仅止于士，大夫以上，即不在选举……至秦而父兄有天下，子弟为匹夫，及汉，更开布衣卿相之局，实为旷古一大变。”① 我国古代政治区别于西方的一大特点就是，平民的政治参与度很高。汉以前王公大臣、名士大夫基本为君王的亲戚，比如战国的四君子中，孟尝君田文的父亲田婴是齐威王之子，信陵君魏无忌是魏昭王之子。从汉朝开始面向普通民众的国家层面的招贤纳士活动兴起，汉初有孝廉制度，《汉书》中记载，“元光元年十一月，初令郡国举孝廉各一人……其后以为恒典”，及至魏晋时期的九品中正制，以品行作为衡量人才的选举制度达到鼎盛。隋朝为了改变由乡绅大户垄断品阶造成的“上品无寒门，下品无士族”的局面，文帝兴科举，炀帝设进士，打通了民众政治参与的通道。即使是在明、清专制最盛时期，也有普通人家的学子通过科举进入政治核心，比如张居正就是出生在荆州的一个普通人家，而陈廷敬的家庭则是传统社会四个等级“士农工商”中处于最底端的商人。从这个层面来讲，古代的政治是面向所有百姓的，是民主的。

第二，君主纳谏。古时评判政治是否开明的重要标准就是君主能否广开言路。“贞观之治”之所以被推崇，很大程度上就是因为唐太宗与臣民之间有良好的沟通。《新唐书》中的“君所以明，兼听也；所以暗，偏信也。尧、舜氏辟四门，明四目，达四聪。虽有共、鲧，不能塞也；靖言庸违，不能惑也。秦

---

① 吕思勉. 秦汉史［M］. 上海：上海古籍出版社，2005：581.

二世隐藏其身，以信赵高，天下溃叛而不得闻；梁武帝信硃异，侯景向关而不得闻；隋炀帝信虞世基，贼遍天下而不得闻。故曰，君能兼听，则奸人不得壅蔽，而下情通矣”便是明证。而《国语》中的“召公曰：‘……防民之口，甚于防川，川雍而溃，伤人必多……’王弗听，于是国人莫敢出言。三年，乃流王于彘”则是一个反证。决策者肯听取意见，意味着民意可以影响政府行为，从结果上来讲和民主的结果是一致的。

第三，民本思想。民本思想起于先秦，《孟子》中的“民为贵，社稷次之，君为轻”就是对这种观念的高度概括。民本与民主能否等同，这是值得研究的。因为民主更重程序，如美国著名的辛普森杀妻案，由于检方出具的全都是间接证据，导致无法说服陪审团，法庭判了辛普森无罪，从结果上来看无法使公众信服，但过程是民主的；而民本则可能由于君主或其他决策者的个人正义，使用专制权力强行安排“好的结果”。但从效果来看，民本思想对我国古代民主政治起到了非常重要的作用，“天生之民，非为君也；天之立君，以为民也”（《荀子·大略》）阐释了君主的职责。西汉初年的轻徭薄赋从结果上来说是民本，从过程上看则体现了民主思想，如《史记》上所记载的“朕闻之，天生蒸民，为之置君以养治之。人主不德，布政不均，则天示之以苗，以诫不治……及举贤良方正能直言极谏者，以匡朕之不逮。因各饬其任职，务省繇费以便民”。儒学成为正统后，民本理念对民主的影响并未消退。魏征《谏太宗十思疏》说的“念高危，则思谦冲而自牧……虑壅蔽，则思虚心以纳下”就充分表明了执政阶层对二者关系的认识。

从大历史观的角度来看，我国古代政治民主或者政治开明呈现演进性特征：其一，历史越久远的朝代集权程度越低，政治也越是民主。尧舜时期兴禅让制，先秦时期文化上“百家争鸣”，政治上也有许多君圣臣贤的佳话。其二，一个朝代初建时容易出现盛世或者治世，政治也比中晚期更加开明，比如汉朝的“文景之治”、唐朝的“贞观之治”和清朝的“康乾盛世”，君王都是善于接受进谏和合理批评的。其三，乱世时期的政治比治世时期更加开明，此以春秋战国和魏晋南北朝时期最为典型，齐桓公、北魏孝文帝皆是这方面的代表人物。

2.1.2 财政民主的思想

明确了财政民主这个理念在中国历史上的体现和规律，再来看古代的财政民主思想及其制度设计就能更加客观与科学。

传说尧舜禹三代时，国家的财政政策决策非常重视听取民意，“天子听政，使公卿至于列士献诗，瞽献曲，史献书，师箴，瞍赋，蒙诵，百工谏，庶人传语，近臣尽规，亲戚补察，瞽、史教诲，耆、艾修之，而后王斟酌焉，是以事行而不悖。民之有口也，犹土之有山川也，财用于是乎出；犹其有原隰衍沃也，衣食于是乎生。口之宣言也，善败于是乎兴。行善而备败，其所以阜财用衣食者也”（《国语》）。在《周礼》中有“以考百官府郡都县鄙之治，乘其财用之出入，凡失财用物辟名者，以官刑诏冢宰而诛之。其足用长财善物者，赏之”的记载。《周礼》还对具体的考评时间和处理办法进行了规定：“岁终，则令从吏正岁会。月终，则令正月要。旬终，则令正日成，而以考其治。治不以时常者，以告而诛之。”这些机构设置与制度设计都反映出中国的古圣先贤已经意识到对国家财政资金使用和安排进行民主监督的重要性，可谓是最早的财政民主思想。

秦汉时期也相当注重财政决策的民主性。如从秦朝开始，每年年初由地方负责财政收支的官员上计吏携带写有根据本地经济情况测算出来的全年预算数字的木券进京。该预算数经过上级财政长官批准后，木券就被一分为二，右券留中央，左券由上计吏带回地方据以实行。到了年末，“上计如岁终”，上计吏又带上左券和所管理区域的财政收支实际发生数进京回禀。财政部门在京召开上计会议，以核对预算数与决算数，“符契之所合，赏罚之所生也”，如果与右券核查未能完成计划者，当场即被免职。上计会议是一年里面最重要的经济会议，甚至皇帝都要亲自出席。“文景之治”初期，国家仍受楚汉战争的影响，经济萎靡，百姓疲敝。汉文帝即位后，“躬修俭节，思安百姓……贾谊说上曰：管子曰‘仓廪实而知礼节。’民不足而可治者，自古及今，未之尝闻……生之者甚少而靡之者甚多，天下财产何得不蹶……夫积贮者，天下之大命也……今殴民而归之农，皆著于本，使天下各食其力，末技游食之民转而缘南亩，则畜积足而人乐其所矣。可以为富安天下，而直为此廪廪也，窃为陛下惜之！于是上感谊言，始开籍田，躬耕以劝百姓”。汉文帝听从贾谊劝课农桑的建议，亲自率诸侯耕田为天下表率，这种政府对国民经济具有导向性的行为和政策属于广义的财政，同时又是君主采纳以民为本的建议的结果。同样的，汉文帝听从晁错的建言，令民入粟边拜爵，“错复奏言：‘……边食足以支五岁，可令入粟郡、县矣；足支一岁以上，可时赦，勿收农民租……’上复从其言，乃下诏赐民十二年租税之半。明年，遂除民田之租税”（《汉书·食货志》）。这是从财政收入的角度，减民之赋税以休养生息，不也体现了财政民主的思想吗？

魏晋南北朝时期，北魏孝文帝是一位善于听取臣民意见的君主，在中国财政史上也颇有地位。他所在的时期实施三长制、推行均田制、改革租调制。

《魏书》记载，“十年，给事中李冲上言：‘其民调，一夫一妇帛一匹，粟二石。民年十五以上未娶者，四人出一夫一妇之调；奴任耕，婢任绩者，八口当未娶者四；耕牛二十头当奴婢八。其麻布之乡，一夫一妇布一匹，下至牛，以此为降。大率十匹为工调，二匹为调外费，三匹为内外百官俸，此外杂调。民年八十以上，听一子不从役。孤独癃老笃疾贫穷不能自存者，三长内迭养食之。’书奏，诸官通议，称善者众。高祖从之，于是遣使者行其事疸”讲的就是当时的给事中，即常侍皇帝左右的顾问李冲，向孝文帝建议由于“魏初不立三长，故民多荫附，荫附者皆无官役，豪强征敛，倍于公赋”，因而对原来的租调制度进行改革的事。新制度大大降低了农民的税负，原先豪强地主的荫附者纷纷脱离地主，转而成为国家的编户，正常地生产和纳税。据《通典·历代盛衰户口》统计，北魏极盛时达500多万户，比西晋统一南北时的245万余户增加了一倍多。除此之外，孝文帝时期政府的应急财政管理也是财政民主思想的表现。“一年，大旱，京都民饥。加以牛疫，公私阙乏，时有以马驴及橐驼供驾轴耕载。诏听民就丰。行者十五六，道路给粮禀，至所在，三长赡养之。遣使者时省察焉。留业者，皆令主司审核，开仓赈贷。”史书中对孝文帝的描述为“视下如伤，役己利物”，见微知著，诚不欺也。

隋唐时期，中央财政部门比部“掌勾诸司百僚俸料、公廨、赃赎、调敛、徒役、课程、逋悬数物，周知内外之经费而总勾之”，地方财政实行“每岁一进账，三年一造籍”。同时，中央对地方采取分巡分察制度，由御史台“分察百僚，巡按州县，狱讼、军戎、祭祀、营作、太府出纳皆共莅焉”。具体的做法是由监察御史及判官四处巡按各级地方政府，“察户口流散，籍账隐没，赋税不均”。如果在监察过程中发现有官员贪腐问题或财政资金使用无效情况，则应先行通报比部，由其查实后上奏弹劾相关责任官员，依律惩处。但如果监察御史举报不实，则由尚书省对其进行弹劾。这种对财政资金进行检查考评的做法体现了近代民主制的精神，难怪宋人在评论唐代的政绩考评制度时说“人思激励，绩效著闻”。

宋、元、明、清时期，财政民主思想在制度建设方面也有所表现。如盐铁、度支、户部是宋朝的中央财政机构：“掌邦国财用之大计，总盐铁、度支、户部之事，以经天下财赋而均其出入焉。”三部还对工部、比部、太府寺、将作监、都水监、军器监等部门的财政支出进行管理。三部各设勾院，负责“勾稽天下所申三部金谷百物出纳账籍，以察其殊而关防之”。另外，对百官贪污、受贿、以权谋私、理财失职等情事，皆“下御史按问”。地方上由转运使负责监督财政资金，“察其稽违，督其欠负，以供于上”。明朝专门设置都察院以审查中央的财政工作，下设六科给事中，对吏、户、礼、兵、刑、工六部的业务进行对口审计。都察院按行政区域下设十三道监察御史，代表中央出巡地方，对各级地方政府的财政支出进行督察。清承明制，以都察院下的六科十五道分管财政。

通过以上描述可以知道，传统中国的财政民主思想并非舶来品，在历史上有悠久的轨迹可循，只是与西方“民有、民治、民享”的民主在形式上有所区别，但这是文化与客观环境的不同造成的。如果只是因为古时没有议会或者财政立法权被君王垄断就断定财政民主在我国历史上不存在，这是不客观的。开头所引的刘剑文对财政民主的定义，其实是从现代西方民主的角度进行诠释的，并不能直接套用到我国古代的财政思想与制度之中。但正所谓“以史为鉴，可以知兴衰”，在现代经济学、政治学理论的基础上，结合历史上对于财政民主思想的认识，也许能使我国的财税体制改革更加符合国情、符合社会历史发展的规律。今人之所以治史，其皆出于此乎?!

2.2 传统中国的财政收入思想

传统中国的财政收入思想发展，可以根据生产力与生产关系分为不同的时期。奴隶社会以田赋为主的“贡助彻”为其基本形式，用孟子的话说就是“有布缕之征，粟米之征，力役之征”。进入封建社会后，贡献退居次要地位，但其残余形态到封建社会末期仍未完全消灭。赋税与徭役被视为基本的收入征课方式，“畿方千里，有税有赋，税以足食，赋以足兵”。从徭役的结构看，从秦汉开始，徭役中的力役部分因商品货币经济的发展而日益成为落后的征课形式，逐渐改用赋税形式代替，到唐代这一代替过程已基本结束。徭役中的职役部分则到北宋才基本改采赋税方式征课。与贡献和徭役的逐渐衰亡相反，赋税的征课形式却日益受到重视。汉初于田赋之外开始兼征各种徭役代金，从东汉起又开征家庭手工业税的户调。从北魏开始户调与田租成为国家最基本的赋税形式。从唐代起，在传统的资源开采行业对盐、铁征税外，对茶、矿等山泽产品的征课及商税收入均逐渐增多，到封建社会后期终于构成国家财政收入的重要部分。在上述贡献、徭役、赋税三大类型的财政收入制度演进过程中，中国古代出现了一些重要的收入思想。

2.2.1 任土作贡思想

“任土作贡”的财政思想又称为“任土所宜”或“相地衰征”，是指明确规定各地应缴纳的财政收入是当地的特产，如《周礼》规定兖州“贡漆丝”，扬州“贡金三品”等。自秦汉起，因贡献在国家岁入中的作用已不如赋税重要，故《周礼》中的“九贡”已不再是国家的主要岁入，而代之以“九赋”。作为财政主要来源的赋税，其内容是“凡任民，任农以耕事贡九谷，任圃以树事贡草木，任工以饬材事贡器物，任商以市事贡货贿，任牧以畜事贡鸟兽”（《周礼·闾师》），对四方邦国，则要求“制其贡，各以其所有”。这些皆体现了任土作贡的财政思想。

在自然经济占绝对支配地位的古代中国，纳税人用自己生产的产品交税是比较合理的课税原则。随着商品经济的发展，任土作贡的课税原则也显得日益落后，对征课机关或纳税人均有不便，有时甚至给纳税人造成困难。西晋人傅玄就指出其具有“所调非所生”之弊。唐代杨炎推行“两税法”，明令规定以钱定税额，即为对任土作贡思想的初步否定。但唐代仍处在封建经济的鼎盛时期，实行以货币定税额的客观条件尚未充分具备，故引起陆贽为代表的主流观点的反对。唯自两汉以来，有不少税课如工商税收久已用货币缴纳，故以货币为纳税手段的思想，虽不时遭到坚持任土作贡的传统观点的学者反对，但仍一直在发生作用，而货币税的征课范围也在日益扩大。明代的“一条鞭法”的推行才真正将以货币为纳税手段的思想巩固下来。当然，在传统社会，由于赋税结构中田赋占据主导地位，因此并不排除仍有大部分税收以实物征课形式保留下来。但是，货币纳税很多时候也会给自然经济条件下的纳税人用实物换算货币带来诸多不便，这也正是黄宗羲对田赋三害的“所入非所出”之害予以批评的原因。

2.2.2 薄赋敛思想

先秦思想家均或多或少地有一些反对重税的思想，这种重税包括繁重的徭役。儒家“薄赋敛”的号召影响最大，成为秦汉以来反复宣扬但从未实现过的财政教条。孔子斥责其门人冉求为季氏征课重税，强调“使民以时”，后来概括为“时使薄敛，所以劝百姓也”。孟子是“不违农时”“薄其税敛”的大力宣传者。荀子也主张“轻田野之税，平关市之征，……罕兴力役，无夺农时”。

秦汉以后常多讲薄赋敛而少提轻徭役，这是由于后者的性质与形式起了变化。徭役是封建制度下人民的特殊负担，不存在于其他社会形态。自周代起，徭役即有赋役与职役之别。赋役是人民在一定时间内为某种事项所提供的劳役，即所谓“力役之征”。秦汉而后，各种赋役除小部分是直接应役外，均改为缴纳实物或货币，变成赋税的一种形式。如唐初实行的租庸调制中的所谓“庸”基本上就是这类赋役的代役金。所以自两汉以来，学者在论述财政负担沉重问题时多指赋税而言，很少涉及赋役沉重问题。职役系为各级地方行政机构承担的无偿公职，自秦汉以后历史上一直持续存在，到北宋时一度成为严重的社会矛盾。王安石实行募役法，以普遍征收免役钱方式得来的收入支付负担职役人员的报酬，才解决了这一矛盾。这事实上也是以赋税征课形式代替职役。

与徭役的发展情况相反，赋税征课的范围从秦汉起逐渐扩大。最初是在继续征收田赋、山泽、关市之税以外，开始征课口赋、算赋以及不实际参加徭役者的“更赋”和奉养封君们的“户赋”。曹魏时又开始征收“户调”。唐初汇总以上各税构成租庸调制，其总的税收思想是“有田则有租，有身则有庸，有家则有调”。唐中叶的“两税法”和明代的“一条鞭法”，其精神均不外是将正税以外的许多附加捐税以货币形式统一征收，简化赋税征课手续，其征课范围却是不断扩大的，到清初的摊丁入地（又称“摊丁入亩”“地丁合一”）才算是封建田赋的最后征课形式。这主要是宋、元以来，田丁税以外的工商税课在财政岁入中的比重逐渐增大，使古代税制中最基本的田赋征课的重要性相对降低，故在赋税征课对象方面的思想也不能不产生一些变化。

明代的丘浚反对聚敛，认为在征税时应遵循“征敛有其艺”“取之有度”的原则，即在征收赋税时应控制在一定的限度之内。他认为税赋不能妨碍农民的基本生活，比如稼穑、畜牧和树艺等，并认为轻税和重敛的界线是是否妨碍到了正常的生产经营活动。

明末清初，黄宗羲根据历史规律总结出“积累莫返之害”：任何一个朝代，在成立之初都实行轻税政策，然而随着国家的发展，国家需要支出的事项越来越多，于是财政扩张，民众的税收负担加重，税费改革使得税费负担一次次加重，最终在重税之下爆发农民起义，从而建立一个新的王朝。

但是，长期以来，中国古代赋税日趋繁重，并不体现在税率的提高上。先秦儒家宣扬什一而税是中正之制，但也有人主张更低的税率，如齐桓公三会诸侯就号召“田租，百取五”，白圭也主张“二十而取一”。西汉实行过“三十而税一”，曹魏改为“田租亩四升，户出绢二匹绵二斤”。此等税率到唐代仍大致沿用，“两税法”也基本上按此标准改征货币，到明、清亦无多大变化，故田赋税率一直是较轻的。

那么历史上所说赋税之重指的是什么？通常是指两种情形：要么是在规定税率之外的附加税太多，要么是一年预征数年之税。统治阶级宁愿采取巧立名目或预征等方式以榨取赋税收入，却不愿采取最简单的提高土地税率方式，就是因为不敢轻易触犯“薄税敛”的传统思想，这也是薄税敛思想在历史上曾经起过的对赋税形式的限制作用。

2.2.3 税负公平思想

在中国古代文献中，虽未明确提出税收负担公平原则，但这一税收思想在许多典籍中均有不同程度的反映，尤以《禹贡》和《周礼》较为突出。《禹贡》将田和赋的等级各划分为九级，如冀州的田为五级，而赋则为一级或二级，扬州的田为九级，其赋却为六级或七级，等等。这种田级或赋级的差别甚至会有相反的规定，主要是考虑到其他因素，如距离帝都的远近、有无水运之便、产品价值的高低及其是否便于运送等。又如规定在五百里甸服内的田赋，百里内纳全禾，二百里内纳半禾，三百里内纳去皮半禾，四百里内纳谷，五百里内纳米，也是为了使纳税人的税收负担平均。

《周礼》中的田赋采取轻近重远原则，王城近郊税率为5%，离王城越远税率越高，最高可达20%。其理由是距王城近的人民须负担较重的徭役，故税率应较轻。又《周礼》中规定“以地媺（美）恶为轻重之法”，具体规定为：上地分给七口之家，中地分给六口之家，下地分给五口之家，而家七口者出力役三人，家六口者两家共出力役五人，家五口者出力役二人等。这种既非全按亩数分配土地，也非全按人口服力役的规定，体现了负担平均思想。由于《禹贡》与《周礼》是后世封建士大夫必须诵读的经典，故负担平均思想虽事实上未必真的能实现，却一直是被尊奉的财政指导思想。如北魏均田制按农户劳动力的强弱分配土地和征课赋税的做法，也是负担平均思想的另一体现。

《管子》的税收思想也强调税负要平均合理，即要处理好国家与纳税人之间的分配关系：“地之生财有时，民之用力有倦，以有时与有倦养无穷之君，而度量不生于其间，则上下相疾也。……故取于民有度，用之有止，国虽小而安；取于民无度，用之不止，国虽大必危。”这说明物质资源的配置有限，国家征税要适度，才能保证经济的秩序与政权的稳定。反之，即便是国力雄厚，如果横征暴敛，还是会走向危亡。“人君非发号命收啬而户籍也，彼人君守其本委谨，而男女诸君吾子无不服籍者也”，政府征税应考虑课税对象的普及性，只有课及纳税人日常采用的生产与生活资料如货币与粮食，才能体现出公平与普遍，才能得到纳税人的自觉遵从。

商鞅作为中国早期的改革家，最早提出了“为田开阡陌封疆而赋税平”的思想，其具体措施是“訾粟而税，则上壹而民平”，即按照粮食的实际产量来征税，只有赋税制度统一了，人民的负担才会平均。

曹操针对东汉末年出现的土地兼并现象，明确指出“有国有家者，不患寡而患不均，不患贫而患不安”，因此国家在征税时不能让任何阶层享有免税特权，以至于把税收负担转嫁给穷人，“无令强民有所隐藏，而弱民兼赋也”。

西晋人傅玄提倡“唯公然后可正天下”的税收思想，认为赋税和徭役应是为国家公利而征发的，是为“务公”，而绝不能用于统治者个人的私利，必须去“私”。傅玄并不是简单重复儒家轻徭薄赋的观点，认为赋税的轻重应根据客观条件加以确定，“世有事，即役烦而赋重；世无事，即役简而赋轻”，轻重结合，是为“至平”。“随时益损而息耗之，庶几虽劳而不怨”，只要是为公利而征税，那么即使老百姓劳苦一些，也是能够接受的。傅玄针对豪强地主向农民转嫁税收负担的情况，提出要根据农民的负担能力确定征发赋役的数量，“量民力以役赋”，使赋役负担大体均平，“计民丰约而平均之，使力足以供事，财足以周用”。

唐代人杨炎在推行“两税法”改革时所推崇的“人无丁中，以贫富为差”的税收政策以实际拥有的资产作为计税依据，体现了税负平均的精神。唐德宗在次年发布赦文时规定，“两税法”的具体操作办法是“计百姓及客户，约丁产，定等第，均率作，年支两税”，很好地贯彻了杨炎的税收均平思想，也为国家确立了稳定的收入来源。

北宋王安石变法时，并不主张在征税的同时过多地实施官营和专卖，他认为“榷法不宜太多”，本质上也是一种追求宏观税负整体公平合理的思想。他强调，一个国家只有通过积极主动的财政改革才能取得民心，否则放任经济就会导致市场混乱，“有财而莫理，则阡陌闾巷之贱人，皆能私取予之势，擅万物之利，以与人主争黔首。而放其无穷之欲，非必贵强桀大而后能。如是而天子犹为不失其民者，盖特号而已耳”。

明代人张居正的税收思想可以归纳为“总括一县之赋役，量地计丁，一概征银，官为分解，雇役应付”，反映出税负均平的目标。“一条鞭法”将原来众多的赋役项目（夏税、秋粮、里甲、均徭、杂役等）合并为“一条鞭”，并入田赋的夏、秋两税中统一征收，使得税制更加简化，从而减轻了农民的负担，这也使得整个税制的设计更加公平。

清朝的摊丁入地改革，其规定的赋役负担比之前朝代更加均平合理。它以人均拥有田地多少为标准来缴税，将税收负担与纳税能力联系在一起，田多者多缴税，田少者少缴税。这一措施改变了长期以来单纯地按人头征税，或者按土地多少分开征收而出现的赋役不均状况。这种既考虑家庭人员数量，又考虑耕地数量的做法，使少地或者无地农民较少地负担或不负担地丁税，并且有效地将由“地少人多”的农民负担的部分税负转移到“地多人少”的地主身上，这比之前朝代的税制更公平。

2.2.4 税收效率思想

中国古代最早提出税收效率思想的是《管子》，其强调要便于国家的征收，即税收征管的形式要考虑纳税人的承受能力与遵从心理。“夺之则怒，予之则喜，民情固然。先王知其然，故见予之形，不见夺之理”，“征籍者，君之所强求也，租税者，所虑而清也。霸王之君，去其强求，去其所虑而清，故天下乐从也”，说明了征管方式对税收效率的重要性。只有采用便利纳税人缴纳税款的征管模式才能降低征税成本，减少税收对抗行为。

汉武帝时，桑弘羊长期主持财政工作，他的主导思想是强化国家对经济活动的干预，在税收方面提出“寓税于利”的思路。他不主张加重百姓的田赋，而是推行盐、铁等官营，实行均输、平准等政策，使“山海有禁而民不倾，贵贱有平而民不疑，县官设衡立准，人从所欲”，也就是直接从控制自然资源和实施官营中获取财政收入，达到“民不益赋而天下用饶”的效果。

晋人傅玄除了认为赋税制度要贯彻公平正义的目标外，还应该在具体的制度设计上尽量满足效率需要，“度时宜而立制”。傅玄系统地提出了实现税收效率的原则：“俭而有节”和“有常”。傅玄以大禹治水为例，倡导国家征税要“俭而有节”：“禹凿龙门，辟伊阙，筑九山，涤百川，过门不入，薄饮食，卑宫室，以率天下，天下乐尽其力，而不辞劳苦者，俭而有节，所趋公也。”傅玄同时主张国家征税要有明确的制度，要规定出正常的纳税标准，即“国有定制，下供常事；赋役有常，而业不废”，“乃立壹定之制，以为常典，甸都有常分，诸侯有常职焉”。这样做的好处，可以避免赋役制度紊乱，防止地方官吏扰民：“上不兴非常之赋，下不进非常之贡，上下同心，以奉常教，民虽输力致财，而莫怨其下者，所务公而制有常也”；反之，“赋役无常，横求相仍，弱穷不堪其命，若是民危”。

唐代著名理财家刘晏提出税收效率的目标是“取人不怨”，其核心观点是“因民之所急而税之”，具体做法是不增加现有税收标准，从百姓日常必需的生活资料入手实施官营和专卖，再辅助以常平法等控制物价，用官营、专卖的收入替代部分税收，即“以利代税”，实现“富其国而不劳于民”。在具体的理财实践中，刘晏改革盐法和漕运，使中唐的财政收入在“安史之乱”后短期内获得了倍增，保障了中央政府的正常运转。

王安石在征税效率方面提出“因天下之力以生天下之财，取天下之财以供天下之费”的宗旨，认为“欲富天下，则资之天地”。在如何增加税收的问题上，王安石改革的重点不是提高现有赋税水平，而是实施多种渠道的“开源”，如开征青苗钱、免役钱等。但与桑弘羊、刘晏从垄断国有资源，采用专卖制度入手不同的是，王安石的办法是整理财政，即从现有的财源扩大税基，实行诸如方田均税法、均输法、市易法等制度改革。

张居正的“一条鞭法”，在纳税手段上，将以往的实物征收改为货币征收，田赋使用白银征收。“一条鞭法”规定，除了供皇室、官吏食用的米麦地区之外，其余地区一律按照亩数征收白银，提高了征收的效率。差役中的力差也全部改为缴纳代役银，官府收银后自行雇役。赋役银由地方官员负责征收。相比于用实物纳税，使用白银纳税运输更加方便且方便储存，政府容易征收税赋和运送国库，使得征纳双方都更加便利，同时还加强了国家对税款征收的管理，提高了税收征管的效率。

清初摊丁入地改革的实施使得税源更加稳定，减少了流动和迁徙的人口，并刺激了人口增长。“盛世滋生人丁，永不加赋”使得人口不再四处逃亡；赋税的减少，激发了现有劳动力的生产活力，刺激了人口的繁衍与增长，清朝的人口很快就超过了一亿。摊丁入地同时也简化了征收手续，使国家的财政收入更加稳定。

清末出现的厘金制度，实则为在原来传统的商税承办制的基础上加上了直接课税的精神，同时因过去常关税采取定额制，并没有根据不同产品的不同内容细分课税种类，而厘金则在精细划分商品种类的基础上，使个别征收成为可能。所以，我们不能认为厘金完全是新税，它是在以往商税的课税经验背景上，以直接课税为根据而进行的修正。

对于厘金的性质与出现的原因，正如郭嵩焘所说，“今之厘金，与汉之算缗、唐之除官钱、宋之经制头子钱异名而同实。自汉以来，言利之稗政，未有优于今日之厘金者也”。因此，他冷静地分析厘金废除所需要具备的几项条件：“俟天下无紧急之军需，直省无积欠之兵饷，户部无竭蹶挪移之苦况，而后断自宸衷，尽罢各省厘捐。”[①] 同样，李鸿章也清醒地意识到厘金对保障地方财政开支的重要性：“沪上用兵以来，事事皆资商力。臣军水陆数万人，四处攻剿，专恃各项厘捐接济。”所以他并不轻言裁厘，“军务未平，固须仰给

---

① 郭嵩焘. 郭嵩焘奏稿［M］. 长沙：岳麓书社，1983：132.

厘金，即各省肃清以后，善后治兵，百废俱举，亦必酌留厘局以滋益之”①。薛福成也对厘金的作用加以肯定：“十余年来，用饷无算，所以能撑持全局，弥缝阙乏者，则东南数省，抽收百货厘金之功也。向使舍此一孔，其何以馈数十万嗷嗷待食之军，而遏方张之寇焰?”如果简单地加以裁撤，“淮军、西军必从此而撤，京饷、协饷必从此而亏，海防应办诸务必从此而废。斯时财匮力弱，虽欲一战，不可得矣”②。可见，时人对厘金的出现及其重要作用有比较清醒的认识，并不随意提出裁厘主张。

2.3 传统中国的财政支出思想

2.3.1 节流思想

“崇俭黜奢论”与“重义轻利论”“重本抑末论”并称为传统中国的三大主流经济思想，对财政支出思想产生了重要的影响。崇俭黜奢论在微观消费领域被称为“节用论”，在财政领域被称为“节流思想”，是儒家最基本的经济思想。孔子已经明确地提出了“节用而爱人”的观点，朱熹在对此作注时解释：“侈用则伤财，伤财必至于害民，故爱民必先于节用。”《大学》里也有“生财有大道，生之者众，食之者寡，为之者疾，用之者舒，则财恒足矣”的论述，也从国家理财的角度阐释了节流的形式。

墨翟在历史上第一个较为系统地论述了开源节流对于杜绝横征暴敛和富国富民的重要意义。墨翟指出，君主集团的物质欲望是无穷的，如果不加以限制，正常的赋税收入显然不能满足他们的需要，这就必然要“厚作敛于百姓，暴夺民衣食之财”。由于国家的政策“使民劳，其书籍敛厚，民财不足，冻饿死者，不可胜数也”，所以造成国贫而民难治。因此墨翟提出“去无用之费，兴圣王之道，天下之大利也”。

荀况也指出，节流与开源同等重要，“田野县鄙者，财之本也；垣窌仓廪者，财之末也。百姓时和，事业得叙者，货之源也；等赋府库者，货之流也。故明主必谨养其和，节其流，开其源，而时斟酌焉，潢然使天下必有余，而上不忧不足。如是，则上下俱富”。统治者懂得在开支方面节流，不仅可以从减少财富消耗方面使国家富足，而且还可以反过来促进生产，从开源方面使国家

① 李鸿章. 李鸿章全集［M］. 长春：时代文艺出版社，1998：150.
② 薛福成. 薛福成选集［M］. 上海：上海人民出版社，1987：21.

富足。

《管子》里的名言“取于民有度，用之有止，国虽小必安；取于民无度，用之无止，国虽大必危”，也明确指出一个国家的财政开支与收入都应该有节制，因其与国家的安危存亡有必然的联系。书中举了很多例子来说明君主不懂得节制用度就会要求增加赋税收入，“舟车饰，台榭广，则赋敛厚矣”，最后就会“上下相疾”，甚至导致国家灭亡。

唐代的陆贽对财政节流的意义也有很清楚的认识：“夫地力之生物有大数，人力之成物有大限。取之有度，用之有节，则常足；取之无度，用之无节，则常不足。”陆贽以汉文帝和隋炀帝这两个正、反两方面的例子来证明其观点，并总结出“用之盈虚，在节不节耳。不节则虽盈必竭，能节则虽虚则盈”的规律。

明朝人张居正针对统治者的奢侈腐败，尖锐地指出：“治国之道，节用为先。”他认为天地所生长与人民所生产的财富，有一个既定的有限数目，国家设法征求，并不能增加财富的总量，只能改变君与民之间的分配比例。巧取豪夺可以增加国库收入，但会使百姓无以为生，造成天下不安。所以，“与其设法征求，索之于有限之数以病民，孰若加意省俭，取之于自足之中以厚下乎?”张居正要求统治者奉行量入为出的财政原则，一切无用之费，可停者停，可罢者罢，“务使岁入之数，常多于所出”，通过节流来达到国家财政富足的目的。

2.3.2 区分国家支出与皇室支出的思想

传统中国一个重要的财政思想是“自天子以至于封君汤沐邑，皆各为私奉养焉，不领於天下之经费”，也即要将皇室的开支与天下的经费支出区分开来。在秦汉时期，国家财政与皇室财政正式成为两种相对独立的收支系统。国家财政由治粟内史（汉称“大司农”）管理，主要收入为田赋、徭役、口赋(汉变为算赋)、官田屯田和均输平准收入；主要支出为官吏俸禄、军事及各类经济社会性支出。皇室财政由少府和水衡都尉管理，主要收入为山泽税、关市税、口赋（汉时)、户赋和贡纳酎金；主要支出为皇室日常所需及赏赐费用。两者的具体构成时有变动，如汉武帝将原属皇室的盐铁税改为专卖，归国家所有；东汉灵帝将原属国家财政的赀选卖爵收入归于皇室。总体来看，两者规模相当，均斐然可观。如汉元帝时都内钱四十万万，水衡钱二十五万万，少府钱十八万万，可知水衡钱和少府钱同属皇帝私产，其总额比国库还多。东汉建立后，为恢复国家经济，将皇室财政交与大司农管理，少府逐渐成为单纯的宫廷事务性机构，水衡也随之取消，皇室财政在制度上一度不复存在。

隋唐时期，国家的财政管理机构为户部，司农寺、太府寺分别执掌粮谷和钱帛收支；国库有左藏、右藏和太仓，分别纳贮钱币布帛、金玉宝货和粮食。皇室管理机构为殿中省（隋为殿内省）和内侍省，皇室仓库为大盈库和琼林库，前者主贮钱帛，后者主贮宝货。唐初，天下财赋统归户部掌管，所有公私收支皆仰于左藏库。玄宗时设立大盈库，凡租庸正额纳入国库外，其他杂项收入归大盈库以供私用，但皇室日常支出仍由国家财政支付，大盈库实际上窃取了部分国库收入。“安史之乱”平定后，由于京师豪将任意侵吞国库财物，为直接控制财权，皇帝将国家租赋都收贮于大盈库，由宦官负责管理，自此皇室私财与国家公财不分，天下财赋尽为人君私藏。德宗时，财经大臣杨炎指出“先朝权制，中人领其职以五尺宦竖操邦之本，丰俭盈虚，虽大臣不得知，则无以计天下利害……请出之以归有司，度宫中经费，一岁几何，量数奉入，不敢亏用”，并以基本满足皇室消费集团的私欲为前提，恢复政府财政与皇室财政的分管制度，将财政管理权重归户部。皇室收入除皇庄园囿收入外，主要依靠国库的定期按数调拨，政府对全部赋税得以进行统一管理。

宋初的财政机构为三司，元丰改制后为户部，国库为左藏库，主要收入来自各地输送的财赋、专卖收入、铸钱司上缴及内藏库拨给；支出主要是官吏俸禄和军费粮饷。皇室管理机关为内侍省和入内内侍省，皇室仓库称内藏库，财赋来源为各路上供的部分物品、坑冶收入、榷货务与市舶司收入等。此外，元丰年间设立元丰库，由尚书省直接管辖，收入来自青苗钱、免役宽剩钱，支出实行宰执聚议制度。宋代的内藏库虽然是“天子之别库”，但并非“天子之私库”，无论是从皇帝言行还是内藏库的设置与实际运行上，它主要用于军费、救灾、补贴中央与地方财政困难，此外才是皇室用度。这种制度设计与宋代“内重外轻”的政治格局一致，在实际效果上使左藏库和内藏库得以相互补充，国家财政与皇室财政得到了相对较好的兼顾。

明代皇权对财权的控制空前强化，作为国家财政机构的户部仅相当于会计部门，且职能有限，财权被严重分割，工部、太仆寺以及南京户部等其他机构也具有一定的财政管理权限。明初，中央财政集政府财政与皇室财政于一体，皇室的消费以国家收入为依托。一直到明代中期，英宗始设太仓库，作为正式的明朝国库，集中存放户部从各地征收的粮食和银两。皇室仓库也逐渐形成，分为两种：一种是宦官管理的完全为内廷服务的里库，包括内承运库等三库；一种是宦官和户部共同管理的部分为内廷服务的内库，包括甲字库等十库。明代未设立专门的皇室管理机构，宫廷事务由内宫二十四个衙门分掌，皇室收入也没有专项财源，所需皆随意从太仓库支取，皇室财政对国家财政的掠夺日益加深。

清代以户部总司国家财政，收入主要来自田赋、盐课、关税和杂税，户部掌管银库、缎匹库、颜料库。皇室财政由内务府统一管理，内务府下有广储、会计等七司，其中广储司掌府藏及出纳，管理银、皮、瓷、缎、衣、茶等皇室六库，皇室财源包括户部常例拨款、税关盐政赢余银、皇庄地租及各地岁贡等，支出为皇帝日常消耗、赏赐与祭祀。此种分设一直到辛亥年清政府颁布《宪法重大信条十九条》，规定“皇室经费之制定及增减，概依国会议决”，标志着皇室财政并入国家财政，历时千年之久的两大平行财政收支系统宣告终结。

2.3.3 专款专用思想

《周礼》对此思想之表述最为鲜明。王国的赋税分为邦中、四郊、邦甸、家削、邦县、邦都、关市、山泽和币馀九类，称为“九赋”；主要财政支出也分为祭祀、宾客、丧荒、馐服、工事、币帛、刍秣、匪颁和好用九项，称为“九式”。这样，一定的财政收入类别只能对应用于规定的财政支出项目。如《周礼·天官冢宰第一》记载：“关市之赋以待王之膳（馐）服，邦中之赋以待宾客，四郊之赋以待稍（刍）秣，家削之赋以待匪颁，邦甸之赋以待工事，邦县之赋以待币帛，邦都之赋以待祭祀，山泽之赋以待丧纪（荒），币馀之赋以待赐予（好用）”。

古代中国能够产生专款专用思想，主要有如下原因：第一，古代赋税以实物为主，专款专用的制度有可能按实物的自然属性确定其合理用途，以免错用或浪费之弊；第二，专款专用无异于给使用部门划定了一个支出的最高限额，也使其有确定的财政来源；第三，专款专用既排除了最高统治者对财政支出的主观任意决定权，也对其奢侈滥用起了一定的限制作用。

以后历朝也都有专款专用的财政管理实践，如《吕氏春秋》中有关于“蚕事既毕，后妃献茧，乃收蚕税，以桑为均，贵贱少长如一，以给郊庙之祭服”的记录。汉武帝征西域，“师旅之费不可胜数……用度不足，乃榷酒酤，莞盐铁，铸白金，造皮币，算至车船，租及六畜”。唐代刘晏进行财政改革，对分管田赋和漕运、盐利的部门及人员有明确的分工，各自入各自的存库，其支用有明确的去向，不允许相互混用。清雍正朝规定火耗附加率不超过正税的20%，征收时随正税一道进行，并且只能用于给各级官员发放养廉银。

2.4 传统中国的财政预算思想

预算是财政的收支计划，是对政府财政政策的集中体现。从现代意义来讲，政府收入由税、利、债、费四个方面组成，支出则主要体现在经济建设、国防安全、科教文卫等方面。而在清代以前，中国政府的财政收入主要是税收，包括田赋、盐铁专卖收入、工商税等。在“家天下”的思想统治下，政府支出虽然被分为了皇室财政支出与国家财政支出，但是在实际操作中，国家财政支出和皇室财政支出并没有被明确区分。数千年来，中国经济的缓慢发展都建立在传统农业社会的生产力基础上，因此小农经济的生产率低下和财富积累缓慢的特点与中央集权垄断财政收支的特点相结合，相继出现了深受传统儒家财政思想影响并反映出不同时代特征的预算思想。

中国自古以来都是自然经济国家，百姓财富积累十分不易，因此从先秦起，勤俭持家的观点就被大多数人所认可。这个“家”不仅仅是指家庭，还指国家。《周礼·天官·小宰》载，“以官府之六职，辨邦治：一曰治职，以平邦国，以均万民，以节财用……”，“节财用”就是限制天子开销。当时的人认为，夏桀、商纣之所以会灭亡，就是因为生活奢靡没有节制，所以周天子在制定国策时就师前事之鉴，厉行节俭。春秋时期，各诸侯国的军力和财力都有所提升，奢靡之风开始抬头，于是思想家如孔子、晏子等提出了限制君王支出的观点。孔子以周朝的礼制作为评判奢俭的标准，认为治国要“节用而爱人”。孔子最看重的礼也应节俭：“礼，与其奢也，宁俭；丧，与其易也，宁戚。”晏子也认为，人追求财富的欲望是无穷的，因此他主张“幅利”，也就是限制财富：“且夫富如布帛之有幅焉，为之制度，使无迁也。夫民生厚而用利，于是乎正德以幅之，使无黜嫚，谓之幅利。利过则为败。吾不敢贪多，所谓幅也。”

如果说春秋时期思想家的观点还多是从个人和家庭出发的话，自战国开始，节制支出的观点就更加有针对性地指向了国家财政。荀子发展了孔子的观点，提出“节用以礼，裕民以政”，明确提出了国家应该以“礼”作为用度依据，以百姓富足作为财政工作的第一要义。秦统一中国后，始皇帝大兴土木，民不聊生。秦亡后，西汉初期采取休养生息的“黄老之道”。刘安提出了“安民足用”的思想：“为治之本，务在于安民。安民之本，在于足用。足用之本，在于勿夺时。勿夺时之本，在于省事。省事之本，在于节欲。”（《淮南子·

诠言训》）

传统黜奢崇俭的观点一直延续了数千年，每当一个朝代走向没落之时，或者君王有骄奢淫逸之欲，都有黜奢崇俭的观点对其进行批驳或劝勉。后世典型的如朱熹、张居正和海瑞等，都提倡节俭，反对统治阶层挥霍民财以追求过度的物质享受。张居正以历史为鉴，提出了富贵节欲论："以天下之大，奉一人之身而常苦其不足。口厌甘脆，而天下始有藜藿不饱者矣；身厌纨绮，而天下始有短褐不完者矣；居厌广丽，而天下始有宵啼露处者矣。其弊至于离志解体而不可收拾，则汉、唐、宋之季世是已。"

尽管黜奢崇俭一直受思想家和政客们所推崇，但是在一些特定的历史条件下也有人提出反对意见。明中叶，资本主义生产关系产生萌芽，消费主义思想对传统的积累主义产生冲击。思想家陆楫认为，节俭只能使一人一家"免于贫"，但如果要让整个国家富裕就不能崇尚节俭。在他看来，"大抵其地奢，则其民必易生；其地俭，则其民必不易生者也"。陆楫认为，之所以节俭反而造成贫穷，原因在于节俭不能创造消费的动力，也就没有办法刺激生产。明末郭子章将陆楫的观点进行了修正并引申到财政支出上来。在他看来，"奢俭"不是绝对的支出多少，而是国家财政不该开支的开支了，该少开支的多开支了，就是"奢"；该开支的没有开支，该多开支的少开支了，就是"俭"，而这两种"奢俭"都是对国家不利的。他尤其批评"俭"，认为"俭"会造成社会基础设施的建设和管理缺位，使得社会不稳定，"阴以酿国家他日之忧"。

维新变法时期，谭嗣同、梁启超都对黜奢崇俭进行了批评。谭嗣同主要从市场的角度说明黜奢崇俭会使人们安于生活现状，不利于资本主义经济发展，并以此抨击封建制度。梁启超从政府理财的角度，赞成政府实行赤字财政，认为政府应该大力"兴工程，拓商务"，"而后之颂善政者，以大官之钱累巨万，贯朽而不可校，谓为美谈。抑何与计然之言相刺谬耶？善夫西人之政也，国家设银行，借国债，民有财贷之于官，官藉之以兴工程，拓商务，以流通之于民，而国之富强遂莫与京"。

2.4.1 预算原则思想

财政是由收入、支出和管理三部分组成的，因此需要明确实行什么样的预算原则，以指导预算的制定与实施。孔子等思想家提出政府支出宜"俭"并不是目的，而是为了减轻民众的税收负担、避免当局过度盘剥而提出来的解决途径。他们认为财政应该根据收入来安排支出，即量入为出。同样，虽然明末和清末一些思想家不赞成政府行为过于节俭，却也并没有赞同君主与贵族铺张浪费的生活作风，而是强调政府应该加大投资，鼓励民众消费以刺激经济发展。相应地，他们认为财政应该先确定必要的开销，再据此组织财政收入，即量出制入。

2.4.1.1　量入为出思想

黜奢崇俭的观念延续了上千年，与之相应的量入为出思想也有着非常悠久的历史。《礼记》最早提出“量入以为出”，此后一直被奉为圭臬，直至唐德宗年间杨炎提出“量出以制入”的财政原则并实施““两税法””，撼动了延续数千年的经典财政思想。当时反对量出制入最强烈的便是陆贽。他所提出的量入为出是建立在“两税法”实行十余年后，政府不断摊派加码造成百姓税负大幅增加基础上的：“今既总收极甚之数，定为两税矣；所定别献之类，复在数外矣；间缘军用不给，已尝加征矣；近属折纳价钱，则又多获矣。比于大历极甚之数，殆将再益其倍焉。”所以他针砭时弊，指出：“夫地力之生物有大数，人力之成物有大限，取之有度，用之有节，则常足；取之无度，用之无节，则常不足。”后来的研究者褒杨贬陆，认为陆贽思想过于保守迂腐，实际是没有客观地看待“两税法”这个“先进的”生产关系脱离当时生产力而对百姓生活以及国家财政造成的不利影响。

南宋时期，朱熹和陆九渊兄弟也倡导财政应量入为出。朱熹针对自北宋遗留下来的严重的三冗问题，提出“撙节财用”的基本方针，除老生常谈的“去冗兵”“汰浮费”之外，他结合“存天理，灭人欲”的哲学思想，要求统治阶层“正心”。他认为，“人主之心正，则天下之事无一不出于正；人主之心不正，则天下之事无一得由于正”。同时，朱熹对“量入”进一步解释说，“量入”不仅仅要准确计量财政收入，还应该与各地区的经济情况、百姓的实际负担能力相匹配。陆九渊兄弟的观点与朱熹近似，却也有独到之处。陆九韶在治生之学里提出“用度有准，丰俭得中”，并定量地举例来进行说明：“今以田畴所收，除租税，及种盖粪治之外，所有若干，以十分均之。留三分为水旱不测之备，一分为祭祀之用，六分分十二月之用。取一月合用之数，约为三十分，日用取其一，可余而不可尽用。至七分为得中，不及五分为啬。其所余者，别置薄收管，以为伏腊、裘葛、修葺、墙屋、医药、宾客、吊丧、问疾、时节馈送；又有余，则以周给邻族之贫弱者、贤士之困穷者、佃人之饥寒者、过往之无聊者。”上述观点虽然没有上升到国家的高度，但不可不谓是量入为出思想的直接体现。

不同于先代财政学者，明代的丘浚非常直接地主张“国家之所最急者，财用也”，并且提出了最接近现代财政预算思想的主张。丘浚也以量入为出为基本原则，但是他并不是根据当年所收到的财政收入“现收现付”地去安排财政支出，而是根据当年的收入情况安排来年的财政支出。由于国家的主要财政收入来源于田赋，而农业生产在当时受天时的影响很大，在缺乏科学技术进行合理预测的情况下，预计来年的收入情况是很困难的，“财生于地，而成于天，所以致其用者人也。天地岁岁有所生，人生岁岁有所用，岁用之数不可少，而岁生之物或不给”。因此丘濬提出根据当年的收入安排来年的支出，一方面具有操作上的可行性，另一方面能够对国家财政支出进行限制，即来年支出的上限就是当年的收入，“至十二月终旬，本部通具内外新旧储积之数，约会执政大臣通行计算嗣岁一年之间所用几何，所存几何，用之之余，尚有几年积蓄，具有总数，以达上知。不足则取之何所以补数，有余则储之何所以待用。岁何不足，何事可以减省，何事可以暂已。如此国家用度有所稽考，得以预为之备，而亦俾上之人知岁用之多寡，国计之盈缩，蓄积之有无云”。这种预算思想相较以前“勒紧裤腰带”式的量入为出更加科学，实际的财政工作也更加易于管理。

明末清初，黄宗羲总结了历朝历代的兴盛衰亡，把当时的赋税制度所存在的问题概括为“三害”①，并提出了有针对性的改革建议。关于财政管理的原则，黄宗羲强烈反对杨炎的量出制入，认为这是统治阶层任意加赋的根源。从现代财政理论的角度来看，量出制入更加先进、民主、科学，但若以今人之智度古人，未免有失公允。黄宗羲反对量出制入而提倡量入为出，可以从两个方面来看待：首先，他提出“反积累以前而为之制”，也就是提倡复古，恢复到三代的贡、助、彻制度。周天子在中国历来都被视为解救万民于水火中的君王，加上传统的儒家将周礼奉为一切行事之基本准则，因此历代的鸿儒们都对周朝时的政治、经济以及社会生活抱有乌托邦式的幻想和崇拜。一旦土地兼并问题严重了，就有人提出“复井田”；一旦君王的开销显得铺张，“义主利从”的观点便再次兴盛。同样，量入为出属于周制之一，在当时的人看来，是使国家财政健康稳定的最优解，以食古不化来批评是不恰当的。其次，量出制入的预算原则虽然先进，但是需要以严谨的支出计划、严格的征收管理，最重要的是以充分的权力制衡为前提，而在当时这些条件都是不具备的。中国古代君权与相权之争自朱元璋撤相后就已经白热化了，而黄宗羲所处的时代距离下一次权力回归君主只有几十年的时间。因此，与其任统治阶层随心所欲地制定开销计划并让百姓埋单，不如先锁定财政收入，使得财政支出不至于失控。

① 即“积累莫返之害”、“所税非所出之害”和“田土无等第之害”。

2.4.1.2 量出为入思想

量出为入是与量入为出相对应的预算原则，是墨子最先提出的。墨子在《辞过》中说："修其城郭，则民劳而不伤，以其常正，收其租税，则民费而不病。"墨子强调，国家征收租税，应该按照基本的支出需要来征收，也就是说，应该先确定财政支出的范围和数量，再以此安排收入。这是典型的以支定收、量出制入思想。

汉武帝时，桑弘羊主管国家财政，其财政管理方面的言论不多，仅在《盐铁论》中有"计委量入，虽急用之，宜无乏绝之时"的说法。关于"计委量入"，先前有学者将其理解为根据支出来确定收入，笔者认为是过度引申原意了。在"计委量入"之前，桑弘羊说："兵甲不休，战伐不乏，军旅外奉，仓库内实。今以天下之富，海内之财，百郡之贡，非特齐、楚之畜，赵、魏之库也。"此处桑弘羊说的是战国时期各国连年征战而没有出现财政亏空，而汉武帝时期国库充裕但财政工作开展步履维艰，因此应该根据国库储备的实际情况来度量财政收入。此处"计委量入"的"委"是"积累"的意思，如"委之则聚"，而非"支出"之意。尽管如此，桑弘羊提出的根据国库的充裕程度来确定财政收入，亦体现出量出制入的思想，是对周朝以来量入为出思想的一个大胆的挑战。

唐中叶时，陆贽坚决反对杨炎的"两税法"和量出制入的预算原则，那么杨炎所倡导的"量出以制入"是不是毫无裨益呢?"量出以制入"是杨炎向唐德宗上书实行"两税法"时，提出的"两税法"实行的一个前提条件。之所以实行"两税法"，是由于"安史之乱"平定后，"天下残瘁，荡为浮人，乡居地著者百不四五"，建立在人丁基础上的租庸调制被破坏，"王赋所入无几"。因而杨炎提出以财产为基础的赋税征收办法，"户无主客，以见居为簿；人无丁中，以贫富为差。不居处而行商者，在所郡县税三十之一，度所与居者均，使无侥利"。杨炎之所以要以"量出以制入"作为"两税法"实行的前提，实际上正是为了克服后世思想家所言的"两税法"之弊病。杨炎在谈及租庸调制失败时，除了战乱导致人丁脱离土地外，官员的肆意盘剥加码也是很重要的原因。他说："权臣猾吏，因缘为奸，或公托进献，私为赃盗者动万万计。"所以，一方面新的税制要保证国家的财政收入，另一方面也要保证税负的稳定。有研究者将以支定收的财政管理原则分为"量出制入"和"量出为入"，此二者大意是相同的，但细究起来也有区别。"量出制入"指的是根据支出来限制、控制收入，而"量出为入"则是根据支出来安排、确定收入。据此判断，杨炎所提倡的是"量出制入"，因为他指定的政策目的是限制政府过多地收取税收，减轻“有形的手”对生产生活造成的负外部性。此外，杨炎在之前谈及皇室支出时，也提出“度宫中经费一岁几何，量数奉入”的观点，表明其量出制入的财政管理思想并非专为“两税法”而特别提出的。从他的思想本身出发，“量出制入”和“量入为出”并不是根本对立的，二者只是形式上的差异，但要解决的都是官员巧立名目搜刮民脂民膏问题。同时，在编制预算时，此二者的方向虽然不同，且从现代预算的角度来讲，量出为入的思想更加先进科学，但是在特定的历史条件下，符合国情并能够解决现实问题才是第一要义，若是盲目追求“科学”“先进”，则会陷入“历史现代论”的误区。

杨炎之后，王安石、李鸿章等人都在实际的财政工作中采取过类似量出为入的管理模式，但均未明确提出量出制入的思想，及至清末，从欧美国家考察回国的学者、官员才公开提出以量出为入作为预算原则编制财政预算。王韬在访问英国之后，对英国采取的财政体制大加赞扬，“所征田赋之外，商税为重。其所抽虽若繁琐，而每岁量出以为入，一切善堂经费以及桥梁道路，悉皆拨自官库，借以养民而便民，故取诸民而民不怨，奉诸君而君无私焉”。同样是向西方学习，黄遵宪考察了日本的财政之后，明确地提出应实行预算制度。他说：“余考泰西理财之法，豫计一岁之入，某物课税若干、某事课税若干，一一普告于众，名曰豫算。……其征敛有制，其出纳有程，其支销各有实数，于豫计之数无所增，于实用之数不能滥，取之于民，布之于民，既公且明，上下孚信。自欧罗巴逮于米利坚，国无小大，所以制国用之法莫不如此。”在预算原则方面，“泰西诸国必预计一岁出入之款，量出为入”。也就是说，黄遵宪提出效仿西方建立量出为入的财政预算。并且，他还认识到，在量出为入原则的指导下，非经常性财政支出可能会导致财政运作困难，因此需要以国债作为补充，“国家一旦有大兵革、大政事，乃大开议院，议加征重赋。重赋加征之不足，于是议借债”。不过，黄遵宪对举国债的态度相对谨慎，认为“外国债则利在一时而害贻于他日，且利在邻国而害中于本邦”。但总的来说，黄遵宪还是赞同量出为入的原则。此时期以后，由于国民经济发展的需要，量出为入的财政预算原则逐渐占据了主导地位。

量入为出和量出为入的预算原则，都是特定历史条件下，执政者为解决政府收入减少、支出增加、百姓税负加重而提出的方案，其本身并无优劣之分。由于中国的王朝更迭多伴随着战争，因而在一个朝代建立之初，执政者面临着国家恢复重建需要资金与国民经济被严重破坏而无法提供稳定税源的矛盾。在儒家“爱民节用”和道家“寡欲崇俭”思想的指导下，当局者多采取量入为出的财政政策，开源节流，并不揠苗助长。

随着封建君主、贵族的欲望膨胀和权力不受制约，财富大量积累，控制“流”的阀门被冲破，实际上财政已经变成“以支定收”，“源”被无节制地放大。因此，为了减轻民众的税负，一些财政官员制定了限制支出、量出制入的财政政策。或者，在国家财政处于相对健康的情况下，政府为了刺激经济或者对外作战，采取积极的财政政策，量出为入。

然而，无论是量入为出还是量出为入，都需要建立在政府权力能够被有效制约的基础上。王韬认为这是“君无私”的结果，他的思想是典型的奴隶社会、封建社会中渴望“明君”或“弥赛亚”的思想。从今人的实践中可知，民主政治是制约政府权力的一个有效途径，量入为出和量出为入的预算原则都是对民主政治的一种支持，二者各有利弊，在民主的基础上因应具体形势的不同而在实践中有所取舍，方能达到最优的财政和预算管理效果。

2.4.2 预算编制思想

2.4.2.1 强调财政平衡、收支有度

自古以来，儒生便把《礼记》中的“欲治其国者，先齐其家”作为管理国家的先行条件，治国之道亦是从治生之学中演化而来。孟子的恒产论开辟了治生之学中“平衡、有度”的理论先河。他说：“五亩之宅，树之以桑，五十者可以衣帛矣。鸡豚狗彘之畜，无失其时，七十者可以食肉矣。百亩之田，勿夺其时，八口之家，可以无饥矣。”按照孟子的设想，每一家都有刚好能够使每个家庭成员“无饥”的财产，就能够使君王“然而不王者，未之有也”。如果每家每户都能有稳定的收入，则“百姓足，君孰与不足”，国家财政就有了稳定的保证。

秦汉之后，治国思想逐渐从治生思想中独立出来，才有了相对成形的财政观念。汉成帝时期，刘向针对当时赋敛繁多的问题，以“楚人献鱼”的典故表明国家不应一味追求国库充盈，而应使财政平衡、让利于民。他引用楚王的话说，“盖闻囷仓粟有余者，国有饿民；后宫多幽女者，下民多旷夫；余衍之蓄，聚于府库者，境内多贫困之民；皆失君人之道。故庖有肥鱼，厩有肥马，民有饿色，是以亡国之君，藏于府库”，规劝皇帝要轻徭薄赋，使财政张弛有度。东汉末年，曹操提出了“不得擅兴发”，亦是对财政的度的控制。

魏晋时期，傅玄对于财政平衡、收支有度的问题，提出了“有常”“至平”和“积俭趋公”三个基本原则。其中，“有常”指的是“上不兴非常之赋，下不进非常之贡”，也就是说，财政收入应该是按照计划好的数量去征

收，中央不额外增添附加税费，地方也不能在定额以外另行征收。并且应效仿周朝订立“典”来规范国家财政，“役简赋轻则奉上之礼宜崇，国家之制宜备，此周公所以定六典也”。从预算的角度来看，傅玄的这种“有常”的思想与现代的增量预算较为相似，都是强调财政预算的稳定，使经济能够平稳发展。

元初，耶律楚材在财政问题上提倡收支有度，抵制任意摊派。由于统一中原后财政机构机制尚不健全，出现了“州郡长吏，生杀任情，至孥人妻女，取货财，兼土田，燕蓟留后长官石抹咸得卜尤贪暴，杀人盈市”的现象，耶律楚材“即入奏，请禁州郡，非奉玺书，不得擅征发”，从而一定程度上遏制了“贪暴之风”。元太宗即位后，一些大臣认为蒙古国应以牧业作为主要产业，“汉人无补于国，可悉空其人以为牧地”。耶律楚材认为中原保持其原有经济结构才能够给国家创造稳定的收入，“财用所出，宜存恤其民”，不允许“擅行科差”。耶律楚材的财政思想，不仅仅因地制宜，并且还体现出了可持续发展的观点，具有时代的先进性。

2.4.2.2　财政分权思想

西汉初期，政府的经费收支与皇室的经费收支实行“分灶吃饭”，目的在于保证国民经济的运行免受皇权的干预，其实质是限制皇权。虽然在实际操作中二者很难区分，但思想家和官员们通过财政来限制王权的努力是不能被否认的。

唐初国家财政由太府主管，贮于左藏库，尚书比部负责稽核，而皇室财政则由中官管理，贮于大盈内库。杨炎之前，由于皇帝私欲膨胀和宦官乱政，原贮于左藏库的国家财政收入被归入大盈内库，国家财政完全由皇帝及宦官掌控。杨炎出任宰相后，上书唐德宗：“夫财赋，邦国之大本，生人之喉命，天下理乱轻重皆由焉。是以前代历选重臣主之，犹惧不集，往往覆败，大计一失，则天下动摇。先朝权制，中人领其职，以五尺宦竖操邦之本，丰俭盈虚，虽大臣不得知，则无以计天下利害，……请出之以归有司。”他痛陈利害，得到唐德宗批准，此后“凡财赋皆归左藏库，一用旧式，每岁于数中量进三五十万入大盈，而度支先以其全数闻”。

丘浚也提出了限制皇室开支的措施。他主张将财政收支管理分为内外二府，“外府贮常赋所入，如秋粮、夏税及折粮、银钞、绢帛之属，以待军国之用，岁终计其用度之余别为贮处，以备水旱兵火不测之需；内府则贮凡天下坑冶、赃罚、门摊之属以待宫室、衣车、赐予、燕好之费，岁终则计其有余者别储，以备他年之不足，及外府或有不给则以济之”。内外二府的库藏不仅用途各异，流通路径也不一致，“夫外府有不足则可取之于内，内府则常为撙节，使不至于不足，虽有不足亦不可取之于外”。丘浚认为，国家的财政支出需求应该被放在第一位，“军国之需决不可无”，而皇室开支是满足私欲的，是“可以有可以无故也”，因此“断不可以军国之储以为私奉之用”。丘浚的思想，不再是单纯地以国家来供养皇室，而是区分了轻重先后，即先有国家后有皇室，无论是从财政管理的角度，还是从限制皇权的角度，较之过往的思想家都更加先进。

2.4.3 决算思想

决算是对预算执行情况的总结。在近代以前，由于预算体系本身不健全，因此也谈不上有科学的决算制度。但是，财政并不是一个定性的政府行为，而是由实实在在的数字反映的，因此，古时虽无决算之名，却有决算之实。一如预算起于周，会计制度也始于周。此时的决算有两种职能：一是作为官员绩效考核的依据。如《周礼》记载：“岁终，则令百官府各正其治，受其会，听其致事，而诏王废置。三岁，则大计群吏之治而诛赏之。”二是作为对财政预算执行情况的总结。由“司会”下辖的“职币”掌管：“职币掌式法，以敛官府、都鄙与凡用邦财者之币。振掌事者之余财，皆辨其物而奠其录，以书楬之，以诏上之小用赐予。岁终，则会其出。”每月、每年都要进行结算，“以周知四国之治”，范围很宽泛，包括“膳夫”“庖人”“酒正”“外府”“司裘”等，通常是“岁终则会”，但是也有例外，就是“唯王及后、世子不会”。

秦时，商鞅将决算所涵盖的信息进一步细化，认为“强国知十三数：竟内仓、口之数，壮男、壮女之数，老、弱之数，官、士之数，以言说取食者之数，利民之数，马、牛、刍藁之数”。这里的十三数不仅仅包括了财政所直接管理的收支之数，还包括了统计经济信息。商鞅的观点不仅推动了决算事项的发展，也使中国古代的统计制度有了理论基础。

西汉初年，张苍出任“计相”，主管上计事务。张苍将算术思想应用于上计之中，史载“苍明习天下图书，善用算术，故命以列侯居相府主郡国上计也”。由此可以推断出，此时的决算就已经不局限于登记造册，而是可以通过计算使财政绩效指标化。

约 700 年后，刘晏将财政决算从思想和实践上推向了一个新的高度。刘晏推行的“常平法”，实际是建立一个经济情报网，亦可称为经济信息系统。他在诸道巡院设立驿站，搜集各地的商品信息，使“四方货殖低昂及它利害，虽甚远，不数日即知”，财政收入“如见钱流地上”。刘晏所建立的信息系统，使政府能有效掌控各地经济情况，能够开展有效的宏观调控，也能清楚地了解各地财政收支的实际情况，提供了决算的信息质量保证。

南宋时，郑伯谦主张“不独考其国之财，亦将以并考天下之财”，以决算“计用度之当否”。郑伯谦提出恢复《周礼》中“职内掌邦之赋入”“职岁掌邦之赋出”之制，由“职内”和“职岁”分别管理财政收入和支出的账务，而由“职币”负责掌管“币”。他认为，如果财政收支由同一个部门管理，“不惟不免于奸欺，而内外参差不齐，出入之变交错差并，薄书会计之繁多委轧，亦必将有敝其精神，而络其思虑者”。收支分离则可以防止舞弊，并提高效率：“纠察钩考之势得以行于诸府之中，事不至于欺伪，用不至于没，数不至于亏耗。”郑伯谦对财政工作中存在的问题洞若观火，对于当今的财政工作亦有极高的借鉴价值。

明清时期，丘浚针对当时存在的财政问题提出了一些建议。首先，丘浚指出，明朝废相后，“以户部掌天下户口、田土、钱粮，然散属诸司”，导致“兼厘众务，事多端而职不专”，所以提出“如古计相制，于户部卿、佐之外添设尚书一员专总国计，凡内外仓库之储、远近漕挽之宜咸在所司，稽岁计之出入，审物产之丰约，权货币之轻重，敛散支，调通融，干转一切”。丘浚察觉到户部在专制制度下无法独立行使监督和限制财政收支的职能，必须设置专门的预决算机构，严格限制财政开支，“凡所以用度取予一付于九式之成法，故虽一尺之帛、一束之刍、一饮食之微、一燕好之私而皆不得以过差焉，是以上之人侈心有所惮而不生，欲心有所节而不纵”。其次，丘浚还提出了具体的财政预决算对象，“凡天下秋粮、夏税、户口、盐钞及商税、门摊、茶盐、抽分、坑冶之类租额年课，每岁起运存留及供给边方数目一一开具，与夫每岁祭祀、修造、供给等费，通以一年岁计出入最多者为准，总计其数凡有几何，一年之内所出之数比所入之数或有余或不足或适均称”。最后，丘浚也强调财政与审计职务相分离，“司会掌钩考、司书掌书记，二者之职交相参互”，这样便能够“防有司之奸欺也”。后来民国时期，卫挺生所提出的超然主计制度的最核心思想也是审计对财政收支进行稽查审核，“明清以降，计政与财政和而不分，故虽严刑峻法，而仍不能防止官吏之贪污营私。……为防止超然主计人员之玩忽职掌，或串通机关长官或其所属人员共同舞弊起见，并应采用就地审计制度”①。

① 卫挺生. 民国计政之过去现在与将来［J］. 东方杂志，1936（1）：135-145.

3 近代中国财政思想转型的环境

3.1 近代中国财政思想的二元性

3.1.1 传统财政思想——萌芽之初

传统的财政思想与近代财政思想并不是相互对立的一对关系，而是承前继后的替代关系，传统财政的很多观点即便放在今日依然适用。因而，可以说，在一定范围之内，传统财政观催生了近代中国财政思想。

回溯中国几千年历史中闪光的财政观，我们很容易发现，传统财政并不缺乏富有见地的思想，只是缺少系统呈现。例如亚当·斯密提出来的四大租税原则，早在西晋傅玄的思想当中已有体现；“量入为出”与“量出为入”的财政收支原则很早就被《周礼》阐释得言简意赅；财政预决算的观念也早就留存于唐宋官方行政程序当中。故而，传统财政学说在某些财政思想领域对近代中国财政思想有着催生的意义。只是这些思想大多散落在历史的角落，待到近代财政思想如滚滚潮来，传统财政思想便如沧海遗沙，逐渐沉寂。

3.1.2 近代财政思想——发起之路

近代中国财政的各方面进化演变是中国财政思想迈向现代化的关键历史阶段，而晚清的财政改革是这一历史阶段的发端。它促使中国财政思想的构建进程脱离传统的轨道，转型迈向现代化的道路。

建立在农业社会自然经济基础上的传统财政观与建立在工业社会市场经济基础上的西式财政观两者之间的差异诠释了不同内核驱动下的差别思想。这种差别在晚清中国引入西方财政思想后急剧转变为剧烈的冲突。类似冲突在西方国家中已然发生，适应资本主义市场经济的现代财政思想早已不可避免地取代了自然经济条件下的传统财政思想。而中国一直到晚清，才通过西方财政思想的逐渐引入，开始猛烈冲击传统财政观及已经难以为继的财政制度，迫使晚清政府被动参照西方近代财政体制进行改革，由此中国传统的财政思想才开始了向现代化转型的开端。

3.1.2.1 缘起——近代财政思想肇始于晚清

1. 财政管理实践

清朝乾隆年间，政府财政收入可达白银 4 858 万两。自鸦片战争失败后，清政府的财政收入降到 4 000 万两白银左右，年景不顺之时如道光二十二年(1842 年)，财政收入仅达 3 870 万两白银①。此后，尽管晚清政府采取了各种措施如加增赋税、整顿清理财政力图扭转财政危机，但是在镇压太平天国运动的军事开支及甲午、庚子之役的巨额战后赔款等内忧外患的压力下，晚清政府的财政增收措施②如割肉补疮一般无济于事，财政状况千疮百孔。及至晚清政府的统治危如累卵之时，统治者方才意识到本国财政的窘迫状态已经招致他国直接干涉，甚至被置于多国共管的危险境地；中央在庚子之役之后的羸弱放任，客观上助推了地方财权逐步摆脱中央控制；原有的财政体系混乱到了无可收拾的地步，传统的财政管理体制再也无法继续运转下去。就连时任中国海关总税务司的英国人赫德都看得出来“改革势在必行，这点清朝已逐步看清了”③。而财政作为庶政之母，自然在“新政”中被着重关注。晚清政府严重的财政危机及摇摇欲坠的统治，使得他们对代表着先进方向的西方财政管理范式非常期盼，故而在举国推崇新式事务的背景中，一些近代的财政理论也被运用到了实践中去。

2. 西学东渐

尽管中国的传统文化长久以来都保持着独善其身的姿态，但在西学东渐这一场东西方文化激烈交流碰撞的过程中，西方文化还是展现出了其所具备的强大生命力和融合力。最初的西学东渐体现在外国官员、传教士、商人们特意面向上层社会传播西方政治、经济、科技、文化的方方面面。不少外国学会及学者针对中国问题提出了有关财政方面的建议。较早的如赫德在 1865 年向总理衙门所呈递的《局外旁观论》。在这份赫德对中国政治现状和未来的考察和提议中，他对比了中国的官僚体制与外国的管理模式，建议清政府在财政方面进行相关整顿。其后国人开始自发引入西方财政理论和财政制度，加上对编译局

---

① 王晓光. 清朝从康乾盛世到腐朽衰落的历史演变 [J]. 财政研究，2002 (7)：61-67.

② 晚清政府为应对财政危机，除了基本的节约经费、裁汰冗员、铸钱发钞、地方摊派等旧式措施外，举债借款、创办厘金等新式办法也层出不穷。

③ 骆惠敏. 清末民初政情内幕 [M]. 刘桂梁，等译. 北京：知识出版社，1986：214-225.

及报纸杂志等媒介的利用，或出版丛书或转载专栏，或编译或自撰，西方的财政理论骤然如雨后春笋般进入学界的视野。尤须注意的是，1905 年胡子清自撰了我国最早的《财政学》，是为现代财政理论引进当中的佼佼者。此外，对于不少驻外使节、考察大臣来说，搜集西方先进国家管理成就、宪政成就、财政管理经验本身就是他们的一项任务。

3. 教育及人才

晚清政府时期，以实施新政为中心的一系列措施延伸到教育领域，演变成一幅错综复杂的构想与推行、运作与调整的改革画卷。传统教育开始遭到否定与摒弃，西式教育获得接纳与移植，科举制逐渐被废除，新的学制得到采用，留学潮更是蓬勃兴起。如此焕然一新的教育环境，在培养新型财政人才的同时，也打通了更多汇集西方财政理论的通道。

对晚清教育影响最为深远的当属仿照西方学制所颁布的“壬寅学制”以及“癸卯学制”，也就是《钦定学堂章程》和《奏定学堂章程》。尽管“壬寅学制”相隔“癸卯学制”的时间并不长，学界也普遍认为前者不完善而未能实施，但是从学制的内容来看，其对现代财政理论的教育重视程度可见一斑。在该章程中，财政学首次被编入政治科。在“壬寅学制”的基础上，清政府任命张之洞修订了内容更丰富、涉及面更广的“癸卯学制”，财政理论得到更多的重视。在张之洞颁布的《奏定学堂章程》中，不仅财政学所属的政治科必修课程包含了财政理论，甚至法律科、农学科都要学习相关财政理论。此外，“癸卯学制”中除了大学堂被安排了财政学的相关课程外，中学堂的学生学习近代财政知识也成为必须。学制规定中学堂第十科为法制及理财，第四年开设，内容为“当就法制及理财所关之事宜，教以国民生活所必须之知识，据现在之法律制度讲明其大概，及国家财政、民间财用之要略”①。到清末宣统元年（1909 年），我国第一所新式财政学堂、税务学堂被批准设立，虽然只是中等专业技术级别的学堂，但是这两所学堂的设立不仅为当时清政府培养了财政方面的专业人才，避免了洋人占据相关财政方面职位的尴尬，而且开启了财政学作为一门国民教育学科的序幕。

晚清兴起的留学潮也为西方财政理论的传入打开了一条新的通道。不同于近代中国的留学生，晚清早期的留学生一方面带着传统文人的思维印记，另一方面又具有近代学者的独立品格，旧中有新、新中有旧的留学生形象鲜明地体现出近代中国转型的方向和复杂纠缠的内里。作为一个新兴的群体，他们带动

① 舒新城. 中国近代教育史料［M］. 北京：人民教育出版社，1961：511.

和催化了近代中国的政治、经济、文化向现代化转变。这些留学生中，十有八九起初选择的都是法政科、经济科专业，甚至不少理科类学生都对经济类专业产生了兴趣。严复便是其中一员。本是驾驶专业出身的他留学格林威（尼）治海军学院，反而对政治经济方面的问题发生了兴趣，归国后翻译了亚当·斯密的《原富》即《国富论》，其中着重探讨了公债与租税问题。虽然选择法政、经济专业的学生比例在后期有所下降，但学习法政、商科的学生总数仍然在各科中高居第一。这些留学生回国之后或执教，或在政府任职，以各种途径如报纸、书籍传播他们留学期间学到的知识。如留学美国哥伦比亚大学的陈焕章，其博士论文《孔门理财学》按照西方经济学的原理，从消费、生产、公共财产等方面分析了孔子及其门派的一般经济学说。此论文不仅因其以西方经济学框架分析传统中国经济思想而具备极高学术价值，而且还是第一部留学生以其博士论文在外国出版的著作，有着重大的文献意义。综上所述，出于归国留学生的专业选择因素，现代财政理论成为他们传播的主要内容之一。

3.1.2.2　二元性：传统与近代两种模式的并存与冲突

长久以来，我国传统财政思想的呈现及运转有其自身一套模式和准则。这种模式和准则是在漫长历史过程以及特定的地域、政治、经济各方面因素下缓慢形成的，到明、清时已经较为完备甚至根深蒂固。故而虽然明代“西学东渐”已经开始，但东西方之间的交流，尤其是文化和思想领域内缺乏竞争带来的动力，这套固有的模式和准则始终占据主导地位。也正是这个原因造就了近代社会发展色调的败落和斑驳，以至于许多问题不断恶化直至积重难返。直至19世纪下半叶之时，具有浓重传统、封闭格局的中国被急速入侵的势力裹挟着走上了近代化的道路。历来由传统运行模式主导的近代政治、经济、文化、思想等各个方面，都在这场西式文明带来的强劲冲击和碰撞中半主动半被动地进行重塑，进而形成了短时间看似对立，长远来看却又双重共举的二元结构特征。其中，财政思想便是一个鲜明的例子。

在这场冲击和碰撞中，早先一批具备开放思想、创新思维的国人开始以西式文明视角诊视自身痼疾。正如学者陈万雄所言：“这代人的教育背景应是中国历史上仅见的——传统与近代新式教育参半，新旧学问兼备，中外思想影响集于一身……他们也适逢其会，处于1900年前后，沿袭下来600年的科举和传统教育的日渐废弃，新式学堂和近代教育日益勃兴的时期，他们也是率先进入新式学堂的一代，在接受传统学问的同时，也比较系统地学习外语和西学。近代中国留学潮也开始于1900年以后。他们也是其中的先行者，有亲履目睹异国的机会，不少人受过完整的近代大学或更高学位的教育。由于这样的历史条件和机会，他们是历史上罕有的新旧学问、中外知识相对均衡集于一身的一代知识分子。”① 陈万雄所概括的仅仅是处在断旧连新时期的知识分子的二元特征。知识分子的二元特征既是思想二元的表征，也是思想二元结构的驱动力。事实上，对于当时处在半殖民地半封建社会的中国来说，一定程度上，长期维持主流价值观传承及延续的传统思想与残酷现实下不可抗拒的西方思想，两者的对立与交汇致使思想的二元特征具有相当的复杂性，这种复杂性体现在思维方式和立场选择上，有的抵抗、排斥，有的接纳、包容，有的隐晦、避忌，有的超越、革新。

在财政思想领域，偏向于革命性的梁启超代表了对传统财政观持否定态度的部分学者。他在1915年写下《论中国财政学不发达之原因及古代财政学说之一斑》一文，从政治、经济、文化等方面陈述制约我国财政学发展的6大因素：其一，古代的学者，在经济伦理方面好谈道德而耻言功利，思考领域只要涉及了财货为主体的方面便无兴趣；其二，缺乏稳定的社会环境以开展生产，此外统治者所求不仅没有限度，而且毫无秩序、规则可言；其三，重农抑商的政策使得农业成为国家取财的主要渠道，其他产业不发展，任何博大深奥的学理也无从谈起；其四，货币无定制，财政也无正确会计；其五，国权或弱或强，造成财政或力有不逮或明火执仗，这样的财政毫无研究价值；其六，社会各经济之间的关系甚薄（弱），财政并不具有牵一发而动全身的重要地位②。

与梁启超所代表的全盘否定传统的学者不同，陈焕章③则代表了面对西方财政学冲击时的另一部分知识分子，他们认为“欧美今日最新之学说，求之我二千年前之古经，固已灿烂明备，然后知孔教之大，我国旧学果非孤陋而不适于用也”④，即在不排斥西学的前提下，力图从传统学说尤其是儒家学说当中挖掘出新的内涵，在“发旧学之幽光”⑤ 的同时“将中国数千年之文明，提要钩元（玄），凡立一说论一事，必穷究得失”⑥。具体到财政思想方面，陈焕章基于孔子理财学说与西方经济理论中生产、分配、交换、消费四部分理论一

---

① 陈万雄. 五四新文化的源流［M］. 上海：上海三联书店，1997：183.

② 梁启超. 论中国财政学不发达之原因及古代财政学说之一斑［M］. 北京：中华书局，1989：91.

③ 陈焕章15岁时师从康有为并在1904年参加清朝科举考试，中了第131名进士，是中国历史上最后一批进士之一。他是这一时期知识分子中同时拥有中国最高功名（进士）和西方最高学位（博士）的典型代表。

④ 陈焕章.《孔门理财学》书后［M］. 上海：上海书店出版社，1992：421.

⑤ 陈焕章.《孔门理财学》跋［M］. 上海：上海书店出版社，1992：420.

⑥ 陈焕章.《孔门理财学》评论［M］. 上海：上海书店出版社，1992：421.

致的出发点，用近代西方系统经济思想来诠释传统的理财之道，始终坚持以旧为主，以新为辅，其思想的重心最终还是落在传统财政学说上。从梁启超和陈焕章的言论可以看出，虽然二者都师从康有为，但是对于传统财政思想与西方财政理论的立场和选择恰如当时的财政思想领域，显现出既有二元差异对立的矛盾，也有二元共生融合结构的特点。

3.2 近代中国财政思想启蒙

3.2.1 近代国家观念及经济伦理驱动下的意识嬗变

国家之于财政的重要性是不言而喻的，自阶级、国家产生之时，便有了财政。财政内生于国家并紧紧依附于其变化发展过程之中。财政同时还是国家治理的基础，是处理一国之内分配环节的一种手段。故而财政及财政思想的发展与国家和国家治理的关系非常紧密。清末民初社会动荡激烈，天朝上国的迷梦被击碎后，不少觉醒了的有识之士开始萌生新的国家观，在此背景之下，近代财政思想得以启蒙。近代国家观的演变直接引导了近代中国国家治理的转型，无论是体现国家意志的财政类型还是彰显公共性的公共财政，近代财政思想的启蒙皆蕴含于国家治理转型的进程中。只有当国家意志与作用在大众头脑中得到彻底的灌输，才能为国家治理现代化凸显公共性提供可能。一直以来，“家国同构”便是传统中国国家观的要旨，无数个家庭的基本单位构成了国家的共同体，儒家之礼作为封建社会宗法秩序的实质内容，成为“家国同构”具体到每一个家庭内部个人的人生行为规则。在统治者“朕即天下”和臣民“家天下”的传统国家观念中，王朝遮掩了国家，行使、支配着权力，王朝的更替和国家的兴衰也融为一体。

在王朝专制统治时期，阶级统治和社会管理同样具备公共性，它们也会通过货币、贸易、司法等手段调节社会和经济生活。正如艾森斯塔特（S. N. Eisenstadt）所说：“统治者对社会中诸多具有全局意义的调节因素加以控制的倾向，以及出于基本期望（和合法性类型）而为民众提供供应品的倾向，也表现在他们对维持用品特别是粮食的生产和分配之责任的承担上。”这种责任的承担“是许多不同类型社会的统治者的特征”①。传统中国如此，古埃及、拜占庭王朝等亦是如此。但是受到特定前提条件的限制，此时的公共活动只是

---

① S. N. 艾森斯塔特. 帝国的政治体系［M］. 阎步克，译. 贵阳：贵州人民出版社，1992：130.

出于统治者对阶级利益和王朝权威维护的自身要求，“私人性利益及意志”意识形态下出发的公共活动与现代意义上的国家治理“公共性”有着本质的区别。伴随着以下转变，现代意义上的国家治理“公共性”得以生成。

3.2.1.1　理性众议代替天子独断

“古之时，人之害多矣。有圣人者立，然后教之以相生相养之道。为之君，为之师。”在论及国家兴起和起源的时候，韩愈的《原道》代表了传统国家观念，国家由君主、圣人所立，因此“天子作民父母，以为天下王”①。天子便享有代表上天独断行使治理的权力。近代对于这一观念驳斥最有力的当属严复。根据进化论，严复认为“国家生于自然，非制造之物”，同时“既为天演之物，则讲求政治，其术可与动植诸学，所用者同”②。并且，虽然承认君主存在的意义，但其也应是民众公举的产物。严复的言说以社会发展客观性为源，出于理性和自然，在赋予个体自信和勇气的同时，更强调了众议公举的重要性。其他思想家如游历各国的王韬意识到“然而能横行于天下者，在乎上下一心，君民共治”。我国“君民之分不亲，一人秉权于上，而百姓不能参议于下也”③。可以看出，王韬对君主专制下的君民关系有着深刻的解析。冯桂芬也在《校邠庐抗议》中尖锐地提出“君民不隔不如夷，名实必符不如夷”，认为王权专制下的君民有“隔”④。尽管上述观点并不能完全代表当时学界的普遍思想，但是历来乾纲独断进行治理的传统观念已经受到质疑，国家管理活动的指向自然也发生了转向。

3.2.1.2　国家的公仆代替君主的私臣

传统君主专制社会条件下，为了维护王朝政治的稳定并保证指令的有效性，建立一套代表王朝阶级的私人附庸的官僚制度是十分必要的。这套“将士人阶层的思维一再纳入管理技术与功利主义的层级官僚制的轨道”⑤的管理方法和组织方式在长期内以稳定的效率证明了其存在的价值。鸦片战争失败之后，这套官制的完整性开始逐渐被冲破，很大程度上触动到了君主专制下的私臣架构。以鸦片战争后设立的总税务司署为例，虽然此职表面向清中央政府负责，但实际上遭列强控制长达45年，由外国人赫德担任长官，并常以“劝告”“建议”等方式干涉清统治者执政。“君主—私臣”式组织模式遭到外来

---

① 江灏，钱宗武．今古文《尚书》全译［M］．贵阳：贵州人民出版社，1990：232.
② 严复．严复集［M］．北京：中华书局，1986：1250.
③ 王韬．弢园尺牍：卷十二［M］．北京：中华书局，1959：170.
④ 冯桂芬．校邠庐抗议［M］．郑州：中州古籍出版社，1999：198.
⑤ 马克思·韦伯．儒教与道教［M］．王容芬，译．北京：商务印书馆，1995：87.

势力的被动更改，之后一系列的官制改革行为尤其是商部、农工商部等部门的设立也开始循着时代潮流的脚步进行了下去。虽然改革本质上仍然是“大权归于朝廷”，但是已经驶向改革的航向，已经不可能完全按照统治者的愿望而进行。君主的私臣始终要转变为国家政务官①，这也意味着有着鲜明国家色彩的组织关系以制度化的表达方式出现。在行政管理现代化的道路上，国家治理的执行人在身份逐渐转换的同时，接受了现代化的政治观念和价值，更专业、高效、规范、程序化，更有利于监督。

可以说，清末时期，列强的坚船利炮轰开了中华地域的封闭之门，也撬动了缠绕中国数千年之久的君臣王朝观念，“事国”之观念的萌发引发了国家治理领域无论是思想观念还是组织模式的长足跨越。

3.2.1.3 近代经济伦理思想

财政既是国家进行治理的重要支柱，也是国民经济和独立个体个人经济的调节器。财政思想作为一种紧密连接政治与经济的思想，在经济结构进行重大转折的时期，所受到的影响是显而易见的。而经济伦理思想的转向是社会经济结构转变的一个显著标识，它本质上是给予了经济相关的人文力量，并成为内部需求与价值取向变更的前哨阵地。在涉及经济伦理思想与经济结构和财政思想的三个维度里，经济伦理思想发生转向，即意味着经济行为的伦理规范和价值导向开始转向。就如马克思曾经说过的：“理论在一个国家实现的程度，取决于理论满足这个国家需要的程度。”② 在经济结构内部产生需求转变的同时，财政思想也由此有了新的指向。

传统经济伦理思想进行转折的关键点在于义利观的改变。作为经济伦理的主题之一，传统的义利观向来强调义的重要性，认为义利二者至少需维系“义主利从”的关系。传统伦理思想始终坚持“罕言利”，皆因“计利则害义”。更有甚者如宋明理学，将二者的关系直接对立起来，进而有“存天理，灭人欲”的思想。如此一套旨在维护传统经济秩序和适应传统小农体制的伦理道德观念，在规范社会经济行为的过程中，也将经济活动指向狭隘和单一的格局。尽管当时孔子言论旨在言明在追求利时要以义加以约束，但是后世儒者并未对“利”进行特殊对待，而是将“讳言财利”的思想延伸到理财领域。

---

① 关于国家政务官这一点，钱穆先生认为秦汉初期以后，宦官为代表的内廷机构的发展，使得“王室与政府之性质既渐分判明晰”。参见：钱穆. 国史大纲：上册［M］. 北京：商务印书馆，1996：167. 这是王廷与朝廷的内部分离下的政务官，与本书所指的现代化国家行政人员要区别开来。

② 马克思，恩格斯. 马克思恩格斯选集［M］. 北京：人民出版社，1995：66.

财政事务被指认为“暴敛”，财政人员也被视为“助暴敛为虐之器”。自然而然，相应的财政治理活动也走不出传统义利观所限定的狭小范畴，理论研究和财政实践的发展也始终受到羁绊。迈入近代社会后，尤其是戊戌变法之后，资产阶级中无论是改良派还是革命派，都在经济道德伦理领域建构了新型的价值导向。受到当时民族工商业在厘金、关税等方面的弱势地位影响，思想界普遍认为工商业可以在富国中起到重要地位，工商业也可以成为财政收入的重要来源。因此，在义利观方面，他们认为“讳利思想”足以误国，并在传统观念基础之上结合西方的功利主义重新诠释义利观，提出“两利相利”的观点，不仅强调人人有追求财利的权利，还强烈建议重视民族工商业发展，采取西方生产方式来促进工商业发展，从而强国富民。严复从近代中国的困顿状况出发，认为重利轻义的传统思想泯灭了民众对于财富的正当追求，阻碍了商品经济的发展，从而得出“两利相利义利合”的思想，认为追求义当以利作为经济基础。郑观应则从财政的角度强调中国必须“振兴商务为开辟利源之要端”①。因此，对传统义利观的继承并纠正释放了长期囿于义与利孰是孰非观念的基本方式和逻辑，强化了义与利之间的转换关系，更矫正了以往“利民”即是要反对“富国”的必然思维逻辑，从而为相应的理论与实践的发展挣脱了传统教条的束缚。

同时，传统经济伦理思想的另一大主题——民本主义也在这时期发生了变化。民本之“民”，最初所指仅是农民。传统经济伦理思想中强调立于土地之上的农民较财富、土地更为重要。儒家思想中所说“民为贵，社稷次之，君为轻”便是对这一民本主义最恰当的概括。民本主义被推崇于历朝历代，究其原因，在于其实质上服务于统治者，以德治主义的外表，恰当地迎合小农经济下的重农抑商政策，并与“尊君”主义构成了专制体制下的一体两翼。尽管民本主义的长期存在一定程度上调节了“民本”与“尊君”非平衡的社会秩序，但是其始终是伦理思想的表演秀。层出不穷的民生问题和无法摆脱的治乱循环的历史周期律，都显示出真正的民本主义并未在国之治理下得到实现。从财政的角度而言，民本主义伦理思想从未以集群的方式进入“公共”的场域，“公共”与“个体”并无实质的联系，因此传统经济伦理思想中民本主义中的个体仅仅是高尚主义的躯壳。直到近代，民本主义的内涵逐渐在时代的变

---

① 郑观应清晰地论述了商业对于税收的重要性。他认为：“我中国自军兴而后，厘金、洋税收溢于地丁，中外度支仰给于此。夫用出于税而税出于商，苟无商何有税？然中外会计之臣苟不留心商务，设法维持，他日必致税商交困而后已。四海困穷，民贫财尽，斯历代之所由衰乱出。”参见：郑观应．盛世危言［M］．曹冈，译．呼和浩特：内蒙古人民出版社，2006：125.

幻下得到新的诠释。得到重新诠释的民本主义在主体角色方面不再只有农民，还有历来受到歧视的工商群体。民本主义的目标也不仅仅是土地，还在于富国，而富国的基础在于富民。在这一方面表现尤为明显的当属资产阶级革命派，“民权”“民生”“民德”“民智”成为他们关心的重点，尤其是民权与民生。在提倡民权方面，章太炎提出“凡经费出入，政府岁下其数于民，所以止奸欺也。凡因事加税者，先令地方官各询其民，民可则行之，否则止之，不以少数制多数也”①，即认为财政监督权应由人民来掌握。故而近代民本主义为财政实践和财政思想中有关于社会中个体意愿、个体利益以及个体权力的正当诉求提供了新的保障思路。另外，近代经济伦理思想中的“重商”“以商立国”“经济自由主义”等思想在为民族资产阶级发展开思想先路的同时，也丰富了财政实践的内容（如大量涌现的新税种的开征），财政理论也被寄予了更高的期望。

除此之外，近代经济伦理思想在消费伦理方面也对传统的黜奢崇俭论进行了批判。事实上，从量入为出的财政角度而言，崇俭并无不妥，甚至值得大加学习。但是无论是国家还是个人，如果一味地以黜奢为目标，就会造成社会生产失去动力，“大之则国家之府库，官司之度支，小之极于商贾之囊橐，闾阎之盖藏，盖无所往而非不生不息之积聚”②。

3.2.2 知识与制度体系的变动催生财政现代分科

晚清中国，社会的大激荡引发了知识体系与制度领域内的连锁性变动，延续了数千年的观念模式和行为范式随之发生了翻天覆地的转变。知识与制度体系在挣脱传统的制约下，以一种复杂而又让人习以为常的移植方式调适与现代接轨的步调，最终在步履蹒跚中过渡到现代序列中来。正如美国学者任达说的：“如果把 1910 年和 1898 年年初相比，人们发现，在思想和体制两大领域都明显地彼此脱离，而且越离越远。”③

这一时期知识与制度体系的变迁，并非中国延续已久的政治文化内生迸发出来的产物，而是在压力之下被一步步拖拽进世界各个层面的体系构建进程中，内部与外部冲突融合的结果。就知识体系而言，过往治学方式，不讲求分科，而在于追求综合以循“通”之道，难免造成各说各话之嫌。传统中国知

---

① 章太炎. 代议然否论［J］. 民报，1908（24）：12.

② 亚当·斯密. 原富［M］. 严复，译. 北京：商务印书馆，1981：249.

③ 任达. 黄金十年与新政革命［M］. 李仲贤，译. 南京：江苏人民出版社，1998：215.

识体系在面临西学体系的初始，一旦将笼统的“学说”或者“思想”施行到具体的学科当中去，就开始有些模糊不清了。自进入19世纪尤其是19世纪后半叶以来，西方各国随着社会分工的不断深入以及知识类别的日益纷繁，其学科体系始终处于创建、调整阶段。当西方国家的知识体系在其世界体系逐渐扩张至中国的过程中，变动中的中国知识体系当即采取了快刀斩乱麻的方式，陆续以西式体系为准对学说、学科等进行重新条理化。正如陈黻宸所言：“夫彼族之所以强且智者亦以人各有学，学各有科。一理之存，源流毕贯；一事之具，颠末必详。而我国固非无学也，然乃古古相承，迁流失实，一切但存形式，人鲜折衷，故有学而往往不能成科。即列而为科矣，亦但有科之名而究无科之义。”① 制度体系的转型进一步加强了知识体系的西化。以教育制度为例，学制得以改良，学堂得以西化，学科得以分类，教辅得以规范。在此制度体系的行为范式下，知识体系内的观念模式必然挣脱传统教育体系的渊源，与西式体系摩擦并产生火花。

财政学科是这一场知识与制度体系变动下较为显著的产物。作为近代知识体系的一个枝节，无论是形式上还是内容上，财政分科的现代转变都在这一场知识与制度体系变革下得到巨大转变。首当其冲的自然是财政科目得以构建。以往有关于财政的思想大多并非将财政学作为一门研究对象来对待，而是以贯通论述作为出发点。如此一来，“只求汇通”的传统财政思想便不足以“专供一学”，财政学科的构建在新形势下显得势在必行。1903年，严复在为京师大学堂译书局制定章程之时，构建了38类学科，其中第二十一科即为理财。他在构建这些学科时提到财政学之重要：“群学之目，如政治，如刑名，如理财，如史学”，这些都是“事者所当有事者也”②。此外，财政对象的话语形式也是转变的一个重要方面，主要体现在用语、体裁、内容等方面。财政用语的改变受日本明治维新后“新汉语”的影响较大，较早的学者如严复在最开始的翻译工作中，依旧是套用传统理财用语，如工资为“庸”，利润为“赢”，资本为“母财”，消费为“支费”等。而进入到20世纪，大部分财政论著已经采用西方财政用语，如“财政”“公债”“预算”等，这些变化大多都被沿用至今。体裁方面，国民教育的推行促使书面文体逐渐取代过往的文言体，白话文运动的推行加速了财政理论的表述西化。内容方面，以财政收入与财政支

① 陈德溥. 京师大学堂中国史讲义［M］. 北京：中华书局，1995：2.
② 严复. 严复文集［M］. 北京：线装书局，2009：92-95.

出为主线的财政思想基本构成了当时财政理论的主要脉络。综上所述，近代中国知识与制度体系的全面变动，使得国人在财政方面的观念模式和行为范式都与传统社会有天渊之别，才有当今我们用以表达财政话语的一系列语汇、概念和思想，更是为财政学科的现代化奠定了坚实的基础。

4 近代中国财政思想转型的载体

4.1 财政出版物与财政思想体系构建

思想和理论本质上是社会意识的理论化。就思想理论与社会的关系而言，在特定的时代背景下，某些特定的历史进程就是整个社会的观念和意识在大众的“需求”与“意向”基础之上激发的能动。正如梅尔茨所说，“潜在的思想”包括“成千上万的人抱有的朦胧的向往……；数不尽的希望，无数次受雄心或需求支配而致力于解决实际问题的努力”①。因此，思想史不仅除不去社会的时代烙印，更是撇不掉成千上万普罗民众所代表的一般性属性。而长久以来，针对思想史的研究，精英智者和经典文本成为重中之重，在评定其影响的过程中，精英智者和经典文本占据了所有的决定性，进而在精英经典与一般民众的选择中失之偏颇，财政思想史的研究也概莫能外。葛兆光曾针对此提出了一般思想史的看法。他反对思想史仅仅是精英史和经典史，提出精英与经典未必就起决定性作用，认为还有一种“一般的知识、思想与信仰的世界的历史”② 不容忽视。葛兆光并不否认精英与经典的重要性，也并非想要在精英经典与一般民众之间形成区隔，只是在思想史研究过程中，更强调了作为精英与经典的知识源泉——大众“潜在”思想的重要性。

财政思想史学的研究也不应该忽视这一点。近代中国财政成为经济领域内一大重要内容，财政理论在经济学界同样占据了不可或缺的地位。在日益窘迫的财政现实问题面前，各个阶层自政府官员到学界学者，从业界精英到报刊记者，无不投身激烈辩论当中。借助出版物表达自己的言论更是成为常态，他们或以书籍出版为窗口而著书立说，或借助有“短平快”特色的期刊为论辩的

---

① 梅尔茨. 十九世纪欧洲思想史 [M]. 周昌忠，译. 北京：商务印书馆，1999：9.

② 葛兆光. 中国思想史 [M]. 上海：复旦大学出版社，1988：导论（3-13）.

阵地。可以说，近代财政思想体系的构建发端于现实财政问题，交织糅合进西式的财政思想中，而成熟于财政出版物的载体之中。因而，使用经济学的统计分析方法，以出版物为样本，对近代财政的出版发行状况进行分析，不仅是对近代财政思想转型的过程再现，可以对财政思想的结构特征进行分析，还能清晰地掌握近代财政思想体系构建的基本轨迹。

4.1.1 研究所用方法及所用数据

4.1.1.1 *研究所用方法*

在现代电子传媒等形式出现以前，纸质出版物是文化与思想最重要的传播载体之一，同时它也是社会对文化与思想的需求最直接的显现。对于出版物而言，其长久以来都有着主观引导现实需求与客观塑造理论体系的重要功能。尤其是在思想文化处于更替嬗变时期，在激荡撞击的思潮变革下，出版物所体现出来的极强洞察力和牵引力会成为思想理论体系形成的重要助推剂。恰如民国著名经济学家唐庆增先生指出的，“在昔中国研究经济事物者，仅限于少数哲学家政治家手中，普通人士，对此殊少贡献，甚至为在上者所压迫，其思想无由表现。时至今日，民意大昌，且确能操纵有极大之影响。职是之故，研究经济思想史者，对于一切传播知识之机关，如新闻纸杂志宣传品一切，亦应予以相当之注意”①，可以反映出报刊媒介在当时之于经济思想传播的力度。

近代中国，随着出版业与新闻业的大力发展，整个社会的各个阶层能够接触到知识、观念的渠道日益丰富，借助于这些愈加广泛的渠道，普罗大众的话语权也得到释放。一般大众不再是分散地表达，而是以群体性的形式，开始在报刊、普及读物等载体上对现实问题进行思考和回答。他们的这些社会行为，与精英著作共同构建了最终的理解印记。有鉴于此，对财政思想转型的研究应综合宏观与微观的考量，在宏观层面考察这一时期西方财政理论的一般性传播对社会经济制度的构建意义，同时在微观层面具体把握专家学者对财政思想的具体运用和理论体现，我们方能对近代财政思想体系有充分的认识。

就研究技术而论，在经济学中使用统计方法，可以达到简单明了的效果。同样，利用计量的方法可以为向来以定性分析为主的经济史学研究提供数据依据。因此，在史学研究中有计划地、系统地使用统计学为主的计量史学受到了极大欢迎。但受制于思想理论本质上主观性极强，无法进行精确的定量设定，因此，使用系统规范的指数、等式、模型等计量方法显得较为困难。故而我们

① 唐庆增. 中国经济思想史［M］. 北京：商务印书馆，2010：40.

以财政出版物为中间变量进行统计分析，意在挖掘财政思想在当时社会环境下的流变，进而追寻财政思想体系的整体转型趋势和内在结构变迁。

4.1.1.2 *研究所用数据*

以出版物为切入点对财政思想体系转型的轨迹进行多方面的定量分析，目前研究文献较少。最早如胡寄窗（1984）曾经针对应用经济学出版著作进行过大致统计，尽管数据稍显简单，却是十分新颖的尝试，见表4-1所示。

表4-1 1919—1949年应用经济学著作分类统计 单位：种

学科分类	1919年及以前	1920—1929年	1930—1939年	1940—1949年	总计
财政学	14	42	86	47	189
经济原理	–	–	–	–	188
货币学	2	29	110	36	177
银行学	–	13	28	16	57
国内贸易	–	–	–	–	57
国际贸易	–	–	–	–	49
农业经济	1	22	85	39	147
统计学	3	–	47	–	81
人口问题	–	–	–	–	24
经济史	–	–	–	–	81
中国经济思想史	–	–	–	–	20

资料来源：胡寄窗. 中国近代经济思想史大纲［M］. 北京：中国社会科学出版社，1984：386-390.

张亚光（2008）在对民国金融思想进行研究的过程中，以北京图书馆1993年出版的《民国时期总书目（1911—1949）经济》为统计数据源，对民国金融出版物进行了十分详细的多层次统计分析。该研究以思想时期为纵向轴，以思想类型为横向轴，对近代中国的金融思想进行了细致的回顾，视角新颖，内容详实，是迄今为止民国经济思想史研究领域使用统计分析方法最为全面的研究，极具开创性和启发性。但是作为对出版物的研究，尽管该书目已经做到了最为全面的收书范围，由于未对期刊进行相关整理，稍微存在一些数据上的遗憾。

下面所采用的相关近代财政类著作出版物的数据，全部来源于北京图书馆1993年出版的《民国时期总书目（1911—1949）经济》一书。该书收录了北京图书馆、上海图书馆、重庆图书馆及其他一些图书馆 1911—1949 年所出版的 16 000 余种经济学出版物。在有书即录、不设标准的原则下，该书是目前为止收录近代中国经济学出版物最为全面的，包含了经济中的九大类别。其中财政类出版物共 2 181 种，涉及财政十几类具体问题。

此外，得益于数字时代的快速发展，近代中国浩如烟海的期刊得以通过电子形式再次呈现在我们面前，也为财政思想史的研究工作提供了极大的支持。针对本书的研究对象，我们加以利用的学术期刊资源主要有以下四种：一是上海图书馆的晚清民国期刊全文数据库，收录期刊 20 000 余种，是目前收录最广、种类最多、检索功能最为成熟的近代期刊数据库；二是大成老旧刊全文数据库，收录晚清民国 7 000 余种期刊资源；三是 CADAL 民国期刊库，它是大学数字图书馆国际合作计划的子数据库，收录有 6 500 余种期刊资源；四是国家图书馆的民国数据库，现有 4 000 余种期刊资源，颇具特色的是，它还提供电子影像的全文阅览。

在此需要申明的一点是，这几类期刊数据库收录范围不一，后面两个缺少晚清时期的数据。出于期刊本身固定性的发行特点，拟以上海图书馆的晚清民国期刊全文数据库为主要来源，并辅以其他数据库的查漏补缺，以中华民国时期的期刊为样本，可以较为全面地统计近代中国公开出版的财政类期刊。

在对著作和期刊统计数据的运用过程中，由于数据源收录范围相当之广，而本书所研究的对象是近代财政思想转型，不可避免地在数据中存在如近代各类政策法规、会议纪要、统计数据、政府报告等不属于本研究内容的数据，如《民国时期总书目（1911—1949）经济》一书中财政类出版物有 2 181 种，而财政类著作出版物仅为 1 090 种。故而对财政类著作和期刊的筛选和排查是有必要的。尽管这样做的工作量很大，但是能为本书的研究提供更为准确的依据。

同时，无论是著作还是期刊的原始数据都无明确的归类标准，不分时间先后顺序，加之学科分类上也归类不清，为更好地从时间顺序上对财政思想转型进行回顾，从学科类别的横向差别对财政思想体系进行区分，本书借用简单的统计分类法，整理出了以学科和时间为双轴的数据。

4.1.2 近代财政出版物统计分析

表 4-2 是 1911—1949 年财政类著作出版物分类统计，表 4-3 是 1911—1949 年财政学期刊出版物分类统计。

表 4-2　1911—1949 年财政类著作出版物分类统计

学科分类	1911—1919 年	1920—1929 年	1930—1939 年	1940—1949 年	总计
财政基础理论类	26	40	139	88	293
其中：中国财政	10	20	73	49	152
租税类	16	47	196	212	471
公债类	4	20	48	20	92
预决算类	3	–	12	7	22
自治财政类	4	1	10	22	37
战时财政类	–	–	28	9	37
财政监督与管理类	4	9	42	72	127
市县财政类	–	2	5	4	11
总计	57	119	480	434	1 090

注：除特别说明外，本书著作出版物统计数据皆根据《民国时期总书目（1911—1949）经济》（北京：书目文献出版社，1993）整理而得。

表 4-3　1911—1949 年财政学期刊出版物分类统计

学科分类	1911—1919 年	1920—1929 年	1930—1939 年	1940—1949 年	总计
财政	3	14	35	9	61
租税	1	5	15	18	39

注：除特别说明外，本书期刊出版物统计数据皆根据晚清民国期刊全文数据库、国家图书馆民国数据库等期刊数据库中的资料整理而得。

由图 4-1“近代中国各年代财政类著作出版物占比”、图 4-2“近代中国各年代财政类期刊出版物占比”的统计数据来看，近代中国财政类的出版物呈现了前 30 年飞速增长，并在 20 世纪 30 年代达到最高值，后 10 年内有相对滑坡的发展态势。从整体而言，财政类著作及期刊的出版代表了整个社会对“财政”这一议题的关注度。上述发展趋势无疑表明在整个近代中国时期，无论是财政时事问题还是财政理论都受到了社会的普遍关注。其效果也正如当时经济思想史学者朱通九所说：“我国财政学方面之著作，即如货币金融书籍之众多，则其对于我国财政方面改进之影响必甚巨，曰：事实俱在，岂容否认?”

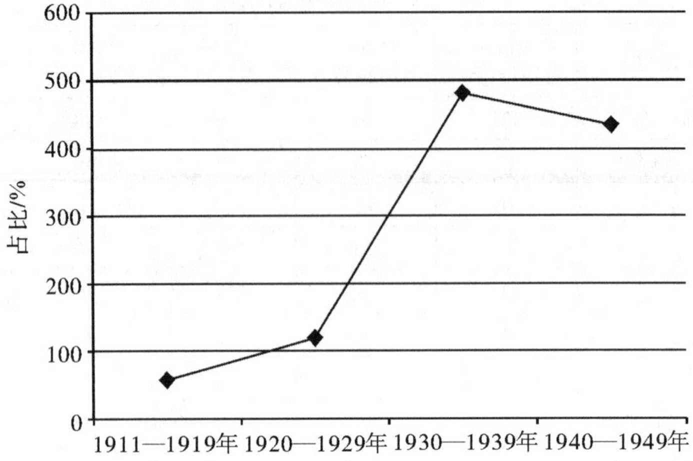

图 4-1　近代中国各年代财政类著作出版物占比

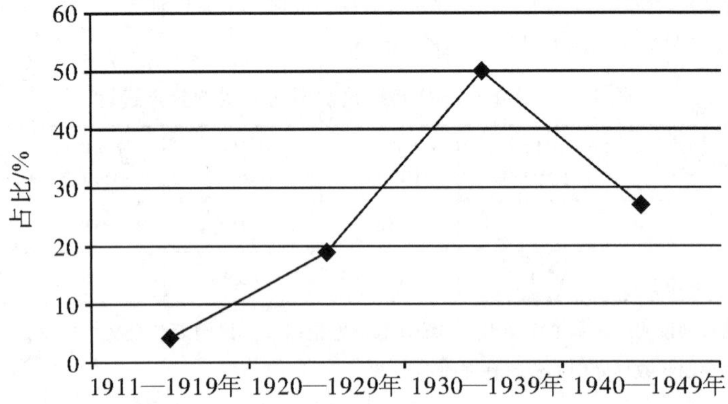

图 4-2　近代中国各年代财政类期刊出版物占比

此外，从近代中国财政类出版物的数量来看，在最初的 20 年间出版了财政类著作 176 种、财政类期刊 23 种，而到了 20 世纪 30 年代，财政类著作出版种类高达 480 种，期刊也有 38 种，换言之，仅 30 年代财政类出版物大约是民国前 20 年的 2.7 倍。随后的 20 世纪 40 年代虽然数量上有所回落，但是所减少的数量并不多。近代中国尤其是南京国民政府建立以后，通过重新划定中央与地方的收支范围，改革财政管理体制，重获关税、盐税主权得以自主，裁厘并建立近代税制体系等一系列举措，促使近代中国财政体系得以完善并向近代化迈进。而财政思想正如财政发展的一面镜子，既随之变迁而交织泛起，又驱之前进而绵延向前。这些数字的增长恰恰是肇始于晚清的近代财政体制变革的体现，可以说，它们直接为我们展现了近代中国财政发展和财政思潮异彩纷呈的局面。

从图 4-3 近代中国各类财政类著作、图 4-4 近代中国各类财政类期刊出版物在各年代占比中可以看到一个相同的趋势，在财政这个整体概念之下，财政总论类、预决算类、公债类出版物与之前所分析的财政类出版物保持着一致的发展态势，即同样是前 30 年间飞速增长，并在 20 世纪 30 年代达到最高值，后 10 年内有相对滑坡的发展态势，体现了财政理论体系内各个子理论的一般性趋同。同时，租税思想、自治财政理论、财政监管理论的出版物保持了各个年代均增长的态势，这与当时这些财政领域所发生的变革紧密相关：如直接税于 1934 年第二次全国财政会议开始议办；裁厘改统始于 1931 年；1928—1949 年国地财政的划分经由两级至三级，再由三级降为两级，而后又改回三级财政。诸如此类的重大财政改革政策和方针吸引了实业界和学界的关注，同时对这些具象领域的高度关注也很好地说明了对财政一般性出版物关注度的相对回落。此外，20 世纪 30 年代还有一个特殊门类的出版物相对比较罕见，即由于战事的集中爆发，特殊时期的财政应当如何运行成为各界关心的问题，因而战时财政思想的出版物在 20 世纪 30 年代同样呈现集中爆发的态势。

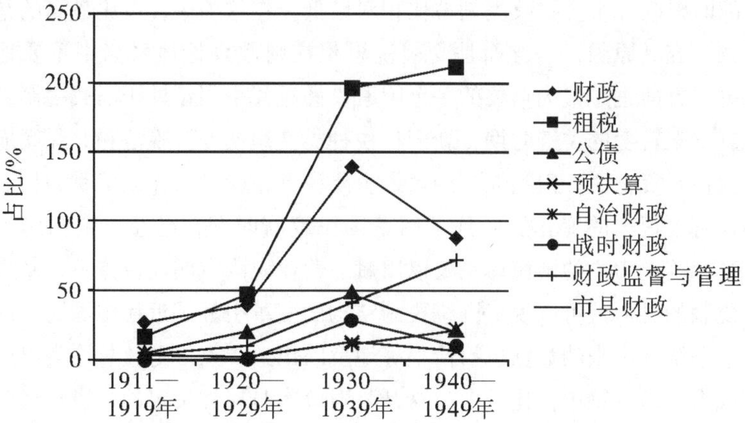

图 4-3　近代中国各年代各类别财政著作出版物占比

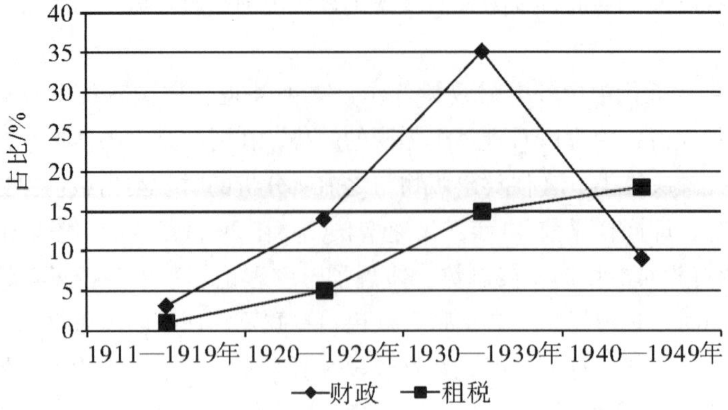

图 4-4　近代中国各年代各类别财政期刊出版物占比

从图 4-3、图 4-4 两图的占比统计（图 4-5）中可以看到，近代中国的财政出版物主要集中在财政总论类及租税类。这两类著作出版物在整个近代中国财政类著作出版物当中分别占比 27%与 43%，而出于期刊本身的包容性因素，近代中国财政类期刊出版物大致分为财政总论与租税论两类，其他细分类别几乎没有。除此之外，财政监督管理和公债类出版物占比相对较高，剩余的自治财政、战时财政、市县财政类别占比相对较低。在这当中，占比最高的是租税类出版物，究其原因，一方面是受租税思想在财政理论体系当中重要地位影响，而另一方面也是最为重要的一个因素，即近代中国正处于旧式税制结构向现代税制框架转变的关键时期，新旧租税种类交织演变。晚清和北洋政府时期关税、盐税、货物税、田赋成为四大最重要税种，较之以往以田赋为核心的传统税制，有了很大的变化。而到了南京国民政府时期，已经大致构建了以关税、盐税、统税为主的国税体系及以田赋、营业税为主的地税体系，基本上已是现代税制的雏形。可以说，围绕税制结构的变革引领了近代中国财政体制的变迁，本书统计出来的数据也恰恰很好地反映出这一点。财政总论类出版物同样在近代中国出版物中占比较大，这既是财政本身属性决定的，也与当时的财政实践相关。从最初的单纯借鉴西式财政理论到后期逐渐针对中国财政问题而进行的思考，财政总论类出版物经历了由完全的舶来品转化为结合中国特色的财政思想，贯穿其中的是实业界、学术界始终探寻适合中国的财政变革路径的实践，由此才能如数据显示的，在出版物方面的关注度持续不减。

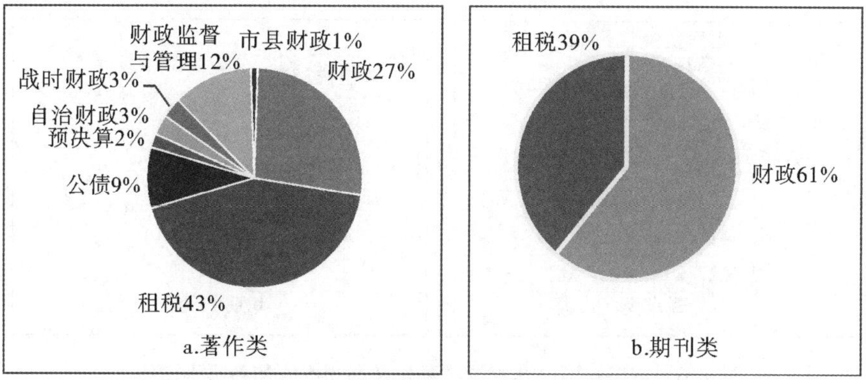

图 4-5　近代中国财政类各类别著作及期刊出版物占比

从图 4-6 至图 4-9 可以看出，近代中国各年代对于财政问题的关注略有变化。在前 20 年，由于尚处在西方财政理论被引进的探索阶段，财政的基础理论成为关注的重点，同时受当时财政窘迫现实的影响，租税方面的理论也是受关注的一个重要方面。除此之外，从数据上来看，前 20 年，无论是实业界还是学术界，对除财政、租税思想外的涉猎都显得较为单一，除公债、财政监督与管理外，其他方面的思考都是浅尝辄止的。总体而言，这一阶段的财政类出版物的统计数据直接反映了当时中国财政思想以及实践的封闭和狭隘。而进入到 20 世纪 30 年代后，随着财政实践的拓展，财政思想开始趋于向多元化方面转变。恰如图 4-7、图 4-8 数据所示，尽管财政总论与租税论部分依旧占主要地位，但是其他理论领域则愈加趋于丰富。除占比最高的两大部分以外，公债论的占比有所下降，而财政监督与管理理论方面的占比相对有较大幅度的提升，20 世纪 40 年代甚至达到了 16%。此外，预决算论、自治财政论等内容基本都呈等比例的发展态势，而战时财政思想由于其特殊性，在 20 世纪 30 年代有集中增长以外，20 世纪 40 年代则稍有减少。诸图表明了近代中国在财政近代化的转型过程中，财政体系的各方面都得以不断完善。通过对这些方面的深入研究，一方面推动了财政实践的进一步开展，另一方面也为适合中国的财政思想体系研究提供了更为丰富的借鉴。

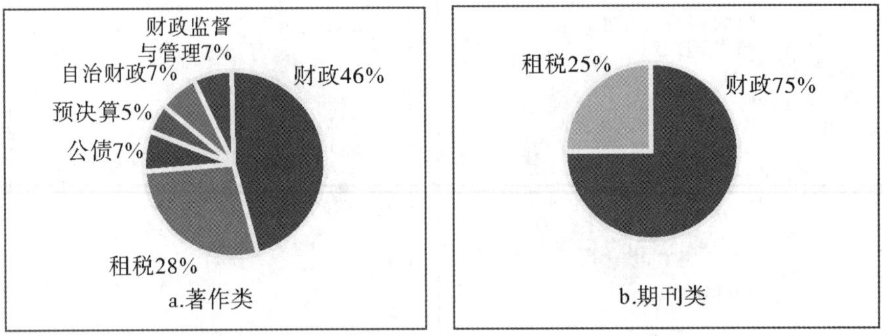

图 4-6　1910—1919 年财政类著作及期刊出版物各类别占比

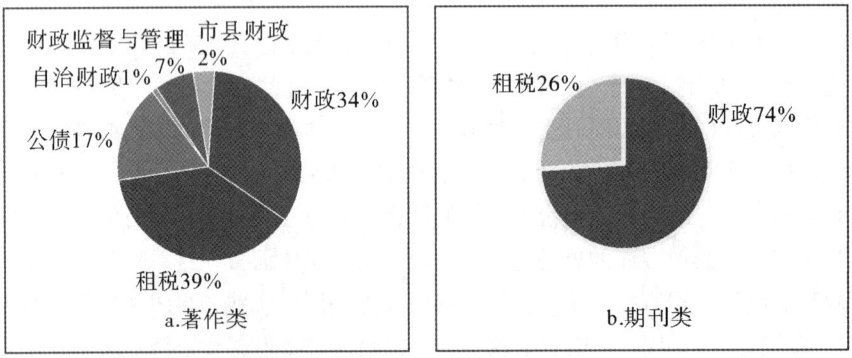

图 4-7　1920—1929 年财政类著作及期刊出版物各类别占比

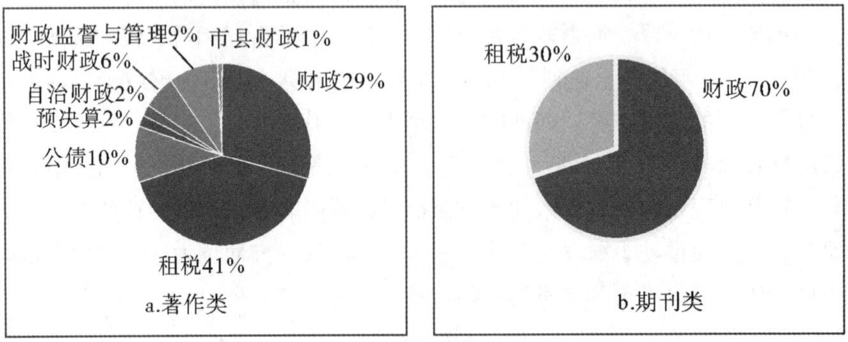

图 4-8　1930—1939 年财政类著作及期刊出版物各类别占比

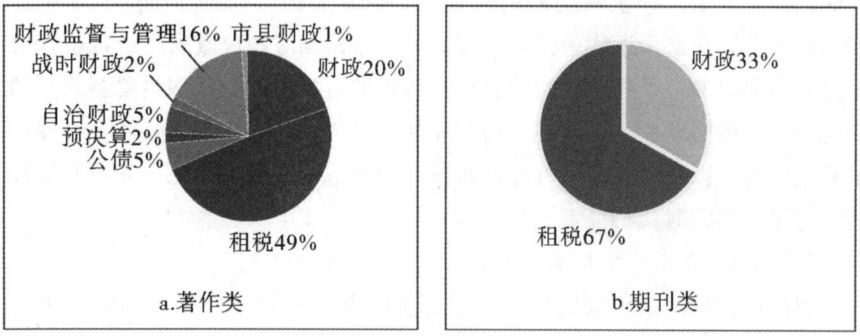

图 4-9　1940—1949 年财政类著作及期刊出版物各类别占比

4.1.3　近代中国财政出版物特点总结

4.1.3.1　思想启蒙推动财政实践

不管是出于急功近利，还是对理性实用的追求，思想启蒙所带来的精神财富都是丰厚的。发轫于晚清时期的财政现代化思潮，是新兴阶层在新的历史时期的时代诉求。而进入民国后，随着新兴阶层的崛起，通过不同层面的财政学理探究，又将其进一步集中提升，并由此继续产生了极大的启蒙意义。在这段时期之内，财政现代化的思想得以取代传统财政观在更大范围内普及，同时也涌现出了大批实业界、学术界的精英，并且培养出大批优秀的财政专业人才。这些思想上的启蒙所产生的影响是十分深远的，财政实践方面的探究就是一个集中体现。以预算论为例，长期以来，中国历代都试图建立一套科学高效的预算制度，直到 1932 年南京国民政府才颁布了现代意义上的《预算法》，包含了一套主计、审计、预算、决算在内的制度。抛开具体的实施成效来看，尽管这套制度还有颇多问题，但是在民主与法治理念等方面完全突破了传统的财政观。时至今日，经过不断完善，目前我国台湾地区依旧在沿用这套制度。

4.1.3.2　思想提升紧随财政实践

现实环境造就了思想，也是思想延展的场域。从思想的内在价值追求而言，其总是会极力去呈现现实，但究竟思想能否恰当地与现实的内在需求达成契合，则取决于思想自身能否不断进行创新与纠正。近代中国的财政思想与财政实践亦是如此关系。我们通过对近代中国财政类著作及期刊的统计分析发现，近代中国在财政思想领域的探究深植于近代中国由单一至宽泛的财政实践的土壤。无论是著作还是期刊的出版，其最终目的都是探究如何利用财政的手段来化解当时较为窘迫的财政状况。既是从现实目的出发，那必然就要依托于当时的社会背景，印上鲜明的时代烙印。财政类出版物在20世纪30年代阶段，迎来了其在整个近代中国的出版高峰，正是当时国民政府在稳定了社会环境之后所采取的一系列财政实践在思想领域的直接反映。从探讨税制体系的各个税种创设的必要性、可能性，再到超然主计与联综组织等财政监督管理体制的实施探究，以及中央与地方在财政体制划分范围方面的论证，无一不体现出近代中国鲜明的时代特征。

4.1.3.3 理论移植与本土消化

思想理论的国别传递反映了一定历史时期内社会内部需求和宏观价值判断。自晚清以来，在西学东渐的影响之下，以严复、林纾等人为代表，引进并翻译了大量的国外财政著作到国内。在此情况下，传统的财政思想受到巨大冲击，凸显出西方财政思想从被移植到适应中国国情的发展轨迹，并促使财政实践因之丕变，启蒙意义可谓深远。进入近代中国，如图4-10所示，直接从国外引进并翻译过来的财政类出版物数量已经较少，取而代之的是国人在近代财政思想体系框架内，结合中国特殊的财政问题进行西方财政理论的移植再消化运用。如表4-4所示，仅就中国财政问题进行思想探究的著作在20世纪20年代以后就占据财政类著作的50%，足以说明从晚清开始的对西方财政思想莫衷一是的照抄照搬工作已经逐渐向本土化无痕换骨进行转变。尽管在本土化的转变进程中，由于思维格局、运用方式、思想驳杂等方面的局限而显得不够彻底，但不可否认的是，近代中国的财政思想转型已经不再仅仅满足于拿来主义，而是企图达到在借鉴中进行重建及在重建中不断吸收的局面。

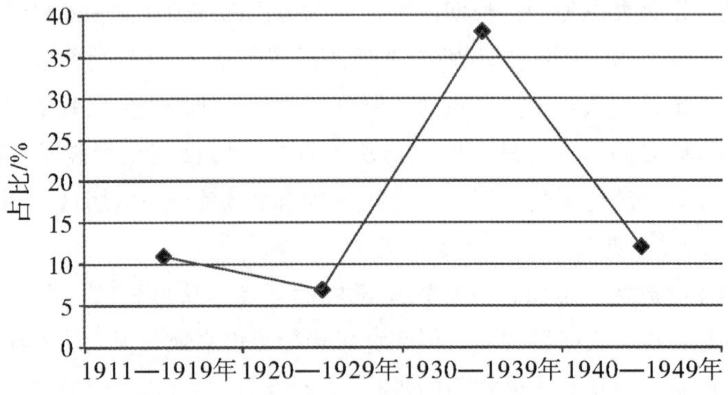

图4-10　近代中国各年代译著国外财政类出版物占比

表 4-4　1919—1949 年中国财政出版物种类及占财政概论类著作出版物比例

学科分类	1910—1919 年	1920—1929 年	1930—1939 年	1940—1949 年	总计
财政著作/种	26	40	139	88	293
其中：中国财政著作/种	10	20	73	49	152
占比/%	38.5	50	52.5	55.7	51.9

4.1.3.4　总体趋于完善但内部研究不均

在对西方财政思想进行借鉴和吸收的过程中，通过不断的理论探索和管理实践，近代中国财政思想体系的基本框架日益发展并趋于完善。在对财政思想体系内部各个分支进行思考的过程中，如前文所统计数据显示，不同类别思想的受关注程度差异较大，财政总论类及租税类长期成为研究重点，其他类别相对显得较少，各个类别之间的思想研究存在严重不均的状况。究其原因，一是由当时社会环境造成，西方财政思想最初被引入到国内必然存在一个认定、适应和判断的过程。在不断加强对西方财政思想的深入了解后，研究的视点也逐渐开始分散到财政思想体系的各个分支当中。二是财政思想受到财政实践的巨大影响，在有关紧迫性对象如税制改革、自治财政、战时财政等现实问题的影响下，促使国人自发倾向于关注热点问题的思想转型。

4.2　财政教育、学术交流与财政思想体系构建

近代中国的财政思想转型，既是中国经济、政治交织发展的结果，也是近代中国财政实践受异彩纷呈的社会思潮影响的产物。在这一转型进程中，中国内外交困的社会局势为财政思想提供了原动力，西方财政思想的传播为其提供了思想先导；自由开放的文化氛围为财政思想提供了转型空间，而教育的普及实施则为近代财政思想自身的转型发展提供了土壤。单纯从近代中国财政思想自身转型发展的角度来看，在这个巨大的历史转型时期，一方面由于社会处于剧烈的时代变迁当中，各家思想互相碰撞，短暂的自由与民主思潮带动了新的思想和文化的繁荣；另一方面社会的变迁促使财政思想的转型与教育大变革发生紧密的联系，并与其交互作用，进而打开了西方财政思想传播与普及的新局面。正如顾颉刚所说：“我们这班人受了西方传来的科学教育，激起我们对于

学问的认识，再也耐不住不用了求真的精神，在中国建设一个学术社会了。”①

4.2.1 近代中国财政教育的历史回溯

我国传统的教育制度从本质上来讲，是以维护皇权、培养官僚士绅为目的的一套制度。在此目的之下，教育本身表现出极强的社会控制功能，并由此发展出一套较为完备的传统制度体系。但是随着晚清时期民族危机不断加剧，原来形式齐全的传统教育制度受到冲击，在洋务教育及维新教育的推动下，近代学制由此开始被引入中国。

最开始的洋务教育主要针对向西方学习“西艺”的层面，如晚清大臣奕䜣曾道：“治国之道，在乎自强，而审时度势，则自强以练兵为要，练兵又以制器为先。”② 虽然后来还有如张之洞提出过学习“西政”，即学习赋税、工商之类，但大局已定。洋务教育无论是影响范围还是学习内容都因急功近利而稍显狭隘。及至社会进入维新教育阶段，目睹洋务运动失败之后，康有为等人开始介绍西方教育制度，并指出列强富强原因“不在炮械军器，而在穷理劝学”③。因此他们建议效仿邻国日本，在省、府、县、乡各级均筹建学校，并设学部对全国教育进行指导。其中大学以经、哲、律、医为主要学习科目。尽管此时并无细致到财政方面的教育，但是从京师大学堂的课程设置来看，普通学包括政治学等为必修科目，而专门学包括商学等也成为选修科目。从此经济理论逐渐成为新式教育的内容，且逐步向财政学科的范畴靠近。

4.2.1.1 1902 年“壬寅学制”

1902 年，清光绪帝颁布《钦定学堂章程》，即近代中国教育史上最早的“壬寅学制”。这一学制涵盖了初等教育、中等教育、高等教育共三段七级，其中高等教育分为大学院、大学堂、高等学堂及大学预备科三个级别（图 4-11）。在高等教育的科目及课程设置中，财政及相关类别的知识已经作为“壬寅学制”当中的重要内容。如在科目设置中，“壬寅学制”将大学堂分为七科：政治、文学、农业、格致、工艺、商务、医学。而在清末，财政被归入政治科内。同时，高等学堂及大学预备科又被分为政、艺两科，其中政科的第 12 门课程即为理财学。此外，按照规定，规学馆的学制一至三学年均须学习理财学，其中第二学年理财学学习内容为财政知识体系中的国税、公产、理财学史。尽管此时财政学并未成为独立科目，但以上对财政相关科目及课程的重视已然表明，财政知识在“壬寅学制”中占有较为重要的地位。

---

① 顾潮. 顾颉刚年谱［M］. 北京：中国社会科学出版社，1993：144-145.

② 李书源. 筹办夷务始末［M］. 北京：中华书局，2008：2475.

③《中国近代史丛书》编写组. 戊戌变法［M］. 上海：上海人民出版社，1972：148.

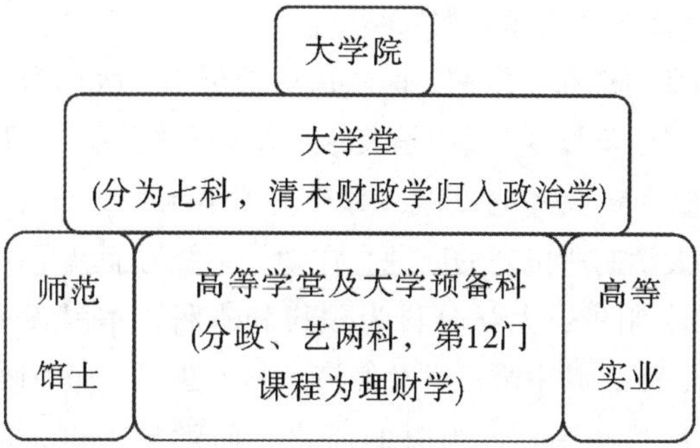

图 4-11　“壬寅学制”高等教育系统图

4.2.1.2　1904 年“癸卯学制”

1904 年，晚清政府又在“壬寅学制”的基础之上颁布了修订的《奏定学堂章程》，即“癸卯学制”。此时“癸卯学制”共分三类学科，分别为文科、理科、医学。在学制中，理财学成为另加内容单独第一类学科（文科）。此外，在“癸卯学制”中，大学堂分科如政法科、农科、商科等都对财政类相关课程加以重视，如政法科大学政治学门须学各国理财史、国家财政史、全国人民财用学、各国理财学术史等，占据总课程学时的近三分之一。法律门同样须学国家财政学、各国财政史。而即便是农科大学，学生同样要学习理财学和国家财政学。尤其值得注意的一点是，《奏定学堂章程》中还规定了中学堂“当就法制及理财所关之事宜，教以国民生活所必须之知识，据现在之法律制度讲明其大概，及国家财政、民间财用之要略”①，要求第五学年须学习法制、理财课程，在 14 门课程、周课时 36 节中，法制、理财课程周课时达到 3 节。由此可见“癸卯学制”对财政学的重视程度。“癸卯学制”高等教育及中等教育系统图如图 4-12 所示。

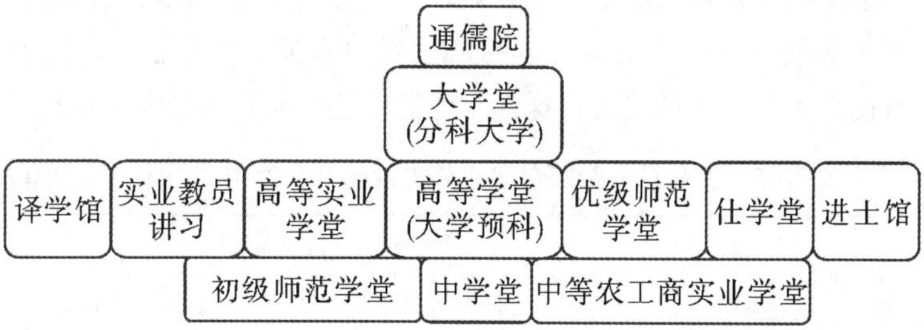

图 4-12　“癸卯学制”高等教育及中等教育系统图

① 舒新城. 中国近代教育史料［M］. 北京：人民教育出版社，1961：511.

4.2.1.3　1912 年“壬子学制”

1912 年民国政府颁布新学制，时年旧历壬子年，故称为“壬子学制”，此后还陆续颁布了《小学校令》《中学校令》《师范教育令》《专门学校令》《大学令》《实业学校令》及其他规程，对“壬子学制”进行补充。“壬子学制”主要针对晚清两大学制所出现的问题，在学校系统方面就层次、类别等设置进行了修改。在此学制中，大学分科为预科和本科，本科设有七科：文、理、法、商、医、农、工，其中政治学及经济学归入法科。而财政相关知识则分散在法科及商科等科目类中。以当时的商业专门学校为例，在 1912 年发布的《教育部公布商业专门学校章程》（简）的第五条中，商业专门学校所开科目第 14 类科目为财政学。到 1929 年发布《专科学校组织法》和《专科学校规程》为商业专科学校制定的九大类科别中，税务和盐务单列为其中两门科目。从以上皆可看出，财政及相关知识开始被逐条分枝，有针对性地细化设置进入各科各门的教育当中去了，这些趋势对于西方财政思想的传播都大有裨益。至民国中后期，在“壬子学制”及其他后期补订学制的文件中，财政类知识在大学教育体制中的地位日益凸显。在这样的教育传播力度下，无论是学术界还是教育界，对财政学思想的认知愈加深刻。

4.2.1.4　留学教育

在中国财政思想向近代化转型的路程中，频繁的国际文化交流是重要的一段行程，而在这段行程中，留学教育恰恰是最为坚实的一步。留学教育为中国引进西方财政理论打开了一扇新的窗户。晚清时期，尤其是在科举制度被废除之后，留学海外成为很多学子的选择。其中，由于相隔较近、费用较低、文化相近等原因，日本尤其受学子们欢迎。20 世纪前 20 年，中国留日学生的总数已超过六万①，而在这个庞大的留日学生群体中，选学专业存在重文轻理的特征。其中选法政、师范、陆军专业较多，尤其是热衷于与财政紧密相关的法政学。从表 4-5 便可看出，留学日本的归国者中官僚、外交官、政治家占大多数，且占比有不断上升的趋势，这都与他们所选专业有着较大关联。

表 4-5　留学日本归国者职业分类占比（1925 年、1931 年） 单位:%

现职	日本留学	
	1925 年	1931 年
官僚	26.1	35.5

① 孙大权. 中国经济学的成长［M］. 上海：上海三联书店，2006：3.

表4-5(续)

现职	日本留学	
	1925 年	1931 年
外交官	9.0	3.4
政治家	21.6	18.7
军人	23.4	17.7
大学教授	4.5	9.9
实业家	8.1	3.4
工程师	0.9	-
医生	-	1.5
律师	0.9	5.4
自由撰稿人	4.5	2.5
其他	0.9	2.0
总人数/人	111	203

资料来源：阿部洋. 解放前中国的人才培养与留学美国［M］. 东京：霞山会，1982：86.

到 1936 年，重文轻理现象有所改变。据统计，学习法政、商科的学生总数仍然在各科中高居第一，达到总数的三分之一以上①。由于当时的法政专业包含了政治、经济、法律等科目在内，财政知识的学习也缺乏相关文献数据，因此对其的考察也无从统计。但是可以肯定的是，这些法政及商学专业的群体对近代中国财政思想体系的建立产生了重要影响。如我国最早一部国人自撰的财政学著作便来自留学日本的胡子清。同时，我们现在所见很多现代财政术语如“财政”“预算”“公债”等皆是由当时留日学生群体传播过来的。此外，他们还不遗余力地引进西方先进的财政制度、思想、学说，为中国财政最初的思想体系构建做出了较大贡献。所以总的来说，虽然与留欧美学生群体相比，留日学生群体普遍存在学历较低，无一博士毕业；修学较短，大多为速成教育；学风不严，喜研究者较少等问题，但他们在推动中国财政思想体系构建方面做出了较大贡献。

相比于留日学生群体，留学欧美的群体大不相同。留学欧美者最初是根据 1907 年外务部、学部《会奏为收还美国赔款遣派学生赴美留学办法折》，定有具体的派遣办法。办法规定：派往美国留学生，“以十分之八习农、工、商、

① 孙大权. 中国经济学的成长［M］. 上海：上海三联书店，2006：3.

矿等科，以十分之二习法政、理财、师范诸学”①。随着自费生逐渐超过公费生，留欧美学生所习专业便不再按此比例实行。以当时最多且集中的留美学生为例，学习经济学与商业管理成为热门。据当时留美学子唐庆增所言：“近年来吾国青年学子，赴美习经济科者日众，良以此科范围至广，应用处最多，又为吾国今日需要学识之一。”② 相比于留日学生群体，由于在留学之前学生群体整体素质较高，他们求学集中在哥伦比亚大学、哈佛大学等名校，大多为硕士毕业，博士毕业者也不在少数。最为重要的一点是，留欧美学生重视研究，而且学术水平已经达到了一定高度。从表4-6可以看出，以陈焕章、马寅初为代表的一批留美博士，毕业论文所选方向便是财政领域，他们的研究范围和研究水准使得他们一回国便成为财政领域的领军人物。

表4-6　民国留美学生博士毕业者财政学方面毕业论文一览表

姓名	生卒时间	博士毕业学校、时间	博士论文题目	备注
陈焕章	1880—1934	Columbia，1911	孔门理财学（The economic principles of Confucius and his school）	博士论文在1912年由哥伦比亚大学出版
马寅初	1882—1982	Columbia，1914	纽约市的财政（Finances of the city of New York）	博士论文在1914年由哥伦比亚大学出版
黄汉樑	1893—?	Columbia，1918	中国的地租（The land tax in China）	博士论文在1918年由哥伦比亚大学出版
李权时	1895—1982	Columbia，1922	中国中央和地方的财政（Central and local finance in China：a study of the fiscal relations between the central，the provincial，and the local governments）	博士论文在1922年由哥伦比亚大学出版
刘廷冕	1897—?	Columbia，1924	中国的现代关税政策（Modern tariff policies with special reference to China）	博士论文在1924年在美国纽约出版

① 学部总务司．学部奏咨辑要（续编）［M］．台北：文海出版社，1986：124.

② 唐庆增．唐庆增经济论文集［M］．上海：商务印书馆，1930：215.

表4-6(续)

姓名	生卒时间	博士毕业学校、时间	博士论文题目	备注
何廉	1895—1975	Yale，1926	对于国家行政机构和所得税征收过程的一个比较研究，特别是关于英国和美国的（Machinery and procedure in the administration of income taxation: a comparative study with special reference to United States and the United Kingdom）	由著名经济学家亚当斯（T.S. Adams）和费雪（Irving Fisher）指导，并长期担任费雪研究物价指数的助手
寿景伟	1891—1959	Columbia，1926	中国的民主政治和财政：财政制度与思想发展研究（Democracy and Finance in China: a study in the Development of Fiscal Systems and Ideals）	博士论文在1926年由哥伦比亚大学出版

数据来源：孙大权. 中国经济学的成长［M］. 上海：上海三联书店，2006：10.

如表4-7所示，除了在学术领域内的贡献，留美学生回国之后不像留日学生群体一味集中于诸如官僚、军人等行业内，大学教授成为留美学生职业选择最多的职业，且占比逐年增加。据统计，1909—1922年赴美留学归国者共516人，回国后在高等学校任职者155人，占30%①。这些年轻学者回国后的职业选择，极大地促进了国内学术思想的启蒙。同时，留美归来的学者普遍具备较高素质。以南开大学为例，1930年南开大学全校教师41人，留学美国归来的就有31人，占76%。这些留美学生中有博士学位者14人，有硕士学位者14人②。如此雄厚的师资力量，使得其教育水平及研究成果从一开始就处于较高水准。

表4-7 留学美国归国者职业分类占比（1925年、1931年） 单位:%

现职	美国留学	
	1925年	1931年
官僚	20.5	35.5

① 舒新城. 近代中国留学史［M］. 上海：上海书店出版社，2011：260-266.

② 南开大学校史编写组. 南开大学校史［M］. 天津：南开大学出版社，1989：119.

表4-7(续)

现职	美国留学	
	1925 年	1931 年
外交官	6. 8	3. 4
政治家	4. 5	5. 4
军人	1. 1	1. 0
大学教授	30. 1	34. 4
实业家	13. 6	9. 9
工程师	13. 1	9. 4
医生	1. 7	4. 1
律师	1. 7	2. 8
自由撰稿人	3. 4	2. 8
宗教家	1. 7	3. 3
其他	1. 7	3. 6
总人数/人	176	392

资料来源：阿部洋. 解放前中国的人才培养与留学美国［M］. 东京：霞山会，1982：86.

4. 2. 2 近代中国学术交流与财政思想体系构建

荀子在《荀子·王制》篇中有云："人力不若牛，走不若马，而牛马为用，何也？人能群，彼不能群也。"人类个体在应对外部的需要下，往往会对知识及技术体系进行分类并深入研究，这也是独立学科产生的简单脉络。但受限于个人有限的知识储备及非理性的思考，这种分类并深入的行为需要借助与他人之间的沟通来进行思想、观点等方面的分享或交换。在这个分享或交换的过程中，组织机制逐渐形成，并在内部为保证稳定性而逐渐趋于持久化和效率化。近代的学术交流活动及学术团体大致也沿着这条路径形成并丰富起来。如前诸表所示，进入晚清民国之后，随着留学生的日益增多，加之国内经济学科自身的发展及教育普及程度较高，造就了不少财政领域内的专业人士。就他们的社会活动而言，或探讨新学术，或传播新思想，或教授新知识，或以己之言论表达对时事之观点。因此在近代中国相对自由的社会环境下，这些学者在从事专业领域内事务的过程中，能够召集本领域内相关学者，专业性学术团体应运而生，财政领域内的学术交流亦有此需求。但最初之时，由于财政思想体系建构尚不完善，不足以支撑单就财政问题创立专门的财政学术团体。因此，对该时期财政相关学术团体的考察，只能从相关经济大类学术团体中一窥究竟。

国内最早的相关经济学术团体是由相关政客牵头、配搭少许学者组成的学术团体，如1913年成立的中国经济学会和经济研究社。其中，中国经济学会由段祺瑞、周学熙、熊希龄等当时北洋政府官僚及早期留日学者如贾士毅、谢霖、杨汝梅等人发起成立，旨在研究经济政策。与其类似的是由时任司法总长的梁启超发起成立的经济研究社，宗旨如其所言："关于今日经济财政各大问题，一一提出，先事调查，详加讨论，务得切实办法，上以供政府之采择，下以待社会之公评。"① 可以看出，这两个学会虽然都有经济财政学者加入，但主体均由政客构成，交流层面也更多地集中于经济财政实务方面而非专业学术领域。

此外，当时还存在不少以经济学者为重要组成部分的综合性学术团体，如1914年成立的中国科学社及1916年成立的中华学艺社，经济学者在其中占据了一定的比例，当时著名的财政学家如马寅初、卫挺生、李权时、陈启修等也都加入了这些团体。这类学术团体的组成结构较为复杂，包含了各科各类的学者人才。另外其宗旨也较为宏观，财政思想甚至是经济思想在此类团体之内的学术交流均受到限制。

直至1923年，刘大钧、戴乐仁等人发起创立了中国经济学社，并在众多经济学术社团中起引领之势。此社团基本上由专业经济学者构成，因而专业素养较高。可以说，当时较为著名的财政专家，基本上都加入了中国经济学社。民国学者朱通九曾对民国财政学界著名学者进行评价："设以国人所编财政学出版日期先后而论，则以陈启修氏（陈豹隐）所著之《财政学总论》为最早，而读其书者之人数亦最多。迨后我国编著财政书籍者接踵而至。关于编著《财政学原理》者，除各种翻译仅可视为运输工作暂不加以计数外，计有李权时、寿景伟、姚庆三、何廉以及李锐诸氏，皇皇巨著，各学校采用作为教本者，至为普遍。关于财政史方面，计有贾士毅氏之《民国财政史》及《续财政史》，刘秉麟之《中国财政小史》以及罗玉东氏之《中国厘金史》均为士林所推重。关于财政问题方面，贾士毅氏计有《关税与国权》及《国债与金融》二书，卫挺生氏计有《中国今日之财政》与《财政改造》二书，杨汝梅氏计有《中国财政论》二书，朱偰氏与罗介夫氏所编《中国财政问题》一书，学

① 中国第二历史档案馆．中华民国史档案资料汇编（第三辑）：文化［G］．南京：江苏古籍出版社，1991：615-616.

术界中均目为具有相当价值之著作。此外关于租税与财务行政方面，中央政治学校教授胡善恒编著之作品颇多，材料丰富，立论精详，似觉比较一般普通作品，较胜一筹。”① 在他的评价中，所提到的 14 位著名财政学家，有 10 位在中国经济学社内。

中国经济学社宗旨为“学以致用”，既关注学术交流，亦注重现实问题。有关财政实务的探究也是学社研究中的重要部分。不少经济学社的社员先后参与政府的财政会议及经济会议，纷纷建言献策，并且不少社员的身份正是民国政府财政官员，有的级别高至财政部部长。而针对财政事务的学术探讨会议更是频繁，正如学社社刊所规定：“本社财政及银行研究股，由马寅初君领导，每星期开会一次，讨论国内财政银行各问题。”② 中国经济学社财政类出版物一览见表 4-8。

表 4-8　中国经济学社财政类出版物一览表

刊物与著作名称	类别	出版时间	作者及主要内容
关税问题专刊	学社专刊	1926 年 2 月由本学社发行	马寅初、盛俊、潘忠甲、唐林、陈震异、卫挺生、赵文锐、刘大钧等 8 人关于关税问题的文章。书末附中外关税及贸易统计表 29 种
中国经济问题	学社年刊第 1 卷	1929 年 3 月由上海商务印书馆发行	关于财政问题的 17 篇文章，其中，卫挺生 11 篇，贾士毅 2 篇，张寿镛、陈震异、董修甲、邓峙冰各 1 篇
经济建设	学社年刊第 2 卷	1929 年 11 月由上海商务印书馆发行	关于财政问题的 13 篇文章，主要是社员在 1928 年财政会议与经济会议中的各种提案，作者有卫挺生、贾士毅、刘大钧、李权时，陈长蘅、寿景伟等社员

① 朱通九. 近代我国经济学进展之趋势 [J]. 财政评论，1941（3）：124.

② 中国经济学社. 本社纪事 [J]. 中国经济学社社刊，1927（2）：14.

表4-8(续)

刊物与著作名称	类别	出版时间	作者及主要内容
经济学季刊	学社季刊	1930 年 4 月创刊，1937 年 5 月停刊。商务印书馆与黎明书局发行	关于财政问题的 49 篇文章，在季刊各类文章中居第二。2 卷 1 期为营业税专号。作者有马寅初、李权时、贾士毅、潘序伦、姚庆三等
社音	学社专载社务的月刊	1934 年 10 月创刊，1937 年 6 月停刊，共发行 23 期	《社音》1937 年第 20~21 期专门登载南京分社、杭州分社、上海分社对遗产税的意见
国债与金融	中国经济学社丛书	1930 年 10 月初版由上海商务印书馆发行	贾士毅著
南美三强利用外资兴国事例	中国经济学社丛书	1931 年 2 月初版由上海商务印书馆发行	卫挺生著
李权时经济财政论文集	中国经济学社丛书	1931 年 11 月初版由上海商务印书馆发行	李权时著
民国续财政史	中国经济学社丛书	1932 年 11 月—1934 年 2 月由上海商务印书馆发行	贾士毅著（共 7 册）
民国财政史	中国经济学社丛书	1934 年 10 月国难后第 1 版由上海商务印书馆发行	贾士毅著（共 2 册）
财政学原理	中国经济学社丛书	1935 年 12 月（上、下卷）第 1 版由上海商务印书馆发行	李权时著
财政学纲要	中国经济学社丛书	1936 年 3 月初版由上海商务印书馆发行	董修甲著

资料来源：孙大权．中国经济学的成长［M］．上海：上海三联书店，2006：273.

理论必须依托并作用于实践。因理论或学术沟通聚集起来的学术团体的发展并不是随心所欲、任意盲动的，而是与当时所处的客观环境紧密相关的。近代以来，“理财救国”的疾呼成为这一时期财政学术界研究的基本基调。在这个共同基调下，不同的学术社团活动被无形中规整到一个共同属性之下。巴伯在谈论科学组织与社会秩序间关系时也曾说："无论在应用科学中还是在基础科学的某些有限范围内，正式组织都特别适宜达到给定的目标，这一点当社会危机使目标变得特别紧迫时，就会显得更加明显。"① 近代财政学术思想探讨与当时制度、实践之间密不可分的关系尤其体现在当时财政现实问题的研究方面。以中国经济学社为例，作为当时财政学学术交流的主要阵地，全国基本上所有著名财政学家借此平台进行交流探讨，为财政思想体系构建做出了重要贡献。如表4-8所示，中国经济学社所出版的首部著作便是财政领域的《关税问题专刊》，并且在社中19类丛书中，所出版的财政类书籍居于首位，而在学会社刊中，研究财政问题的文章数量同样居于前列。

4.2.3 对近代中国财政教育及学术交流活动的评价

近代中国财政教育受西方的影响十分显著，从留日到留欧美的更迭可以探寻那个年代最能代表财政学的国际水准和方向。这些受到西方财政学思维影响的财政学家归国后，无论是在教育领域还是在学术交流领域，都直接体现并传播了这一时期西方新式财政思想。他们对于财政学的理解有着独特的论述和精准的看法，在教育与学术循环交流的促进、配合、支撑、依存关系中，极大地促进了近代财政思想的交流与研究。

4.2.3.1 在学科建设、人才师资等方面产生了巨大影响

近代财政教育对于财政思想体系的构建有开创之功，发端于对西方财政理论的译介，并为之后学习借鉴西方财政理论及构建自身财政思想体系提供了沃土。在初期的简单搬运（译介）后，财政学者们开始基于中国财政问题，运用相关理论予以解决，从而形成中国化的财政思想体系。可见，起码在财政学科的创设过程中，财政高等教育尤其是留学教育起到了非常关键的作用。财政高等教育尤其是留学生当中财政知识的教育为近代财政思想的转型发展提供了主要师资。一个学科是否能够真正建立起来，主要判断标准还在于高等教育中是否设有此学科的相关课程。从近代各大学制内容中可以看出，财政及其相关知识较早就被列入了一项专门内容，而且随着财政教育的运转，所培养出来的人才尤其是归国人才成了财政高等教育的主要师资力量。财政高等教育后期不断注重教育与研究并重。通过教育的渠道深化学术，又通过学术的拓展联动教学活动，并有效形成了诸多理论研究及交流的团体，从而将简单的财政学知识传播工作不断开拓，结合现实问题拓宽视野，深化研究并加强彼此之间的交

① 巴伯. 科学与社会秩序［M］. 顾昕，等译. 北京：生活·读书·新知三联书店，1991：100.

流，推动了近代财政思想走向现代化的进程。

4.2.3.2 学术交流是新型社会关系的体现

单纯从社团的角度来讲，其出现打破了传统非官即民的阶层格局。以“学会之风”盛行起来的学术社团同其他政治团体、宗教团体一起构成了新的社会组织形式。它既是近代社会群体关系发生变化的阶级反映，又是学术领域内相关学科不断繁荣发展的集中体现。同时，传统媒介下的思想互动既在时效上显得滞后又在主体相关关系上比较松散，而这一时期财政思想领域的学术交流活动突破了过往传统思想领域内的互动方式，即所谓“互动既可以是面对面的，也可以是间接的，如通过传递诗文或其他更为抽象的符号信息”① 的形式。尽管同样存在直接或间接的学术探讨，但是此时的学术探讨或互动已经在传播载体和互联关系方面更显现代化。更为重要的一点是，这一时期围绕着财政思想形成的学术团体，在内部宗旨或成员的心理默契方面都充斥着“救亡图存”的精神基调，尤其是在当时中国内忧外患的背景下，各个学术团体的学术交流活动都充盈着休戚相关、同舟共济的主义契合。总而言之，作为新生社会力量的财政思想领域的学术社团在家国情怀的促使下，相互聚集并传递经济、财政领域内的新认识，不仅起到了连接财政学家新的社会关系的枢纽作用，更是在新的聚集结构下集体推动了近代财政思想体系的转型发展。

4.2.3.3 深刻的时代烙印和阶级属性

无论是近代财政学教育还是学术交流活动的发展，都深深地烙上了时代印记并反映了资产阶级的自身需求。传统的教育类型不外乎官学、私学以及书院三种形式，近代教育通过发展逐渐形成了学前、初等、中等以及高等教育层次，并在后期加入对师范、实业教育的支持。学制方面同样也是采用时至今日依然无过大变动的六三三四制。可以说无论是“壬寅学制”“癸卯学制”还是“壬子学制”，它们都深深烙下了当时追随西方发达国家的印记。较为可惜的是，许多制定好的教育政策都没能完全执行下去，其中一个重要因素便是受时局动荡影响较大。可见无论是进步抑或倒退，这一时期教育领域的任一变更都不过是宏观时代变动浪潮中的一阵漩涡。除此之外，教育与交流活动在“教”“学”“传”“论”的过程中有一个显著特征，即在资产阶级日益壮大的过程中，愈发体现出资产阶级的属性。如“壬子学制”最大的两个特点便是取消了旧学制当中排在首位的伦理道德教育，并愈发凸显学制的普及、实用特性，开启了职业化教育在各个层次教育体系中的人才培养。同时，晚清两个学制时

---

① 方勇. 南宋遗民诗人群体研究［M］. 北京：人民出版社，2000：31.

期，留日学生们最为热衷的专业乃是法政专业，而到了民国时期，选修经济以及商科一跃而成为主流，这既是时代需求的深刻体现，也是阶级内部的需求所致。

4.2.3.4 受西方财政思想启蒙影响巨大

西方财政思想对近代中国的启蒙作用始于西学东渐。在“救亡”与“图存”的急剧晃荡中，紧迫的现实需求促使国人无从顾及财政学的适用与否，在短短的时期内，几乎大体推翻了传统财政思想，代之以全面引进西方的财政思想与制度。这种完全只顾拿来却不加分辩的引进方式，一方面将西方财政思想启蒙影响巨大的特点展现得淋漓尽致，另一方面也充分显示了当时国内极其浮躁的心态，因而不可避免地具有一定的弊端。晚清至民国的三大学制皆在邻国日本及欧美教育框架下进行借鉴，最初是以日本模式作为唯一学习对象，后来改而借鉴欧美的教育改革方法。如“壬子学制”当中直接标明“仿德国大学制”和“仿德国制”。在这一过程中，留学生群体归国后，无论是在教学领域还是在学术研究、交流方面，都深深受到了西方财政思想的启蒙影响。而再从另一面看待当时引入西学的方式，尽管思想禁锢之门被一举冲破，但是毫无思索就全盘接受西方各式思想，反而让国人一时无所适从。对此，钱穆先生曾指出：“中国创办新教育，自前清同治初元迄今八十年，始终不脱两大病：一曰实利主义，一曰模仿主义。其实二病乃一病也，病在始终缺乏一全盘计划与根本精神。”[①] 这也能在一定程度上警醒我们，学习西方的先进文化，不可仅仅限于拿来主义，还需在借鉴的基础之上有所辨识，再加以创新从而实现超越。

---

① 钱穆. 从整个国家教育之刷新来谈中等教育［J］. 中等教育季刊，1942（1）：65-149.

5 近代中国财政思想转型的过程

5.1 近代中国财政思想的学科构建

财政思想的形成，不仅需要对财政现象有深刻认识，还需要对财政理论及财政历史进行相关思考。如前文在对财政教育的考察中所述，财政最初在清朝被称为理财，既有财政方面的内容，也包含了经济方面的内容，二者之间的区别仍然比较模糊。进入近代中国，随着对西方财政理论的深入学习、借鉴，对于财政学科的认识也越来越清晰。这一时期，国人通过对以下四个方面的内容的了解：财政的定义、财政学的内容、财政学与其他学科之间的关系、财政学的历史，逐渐加深了对财政学科的认识，并为之后对财政理论的深入研究奠定了深厚基础。

5.1.1 近代中国财政思想的学科发展

5.1.1.1 近代中国财政思想的西方渊源

近代中国的财政思想转型经历了从晚清时期的碎片传播，到近代中国的集中转型过程。对于长期以来并未有系统财政思想意识的国人来说，西方经济理论中的财政理论强烈撼动了国人的传统家国财政观念，使得国人意识到财政理论对于国家治理、民族富强的重要性。西方财政理论的引进启蒙了近代中国财政学者的财政思想，并进而影响了近代中国财政体制及政策制定等方面，促进了近代中国财政学科的初步建立和近代中国各家财政思想的形成。

无论是在中国还是在西方，财政学在古代都并非一门独立的学科，与经济学一样都散见于各种财政、经济见解之中。因此，近代中国的财政学科的理论渊源，基本上就是西方的财政理论。通过梳理近代中国财政思想转型的理论背景，分析西方财政理论发展至20世纪40年代的轨迹，我们可以更加准确地找到近代财政思想体系在转型过程中的出发点和落脚点。

曹国卿认为财政理论的产生，主要是为了达到“使国家于执行政务上经费充分”① 这一目的。他的这一论点正是源于对西方财政理论的渊源回溯。在西方，一直到近代，英、法、德等国家的重商主义、重农主义、官房学派兴起以后，有关财政理论系统的论述才开始出现。法国学者布丹（Jean Bordin）在1576年出版的《共和国六讲》一书中有一部分论及财政，将财政作为国家的神经枢纽，并在租税方面提出着重公产收入与进口税原则以及纳税负担公平原则。布丹的财政理论有着明显的从传统向现代过渡的色彩，对后来的财政理论发展有较大影响②。英国在近代兴起了重商主义，主张富国裕民、振兴产业、保护贸易，在财政方面有配第（William Petty）所著的《赋税论》，对于税收转嫁进行了专门深入的研究。在德国则有官房学派③的学说兴起。官房学派的观点以尤斯蒂（J. H. G. N. Justi）在1766年出版的《财政学》为代表，强调国家没有财政经费就不能立足，但税收不宜侵害人民生活及产业，同时人民负担应平等，征收也应确定并公开。18世纪初，自由思想兴起，英、法两国发生革命后，个人主义思想由此发展，直至19世纪中期达到高峰。在此期间，法国重农学派兴起，其学说代表人物有米拉波（V. R. Mirabeau）、魁奈（Francois Quesnay）④ 等人。重农学派主张一切任其自然，极力排斥国家干预。米拉波在1760年所著的《论赋税》一书中，在财政方面主张以地租为中心，实行土地单一税制⑤。

重农学派以后，英国古典经济学派兴起。该学派主张国家干预是没有必要的，在财政上要求国家支出与收入都要紧缩。其代表人物为亚当·斯密（Adam Smith）。西方财政学普遍被认为源自亚当·斯密的理论。他发表的《国富论》中第五编为财政论，其中第一章为支出，第二章为收入，第三章为公债，由此开启了财政学新的研究轨迹。正如恩格斯对亚当·斯密的评价：“他

---

① 曹国卿. 财政学［M］. 上海：独立出版社，1947：7.

② Jean Bordin 的著作被翻译成英文并长期作为剑桥大学的教科书，影响了英、法两国财政学家们的财政思想。亚当·斯密在课税原则方面的一些论述在一定程度上就是受其影响而来的。

③ 官房（Camera），本意有房屋之意，即国王存储私财之所，是专门管理财政收入的机关。官房学（Cameralism）则成为研究国家财政管理及社会经济秩序等的学科。

④ 马克思对魁奈鲜明的重农主张给予了高度评价，认为其主张及著作构建起了政治经济学这一门学科。马克思财政学思想同时吸收了魁奈所提出的分析社会再生产过程的政治经济学研究路径。此外，魁奈的自由思想也对亚当·斯密的思想有一定影响。

⑤ 米拉波在《论赋税》中考虑到地租为单一税源的话难以支撑支出，也提出灶税、人头税等补充税。

在1776年发表了自己关于国民财富的本质和成因的著作，从而创立了财政学。”① 亚当·斯密在税收方面还提出平等、确实、便利、经济四大原则。在公债方面他持反对意见，认为日益膨胀的公债会破坏国家财政。对于其在《国富论》中构建的“公共财政”框架，通过后来学者们的不断丰富和完善，逐渐形成了西方财政学科的主体结构。

亚当·斯密开启了财政学新的研究道路，而真正让财政学走上综合性的独立学科道路则要归功于19世纪的一批德国学者。德国正统财政学既继承了官房财政学的思想，又汲取了古典经济学的主张。卡尔·迪策耳（Karl Dietzal）创立了德国正统财政学。他结合官房财政学与古典经济学，认为财政学应该脱离经济学而独立成为一门学科。另外，他也不赞同古典经济学中将财政独立于国民经济之外的主张，认为财政与国民经济是相互促进的关系。此后，瓦格纳（Adolf Heinrich Gotthilf Wagner）继承了迪策耳的思想，提出了社会政策财政理论。瓦格纳的贡献主要体现在税收方面，他主张用财政手段革除社会弊端，利用税收矫正财富分配不均的现象②。与瓦格纳同时代的施泰因（Lorenz Von Stein）、谢夫勒（Albert E. Schäffle）等人也将正统财政学不断完善，有效促进了财政学科的独立。德国财政学对于世界其他国家的财政理论及财政决策都产生了深远的影响③。因此，不少西方学者将瓦格纳为代表的德国学者视为开辟现代财政学的先驱。除此之外，德国还有马克思、恩格斯为代表提出的财政学说④。

进入20世纪以后，西方关于财政学的理论开始不断出现。1922年，道尔顿（Dalton）在其《财政学原理》中从财政与经济的关系角度论述了财政理论。影响更大的当属庇古（Pigou）在1928年出版的《财政学研究》。庇古提出福利财政理论，将财政看成增进社会经济福利的重要工具。他的这一理论极大地推进了财政学的进一步发展。进入到20世纪30年代，西方财政理论发展到了一个分水岭。一方面，财政实践领域获得延展；另一方面，尽管没有提出

---

① 马克思，恩格斯. 马克思恩格斯选集［M］. 北京：人民出版社，1956：675.

② 瓦格纳的具体办法为最低生活费要免税，侧重于累进税，财产所得要比勤劳所得征更重的税，偶然利得与不劳利得要征更重的税，生活必需品的税则应废除。

③ 如英国经济学家巴斯泰布尔（Basatble）在1892年出版了英国历史上首部以“财政学”命名的系统财政学著作。

④ 有关共产主义财政学的论述，近代中国财政学在早期相关著作中涉及的不多，后期在广泛传播下，许多财政学学者开始加强了对其的关注。如刘不同在其《财政学概要》中对共产主义财政学收入、支出方面的主张进行了概述。由于近代中国财政学领域对这一方面关注相对较少，本书在此不加赘述。

系统的财政理论，但是西方财政学开始跳出亚当·斯密的财政理论框架，主张财政要与经济进行结合，并运用财政手段影响经济。以1936年凯恩斯（J. M. Keynes）所出版的《就业、利息和货币通论》为代表，此书虽然不是财政学的专著，但是其主张政府运用积极财政政策刺激有效需求，促进经济发展和充分就业的学说主张极受一些人推崇，致使过往的财政学受到极大冲击。

受到西方财政学发展的影响，近代中国有关西方财政学说在中国的传播可谓百花齐放。通过其在中国知识阶层、学生、实业界中的广泛传播，国人的财政思想发生了巨大转变，也影响了时人对现实财政问题的思考和行动。对于中国财政思想体系来说，其构建的脉络主要是借鉴西方财政理论发展的成果，在诸多财政学说中寻找到适合中国国情的财政思想。

5.1.1.2　中国财政学科的建立

通过前文统计，近代中国共有61本财政理论著作，其中外国译著有22本，占总数三成以上。而外国译著中，日本学者的译著多达14本，占一半以上。当时日本财政理论对于德国财政理论的借鉴较大，因而中国财政学科的构建主要受到德国财政理论的影响。如留学日本，有着国民政府财政部官员及学者双重身份的童蒙正，将瓦格纳十卷本的《财政学》主要内容提纲挈领地编辑成上、下两册的《瓦格涅财政学提要》；而曾留学德国的傅英伟翻译出版了德国财政学者埃厄贝格（Karl Von Eheberg）的《财政学》。

学科成熟与否，取决于其是否形成了相应的学科体系。而学科体系的首要问题便是搭建学科理论框架。我国古代历史上只存在对财政方面的片段思想观点，所以从未形成过财政学科。正如刘不同所说："在原富以前，历史上只有片段记载的财政事实，没有完整有系统的理论，实撑不起是一种独立的学科。"[①] 我国财政学科的真正建立还是在近代以后。对学科框架的认识首先发生于对这门学科的基本认识。财政学科的建立始于学者们对于财政以及财政学的定义。本书摘取了近代财政领域较有影响力的财政学者关于"财政""财政学"定义的阐释（如表5-1及表5-2所示），以期探究近代中国财政学界对于财政的基本学科认识。

① 刘不同. 财政学概要［M］. 上海：昌明书屋，1948：7.

表 5-1　对“财政”定义的阐释①

著者	定义阐释
陈启修	财政者公共团体之经济或经济经理也；易词言之，即国家及其他强制团体当其欲满足其共同需要时关于所需经济的财货之取得管理及使用等各种行为之总成也。（陈启修. 财政学总论［M］. 上海：商务印书馆，1924：1.）
尹文敬	财政即国家或地方政府，当其欲满足共同需要时，关于所需经济的财货之取得、管理及使用等各种行为之总称也。（尹文敬. 财政学［M］. 上海：商务印书馆，1935：1.）
魏颂唐	财政者，国家之经济行为也。人民寄托其治理之权力于国家，国家欲达其治理之目的。（魏颂唐. 财政学撮要［M］. 浙江经济学会，1917：1.）
李权时	财政就是一个政府理财之政策，换句话说，就是一个国家或其境内任何其他政治团体（或强制团体）为欲谋自身之生存发达（即满足团体欲望起见），而取得管理及使用财货之种种行为的一个总名词。（李权时. 财政学原理［M］. 上海：中华书局，1935：1.）
钱亦石	简言之：财政即是国家的经济；详言之，所谓财政即是政治团体连续的而且有秩序的经营货币的收入、管理及支出之总称也。（钱亦石. 财政学纲要［M］. 上海：中华书局，1939：5.）
梁式文	所谓的财政，一般是指国家的经济活动而言。（梁式文. 财政学大纲［M］. 广州：广州大学出版组，1943：1.）
王延超	财政就是指公共团体的经济处理，包括一切所需财货的取得和管理及使用与其相互间的调整等问题。（王延超. 财政学概要［M］. 上海：立信会计图书用品社，1947：1.）

表 5-2　对“财政学”定义的阐释

著者	定义阐释
陈启修	财政学者，研究财政之科学。易词言之，即关于此种问题，施行细密的研究之科学也。（陈启修. 财政学总论［M］. 上海：商务印书馆，1924：25.）
李权时	简单的定义：财政学就是研究任何政府的欲望及其满足此欲望的方法的一种社会科学。详细的定义：财政学就是以研究国家及其管辖范围内的任何一级政府的收支上的原理及政策为职责的一种社会科学。（李权时. 财政学原理［M］. 上海：中华书局，1935：25.）

① 本书所摘取著作皆为当时国内著名学者自撰之理论，区别于译著类财政学著作。

表5-2(续)

著者	定义阐释
姚庆三	公共经费的支配问题，公共收入的筹划问题，公共收入的适合问题，公共收支的管理问题，政府关于这些问题的解决方法及其因果关系，就构成财政现象，专门研究这种财政现象的科学就是财政学。（李权时. 财政学原理［M］. 上海：中华书局，1935：2.）
何廉、李锐	财政学者，讨论政府为执行职务所需资财之取得，使用，及管理之科学也。（何廉，李锐. 财政学［M］. 上海：商务印书馆，1935：1.）
尹文敬	财政学为研究国家或各级地方政府关于执行职务，维持生存上所必需财货之取得，保管，与使用及调节收支之方法，且及于财政立法之监督，与财务行政之程序等类问题之研究的科学。（尹文敬. 财政学［M］. 上海：商务印书馆，1935：11.）
钱亦石	财政学者，关于财政现象的同意的知识之谓也，财政学的任务就应该把发展过程中的财政现象作统一的研究，以求发现其统一的原理。（钱亦石. 财政学纲要［M］. 上海：中华书局，1939：9.）
梁式文	财政学，就是在各种各样现象中选出财政现象为研究对象的科学。（梁式文. 财政学大纲［M］. 广州：广州大学出版组，1943：14.）
王延超	财政学就是研究国家或地方政府于执行职务时所必需财货的取得、使用、管理、及与相互间的调整等现象的科学。（王延超. 财政学概要［M］. 上海：立信会计图书用品社，1947：4.）
曹国卿	财政学者，即研究政府执行其职务所需之资财之使用取得与管理之科学也。（曹国卿. 财政学［M］. 上海：独立出版社，1947：2.）

从表5-1中近代学者对于“财政”的定义阐释可以看出，众多学者无一例外都强调财政活动的主体是国家，由此既明确了财政活动的主体，又说明了财政活动的强制性。各位学者观点不同之处在于，陈启修、尹文敬、李权时等学者着重强调财政的目的是满足共同需求，而魏颂唐、钱亦石等学者倾向于强调财政是国家或者其他团体实现其职能的活动。这说明在财政学科刚开始构建之初，就存在着对于财政目的层面的思考。同时，学者们对于财政的定义概述还明确了财政活动的对象为财货的管理及使用。由此可见，在学科构建的过程中，学界对于财政的主体、目的、对象、特性等基本问题都进行了深入探究。

另外，从表5-2中近代学者对“财政学”的定义理解可以看出，这一时期学者普遍认同财政学是一门独立的科学。“财政不是孤立的东西，而是与其基础——社会经济——相适应的上层现象之一”①，可以看出学者们对于财政

① 钱亦石. 财政学纲要［M］. 上海：中华书局，1939：7.

学的属性认识已经较为深刻。并且诸多学者围绕财政学是研究财政的科学这一判断，对财政学的研究内容有了大致相同的认识，尤其以姚庆三、尹文敬等学者的概述最为详实。如姚庆三提出财政学的研究内容包括收支的支配、筹划、适合、管理等问题，以及政府关于这些问题的解决方法及其因果关系。尹文敬提出财政学研究内容包括国地关系、收支使用及调节、财政立法之监督、财务行政之程序等问题。由此可以得知，近代学者在财政学定义方面的认识，既凸显了财政学与其他领域学科的紧密关系，又加强了对财政学学科框架、研究方向的认识。

基于近代学者对财政学的定义，这一时期财政学科的框架大致分为总论、收入、支出、公债、预决算、地方财政六个部分①。而在近代众多财政学著作中，总论、收入、支出、公债四个方面乃是主要内容。此框架主要借鉴了亚当·斯密《国富论》中对于财政学的结构安排。无怪乎当时大部分学者都认为亚当·斯密“对于财政学之构成上贡献最大”②。此外，如前所言，财政学与经济学始终没能被清晰地区分开来，这在一定程度上影响了财政学科的独立性。在促进财政学科独立的过程中，大多数学者对德国财政理论的贡献推崇备至。如曹国卿认为“使财政学成为独立学科者，十九世纪德国学者功绩最大”，并指出“此时对财政学有最大贡献者实为瓦格纳”③。由此可见，近代中国财政学科构建的背景与亚当·斯密的理论和德国财政理论紧密相关。因此，我们在综合分析西方财政理论发展轨迹对近代中国财政思想体系转型影响的过程可以发现如下特点：

在学科建构前期，主要是大力汲取西方财政学中业已成为共识的相关思想，如亚当·斯密对财政学的框架建构、瓦格纳的财政理论尤其是税收方面的理论等。这些西方财政理论建构中的宝贵成果同样成为近代中国财政思想体系建立的基石。在学科的发展过程中，一方面中国国情与西方财政理论存在匹配度的差异，另一方面又恰逢西方财政理论领域内发生了巨大变革，国内财政学者面对西方财政理论不再一味照搬，而是进行理性分析再选择，甚至对于最新思潮提出自己的看法。比如当时西方存在亚当·斯密的自由贸易论与李斯特的保护贸易论的不同学说，马寅初则从我国国情出发提出，虽然我国设置了关税

---

① 当时财政学话语体系尚未统一，因此财政学诸多术语也说法各异。如收入论也被称为“岁入论”；支出论也被称为“岁出论”“经费论”等；公债论也被称为“收支适合论”“收支配合论”；预决算论被称为“财务会计论”“岁计论”“财务行政论”等。

② 曹国卿. 财政学［M］. 上海：独立出版社，1947：8.

③ 曹国卿. 财政学［M］. 上海：独立出版社，1947：10.

壁垒，但依然面临外货倾销的问题，足见自由贸易理论不适合我国国情，应采用李斯特的保护贸易论。但是在具体的实施过程中，又不能一味照搬李斯特的关税政策主张，而应该采取汇兑统制、输入许可证及配额等不同的政策。

此外，从近代中国财政思想体系上看，其范围大多局限于收入、支出、公债、预算等内容，有着浓厚的“就财政论财政”的局限性。这种局限性一来由于中国自身的财政思想水平尚低，二来与当时西方理论界财政学致力于脱离经济学成为一门独立的学科有较大关联。另外，从近代中国财政思想包含的对象来看，租税、公债等财政收入方面的内容居多，而财政支出方面的内容相对较少。

上述近代中国财政思想转型的两个特点在学科建立之初表现得较为明显。但是在财政学科不断发展的过程中，随着国情的变化以及现代财政理论的不断拓展，无论是在研究领域还是在研究方法方面都得到了不断扩展和深化，与其他学科的关系也愈加紧密。

5.1.2 近代中国财政思想体系构建的特点

整体而言，近代中国财政思想在对财政的定义、性质、主要内容及财政学与其他学科关系方面的认识变化不大，与西方财政理论也无太大出入，属于直接的“拿来主义”。但值得一提的是，不少学者探究了财政思想的研究方法。如李权时认为研究财政思想的方法和研究其他社会科学的方法并无二致，不外乎还是演绎法及归纳法，通过从原则推论到个别事实，以及从个别事实推论到原则上去。其中归纳法包含实验方法、统计方法、历史比较方法等。他认为财政理论最适宜用统计方法以及历史比较方法。实验法使用的地方不多，但李权时认为在试办税种时这种方法也大有用处。他还认为归纳与演绎二者需要协同使用，偏废任何一种方法都是不恰当的。与李权时只是简单提出这两种方法不同，曹国卿则是将归纳与演绎之法就财政具体问题展开论述。如他认为在对财政支出进行评定以及租税归宿问题上，要用演绎方法。研究财政史的问题时，为了推论个中因果关系，则要用归纳方法。在归纳法中，统计方法尤为重要，如用于预算、税收的数据统计，既能把握国家政策走向，又能对民众负担有所推测。可以看出，这个时候中国的财政思想对于研究方法的思考还处在较为初级的阶段，与目前我们所使用的方法不可同日而语。但是从另一个角度来讲，当时的财政学者都对统计方法十分看重，这也为后来财政思想研究中适用的主要方法指引了方向。

财政属于历史上的经济范畴，财政思想中一切观念、学说、理论都是历史中财政实践的产物。近代中国财政思想在对财政学科进行认识的过程中，还十分重视从纵向角度考察学科发展的历史进程。从历史的角度考察财政学科又分为不同内容，既有对财政事务的历史考察，也有对财政思想的历史考察，这一时期更多的则是对西方财政学说的历史考察。同时从类型角度来看，这一时期的考察不仅注重对西方财政学科发展进程予以研究，同时还兼顾到中国古代财政现象及相关观念发展的轨迹。如此不同内容及类型的纵向回顾，则要求进行这方面研究的学者具备较强的思想性。陈启修就认为“大凡学史上研究，一面要精深，一面又要淹博，不精深则苦而不能贯通妙理，不淹博则恐不能网罗群说”①。

从当时众多学者的研究成果来看，李权时以财政思想史为研究内容介绍了中外财政思想的演变过程。这是当时很多学者都十分重视的思想史部分。除李权时以外，尹文敬等人在财政对象思想基础上着重对相关人物的财政思想进行回顾，使得对财政的历史研究更加立体化。到了后期，有关财政历史考察的研究愈加深化。以刘不同为代表，他从财政政策的角度出发，分掠夺财政政策、有关财政政策的各派思想、福利财政政策三个维度，探讨了古今中外财政、财政思想以及财政学说三个方面的历史，考察的角度虽然较其他人更加微观，却更加深入地抓住了重点，对财政、财政思想以及财政学说予以了全面观照。

综上所述，可以看出，近代中国财政思想对于财政历史的研究有利于归纳出本学科发展的特点和规律，从而把握财政学科未来的方向。

5.2 财政公共性的学理建构

近代中国，在西方财政理论被引入中国的过程中，不仅“公共经济”“公共财政”等带有公共性思潮印记的近代化财政话语被引入进来，更为重要的是对财政的定义始终都围绕着公共性的学理认知展开构建，这一点普遍性的认知无疑为近代中国财政思想的体系定下了一个基调。财政的公共性是公共财政的特殊本质，因此通过对其学理认知的回溯考察，我们可以更为扼要地对近代中国财政思想进行研究。近代中国财政实践与财政思想界的公共性认知有较大的分歧，通过对二者差别的历程进行考察，可以从其他层面对近代中国财政思想体系进行评析。通过对公共性认知在财政实践中的适应性进行分析，一方面

① 陈启修. 财政学总论［M］. 上海：商务印书馆，1924：26.

修正其在适应性方面的缺陷，另一方面汲取其合理内涵，更好地为当代的财政理论构建提供借鉴。

5.2.1 理财救国的现实需求

5.2.1.1 富国与富民——传统理财观的目标与手段

传统理财观总是与物质财富在生产、交换、分配、消费各个环节紧密关联。如孔子所言，“富与贵，是人之所欲也”“贫与贱，是人之所恶也”①。在此，富与财的所指本质上并无大异，但由于富的含义出现更早而且所指代的内容也更为丰富，在此便以“富”为探讨对象进行阐释。既然人人都欲富恶贫，在从生产到消费的各个环节求富的行为便催生了传统理财观并推动其发展。求富便是传统理财观的基本出发点。传统理财观求富的过程中存在如下两个问题：求富的主体是谁？求富的目的是为了谁？传统理财观在发展的过程中给出了它的解释：国家为主体，求富先富国而后富民。在传统理财观中，富国从狭义上来讲可指财政收入，从广义上来讲则代表了全部国民财富。国家的求富行为集中了所有的国民财富，而由传统国家的阶级属性所决定，富民成为维护统治阶级存在的手段。荀况在《荀子·富国》中说“下贫则上贫，下富则上富”。这里“上”代表了以君主为首的国家政权，“下”则代表了普通百姓。如其所言，普通百姓贫与不贫所导向的都是国家政权的富与不富，富民仅仅作为手段，而富国才是最终目标。由此可以看出来，传统的财政观对于在“富”之于“国”与“民”二者之间的选择设计，实际上都是建立在私有制及等级制基础之上的，披上国、民及君、臣的伦理规则外衣，以“民本”的名义，通过吸取普通民众的“富”来达到维护统治阶级私有利益的目的。

5.2.1.2 理财救国——近代中国财政实践概况

财政层面的变化是促成诸多变化中的重要因素之一。约瑟夫·熊彼特（Joseph Schumpeter）就曾指出，“社会的巨变总是包含着原有财政政策的危机”。纵观古今中外历史，我们亦能发现，任何一个政权的兴衰都与其财政状况的优劣息息相关，甚至可以说，财政状况直接决定了政权的稳固与否。在鸦片战争以前，这套建立在传统财政观之下的经济、社会、政权结构尽管受到了一些小冲击，但依旧稳定地运行着。直到 1840 年鸦片战争失败以后，在国门被迫打开之后，呈现在中国与西方经济、文化等一切领域之间的巨大鸿沟已经

---

① 孔子所言富贵及贫贱主要是为了阐释仁道的重要性，却在仁道的参照标准下，承认了理财的合理性。参见：阮元. 十三经注疏［M］. 北京：中华书局，1980：2771.

是瞠然难越，维持了几千年的传统经济结构遭到了巨大破坏，整个中国开始陷入国困民贫的局面。在经济急剧变化的背景下，传统财政观向来所标榜的富国之术、富民之策，既无法解释不断涌现的各种经济问题和外来经济形态，又在西方列强的资产阶级生产方式所创造的巨大财富面前束手无策。由此观之，传统财政思想已经无力指引中国抵抗新的时代带来的重创，没落也是情理之中的事情。

新的时代亟须新的财政思想。为挽救民族危难，也为摆脱国家贫困，国人开始了探索之旅。然而在这国与民被牢牢捆绑在一起面临生死存亡的紧要关头，第一要害之事，便是理财以救国。这一点，无论是在实业界还是在理论界，都是政策与思想演变的基调。正如时任北洋政府财政部次长的梁士诒在《告国人书》中所说："民国存亡，以财政为最大关键，稍有常识者所知。若于此千钧一发之时，不求爬梳整理之法，外之则债权逼切，监督之祸，固等于瓜分；内之则公私困穷，破产之危，亦何止瓦解。"① 为此，近代的思想家如梁启超、孙中山、梁士诒等人提出了颇多改革建议，但无论是孙中山的币制改革②还是梁启超的"标本兼治"③，还是梁士诒的开源节流四项政策④，都受到诸多因素阻碍而难以进行，财政状况自然也终难改善。在收入增长缓慢的同时，支出却无从控制，入不敷出，进而以借债维持，理财救国的理想也终成泡影。

5.2.2 公共性的学理建构

任何思想学说的产生、发展与传播都不可能超脱当时社会及经济条件而独自演变，必然有其内在的客观规律性。对财政公共性本质的认知同样是在当时经济基础和社会制度下产生的。在以康、梁为代表的维新派介绍西方立宪制的过程中，也潜在地向国内引入了西方的"公民"理念。而辛亥革命之后新一轮的自由、民主、公民意识等新观念的传递，在更大范围内散播了公共性的理念。在财政思想领域，以此为基点，并结合着对于西方财政理论的引入学习，

---

① 岑学吕. 三水梁燕孙先生年谱［M］. 上海：上海书店，1946：137.

② 孙中山在1912年提出的币制改革方案集中于建立纸币信用、使纸币成为市场中流通的唯一货币，并寄希望于通过发行纸币一举解决财政困难及币制统一两大难题。

③ 梁启超针对财政收入提出"治本"对策，包括改正税则，增加岁入；整顿金融，改革币制；整顿官办企业。针对财政支出提出"治标"对策，包括"核综名实"方法以及评价财政支出适当三标准和财政浪费四原则。

④ 梁士诒同样以开源节流为目标提出理财方案：节饷主义、减政主义为节流之策，增加新税、整顿旧税为开源之策。

公共性本质认知得到了进一步的延展渗透，从而突破了传统民本思想的局限，构筑了一个以公民权益为最终指向的学理认知新图谱。尽管如前文所言，近代尝试的各种理财救国行为均化为泡影，但是理论领域内的财政思想体系在其逻辑立论及建构过程中自始至终基于公共性角度展开学理探究。

公共财政是一个历史范畴，在不同时期与不同阶段，其内涵和外延都有着不一样的侧重。早在1900年，尼古拉斯·亨利就提出了涉及“公共”的三个重要方面——机构、利益和参与。对于机构最根本的辨别，在于判断其成员的行动是出于私还是出于公。而利益是其中最为要害的部分，公共利益始终受到公共事业服务的制约。此外还有参与的内容，是指空间、活动、资源、信息等方面的参与程度，并需要就公共部门与私人部门在参与开放程度上进行区分。尼古拉斯·亨利关于“公共”的概述可以说是当时西方相关领域的主流思潮。从其对“公共”的概述出发，本书论及的“公共性”内涵尽管从深度上来看稍显浅薄，与现今公共财政理论也有着经济基础层面的根本区别，但是从近代财政学者的相关文本中可以看到，在财政与国家、公民的关系方面，关于如何彰显财政的社会属性，从而使其脱离社会中单独个体的无序与杂乱，并上升到整体的集中意志，现在与过去的理念是一脉相承的。

5.2.2.1　陈启修的《财政学总论》

陈启修论及财政定义时，认为“财政者公共团体之经济或经济经理也”①，并进一步解释“易词言之，即国家及其他强制团体当其欲满足其共同需要时关于所需经济的财货之取得管理及使用等各种行为之总成”②。从陈启修对财政的定义可以看到，在他的理论中，“公共团体”的存在意义，是为了满足共同利益的需要。这些学理概念恰恰与当时西方主流“公共”思潮不谋而合。可见，陈启修在《财政学总论》开宗明义的定义中，就意识到了财政的公共性的重要作用。此外，他在书中也曾多次提及“公共财政”。如探讨公共经费的篇章处，他认为：“公共财政存在一日，则公共经费亦不能不存在一日。”③由此可见，在陈启修的财政理论中，公共性的财政属性既是价值导向，也是目标坚持。因此可以说，陈启修的《财政学总论》不仅是传统财政观向现代财政理论转型的重要标志，也为之后的财政思想转型明确了公共性的基本视角。同样从公共性视角分析财政的学者还包括寿景伟等人，在他们的书中都明确提到了“公共财政”理念。

---

① 陈启修．财政学总论［M］．上海：商务印书馆，1924：1.

② 陈启修．财政学总论［M］．上海：商务印书馆，1924：4.

③ 陈启修．财政学总论［M］．上海：商务印书馆，1924：17.

5.2.2.2 尹文敬的《财政学》

尹文敬对财政的定义与陈启修、寿景伟的表述并无太大差异，但是在其《财政学》中，还从原则上对财政提出了“正义”“公开”等理念。在论述的过程中，他认为财政的内容和目的逐渐发展，与政治、经济、法律、社会等各方面发生了紧密的关系之后，需要以上原则加以约束。这些原则作为一种价值基础之上的公平与正义，其提出显现了现代财政在组织机构、规范制度、运行机制、行为模式方面对公共利益的诉求和保证，对于公共性的学理认知有重要的补充意义。

5.2.2.3 李权时的《财政学原理》

李权时在1922年毕业于哥伦比亚大学，其博士学位论文《中国中央和地方的财政》所研究的就是中国财政问题。可以说，他是当时国内较早研究财政思想并且深受欧美财政思想影响的学者。其专著《财政学原理》对财政的公共性做了一个较为全面的概括。在绪论中，李权时对“public finance”发表自己的看法，认为没有必要纠结于直译将前缀“public”加入进去，以“财政”一词就能将其“公共”的意义充分表达出来。直至今日，我国部分学者依然还在就“public finance”之“公共”加在“财政”一词后存不存在同义反复的问题进行讨论，李权时则早在100年前就已结合自己对欧美经济及财政思想的理解做出区别，其思想确实有可取之处。

同时，李权时在对财政本质的概述中，通过探讨“公经济”与“私经济”的异同，全面阐述了公共性的特殊性。如在谈到两者的区别之时，他认为主要是产生先后不同、获取方法不同、产生效果不同、主体的存在时间不同、主体的心理不同、评价标准不同等。这些共性和个性的比较分析，既创新又清晰地将财政的公共性表达出来。尤其是在说到共性的时候，他认为“都应当以自利为过程，以利人为目的”，“自身都不是目的，而是达到另外一种目的的手段”①，这一提法与传统财政观中的财政思想截然不同。此外，李权时还利用西方现代的边际效用理论对财政进行分析，认为财政“应该服从界限效应均衡”的原则。这里的界限效应即我们现在所指的边际效用，也是他在指出财政除了应遵循公平、公正、公益事业法治、计划原则外，还需要遵循国民经济、效率原则的出发点。可以说，这六大原则既是财政作为手段工具的公共性体现，又是法理、公平、正义准绳方面的公共性体现。

5.2.2.4 何廉、李锐的《财政学》

何廉、李锐在1935年出版的《财政学》可以说代表了近代中国财政思想

① 李权时. 财政学原理［M］. 上海：中华书局，1935：12-18.

的最高水平。胡寄窗先生将这本著作与陈启修和李权时的著作相比较，评价“陈著大多把中国财政资料作为相关章节的附录，而李著则罗列了大量中国财政和历史资料而未加以分析”，而何廉、李锐的书籍在对每部分财政思想进行概述的过程中都相应介绍了中国的财政情况，这也就能解释为何该书“自1935年2月由国立编译馆出版、商务印书馆发行后，即为全国各高等院校财经科系广泛采用，成为当时畅销的教材之一，在两三年间就行销了九版”①。

可以看出，何廉、李锐对于财政学的本土化做出了极大的贡献。此外，在对财政收入论与支出论的具体篇章中，直接冠以“公共支出”或“公共收入”的叙述，凸显了二位学者对财政公共性的重视。关于这一方面，曹国卿在1947年所著的《财政学》中更是直接挑明公共性之义，以“公共支出论”“公共收入论”冠以章节标题，足见财政的公共性学理已经深为当时学者所重视。

5.2.3 财政思想公共性思考

5.2.3.1 公共性是财政的天然属性

公共性是财政的天然属性。在人类构建出国家这一组织形式之前，部落、氏族内部无论是出于外部冲突还是祭祀等方面的需要，不仅需要人力物力方面的资源损耗，还对资源配置存在着一定需求，基于这些公共需求便形成了原始财政。而这种状态下的财政天然就具备公共性属性，公共需求下的公共意识指引着共同体的行为，部落、氏族内部的成员一同享有公共权力，尽管也存在首领，但其也只是成员中一分子，必须接受其他成员的监督。在国家及阶级出现后，公共权力逐步表现为政治权力，奴隶社会及封建社会下的王权成为财政的依据并催生出由权力操纵的家计财政。在这种专制财政下，君主对公共决策及资源配置进行决议，财政并不为公共需求服务，而是为统治阶级个人所有。但尽管如此，财政的公共性依然未被消灭。回顾历史可以发现，一旦最低限额的公共需求无法得到满足，统治阶级便难以继续维持下去。

5.2.3.2 实践与理论的不同抉择

通过对财政公共性属性的历史溯源，同时纵观近代财政制度与财政思想的发展历程，我们发现，虽然理财救国与财政思想公共性的学理建构形成了相互交叉而又脱节的状况，但由于财政的公共性属性是与生俱来的，这种特质构成了近代中国财政实践与思想的逻辑前提。从这个起点出发，实践与理论关于理

① 胡寄窗. 中国近代经济思想史大纲 [M]. 北京：中国社会科学出版社，1984：450-451.

财与公共性的价值抉择也贯穿了近代这一特殊时期的始终。而由于现实困境的冲击，财政实践选择逐渐背离公共性，财政思想则总体延续了公共性的基调。

近代中国的理财救国政策及理论始终都印有传统理财思想求富的印痕。而当传统理财思想在面临巨大困境，既无法解释亦无法改变现实之时，便有了放弃原有的传统理财思想，学习现代财政理论，进行自我解救的探索。但是，在抛弃了传统理财思想的方法之余，所采取的理财救国实践虽然对传统理财思想进行了重构，却仍囿于传统理财思想的目标框架之内。无论解救国家困境成功与否，最终的目的还在于富国。这是历史遗留的烙印，也是时代困境环境下挣脱不掉的印记。而在财政基础理论领域内，传统的财政思想则被彻底取代而裂变成真正意义上的现代化财政思想，尤以财政的公共性学理认知彰显最甚。近代中国财政思想领域内的公共性学理认知并不是凭空产生的，它是在对传统民本主义的真正解构下，结合时代唤醒的公民意识共同衍生出来的内涵。与财政实践不同，它所遭受的外来冲击并没有那么残酷，因而能够在财政思想领域得到较好的灌输及普及。

5.2.3.3　民主与法治的内在界定

民主自生成之日起便以鲜明的公共决策特质与独裁专制展开了斗争，并界定了围绕公共权力的委托—代理契约关系。“财产划定了个人自由的范围与国家较力的界限，民主则维护了这一界限，规定了人民与政府的权力范围。”①这种与公共性的关系也是民主财政诞生的机理和本质。故而民主也天然地具有公共属性，其存在的意义是要通过公共决策、监督来实现对公共权利与利益的保护。公共性的民主外在显化要求财政真正为民众的需求服务，并积极让民众发言权与参与权得以实现。民主的公共性内在界定要求财政的主体切勿越俎代庖，发生超越民众意愿的行为。为了规范并稳定围绕着公共权力的委托—代理契约关系，公共性同样要借助法治的外在显化，使财政的运行受到约束而又有所依据。政府向来都有扩张其权力的欲望，孟德斯鸠对此曾有深刻的揭示：“任何掌权者都倾向于滥用权力，他会一直如此行事，直至受到限制。”② 因此为了限制权力的滥用，社会民众需要能够体现他们意志的法律、法规来限定政府财政活动的适用范围，这便是法治天然的公共属性。

民主与法治是现代财政的内在属性，公共性与二者之间的紧密关系集中表现在作为内在界定，依靠二者的外在显化得以保证并实现。近代中国的财政基

① 肯尼斯·万德威尔德. 十九世纪的新财产：现代财产概念的发展［J］. 王战强，译. 经济社会体制比较，1995（1）：35-40.

② 孟德斯鸠. 论法的精神［M］. 许明龙，译. 北京：商务印书馆，1982：154.

础理论作为租税、预决算、公债等思想的基石，对财政公共性的内核理念的彰显实质上是为构建之后财政学理论体系整体框架所做的铺设。只有在公共性内核理念的驱动下，财政学理论的构架才不至于与彼时的财政实践沦为一谈。当然，站在今天的角度来看待这一时期的财政思想体系构建，其在直接借鉴西方财政基础理论的过程中，缺乏了西方各国争取公共性所做的斗争过程，故而关于公共性方面的论述不论是相较于西方还是相较于今日都过于浅薄。但从整个近代中国财政思想体系的构建过程来看，基础理论对于公共性的坚守有其本身的意义，它既是整个近代中国财政思想体系的对象，亦是财政思想体系的内核，也是衡量整个近代中国财政思想转型成功与否的标尺。

6　近代中国的租税思想与支出思想

6.1　近代中国的租税思想

6.1.1　现代化与三个维度的交错

从西方税收理论的发展过程看，自威廉·配第到大卫·李嘉图，都有过关于税收现代化特征的理论研究，如税收应坚持中性原则、税收不应过分干预经济、构建以收入课税为主体的税制结构等。这些对于税收现代化的界定规范，在西方由农业文明跨入工业文明的进程中，于所属领域内起到了理论法典的重要作用。近代中国是一段十分特殊的时期，在这段由农业社会转向资本主义社会的历史中，西方的现代化理念开始传播开来，并促使各领域的思想都开启了现代化的道路。作为近代中国财政思想转型的重要组成部分，租税思想在近代的各方面因素影响下也踏上了探寻现代化的轨道，并呈现出较强的时代进步性。

6.1.1.1　现代化的界定

近代中国的租税思想集中反映于税制现代化过程中，因此，要对这一阶段的租税思想进行分析，就不可避免地要对税收现代化进行界定。而要先界定税收现代化，便不得不先对现代化进行界定。现代化是一个十分宽泛且复杂的概念，最初的现代化理论多是从历史视域对其加以概述的。如美国史学家布莱克（C. E. Black）在其《现代化的动力》一书中提出用传统性与现代性的互动关系去分析现代化，并认为现代化是传统的制度和价值观念不断适应现代性所提的要求的功能体现。穆尔（W. Moore）则认为，现代化就是在经济上走向富强，政治上日趋稳定的社会总体过渡，而促使这些方面发生的就是工业化。这也是目前理论界主流的一种观点，即认为现代化的实质就是工业化。

我国最早研究现代化理论的学者是北京大学历史系罗荣渠教授。从他对现代化的理解来讲，现代化有广义与狭义之分。广义上，“现代化作为一个世界性的历史过程，是指人类社会从工业革命以来经历的一场急剧变革，这一变革以工业化为推动力，导致传统的农业社会向现代工业社会的全球性的大转变过程”。狭义上，“现代化又不是一个自然的社会演变过程，它是落后国家采取高效率的途径（其中包括可利用的传统因素），通过有计划的经济技术改造和学习世界先进，带动广泛的社会改革，以迅速赶上先进工业国和适应现代世界环境的发展过程”①。这里所说的工业化，其实并不单单指欧洲18世纪的工业革命所引领的工业化过程。更多的是在经济领域，相对于传统的前工业化社会（即我们常说的传统农业社会）而言的。在此比较对象下，现代化的标志主要是指从传统的农业社会向现代工业社会转变的过程。其他的现代化观点，或者从社会学、心理学的角度来考察，认为现代化就是价值观念、生活方式等方面的改变过程，或者从语言学角度来分析，认为其既是时间尺度，更是一种价值标准，如此等等。其实这些看法都并非相互对立的存在，甚至有相辅相成、互为呼应的内容，更多的区别主要是所站的立场和秉持的角度不同而已。但无论如何，不管学者们对于现代化中“现代”的看法有何差异，对于“化”的理解却基本一致，即客观存在的变化的基本方向和变化的必要性。

6.1.1.2 税收现代化的界定

基于以上内容，本书认为，若不依某一学科的线索采取特定的角度对其加以讨论，是不可能对其有一个合理的描述的，对近代中国税收现代化的考察同样如此。从西方税收思想的发展过程来看，自威廉·配第到大卫·李嘉图，都有过关于税收现代化的特征的阐述，如税收应坚持税收中性原则、税收不应过分干预经济、构建以收入课税为主体的税制结构等。以他们的阐述来看，一个国家的税收现代化主要反映在税制结构模式、管辖权等方面。以上西方学者为我们考察税收现代化提供了多方面的视角，但是由于大部分阐述本意并不集中于税收现代化，因为也未能形成规范研究结果。

而纵观目前我国诸多关于近代经济史、财政史的研究，“税收现代化”的提法已然不少，却几乎没有相关研究者专门就“税收近代化”做出界定。直至《近代中国税收现代化进程的思想史考察》一书通过世界税收发展史、税收理论的发展、税法原理的角度对税收现代化进行了界定，进而提出了税收现代化的具体规范：首先是税收法定，即税法需通过立法程序，而税收立法权也需掌握在国家立法机关手中；其次是中央与地方在税收问题上处理好财权与事

① 罗荣渠. 现代化新论［M］. 北京：北京大学出版社，1993：16-17.

权的问题；再次是税种的布局应处理好效率与公平的关系；最后是整体税制改革目标模式方面，应以现代的直接税（所得税）为主体税种，以间接税为辅助税种，并辅之以财产税和社会保障税。另外，税收征管虽然只是程序上的要求，但是也可以成为税收现代化的考量内容①。

6.1.1.3 围绕三个维度的发力与演变

上述著作针对税收现代化所提出的四点具体规范，为我们研究近代中国税收现代化问题清晰地刻画出三大板块——税收制度、税收管理、税收政策。这三大板块的发展与演变构成了近代租税在各个方面的现代化进程，也为我们详细分析这一时期税收现代化提供了足够清晰的标的物。除此之外，本书租税论还从夏国祥《近代中国税制改革思想研究（1900—1949）》一书获益不少，该书针对近代税制改革思想演变有开创性研究，分析的对象涉及税制结构、税收管理体制、税收征管制度及具体税种的制度构成要素②。基于上述著作的结构设计，本书借鉴相关视角及内容，在分析近代中国租税思想时，从税收制度、税收体制、税收管理三个维度进行阐述。

1. 税收制度的维度

近代中国的税收思想在现代化道路上的一个至关重要的内容便是改革税制。不可否认的是，如同虞和平先生对中国近代化史研究分析的那样，“传统因素既是中国现代化的前提和基础，也是中国现代化的国情所在”③。清末民初的税收实践是在传统的旧式中央集权税收制度基础上起步的，但是事实上这一时期旧式中央集权税收制度已经几乎毁坏殆尽。因此在近代税收制度由旧式税收体制不断向新式税收制度转型的过程中，税收思想依旧需要对旧式税收体制加以考量，以便与新式税收制度做完备的比较。另外还需要提到的是，近代中国四个时期内的税收制度转型在“旧”与“新”的关系中相互交织，这也是税收思想在实践中的现代化表征。

2. 税收体制的维度

抛开历史上的少数时期，中国向来是以中央集权制度对国家进行管控运行的。具体到财权领域，便是中央掌控并支配着所有的财权，地方不允许拥有独立的财权。这一状况在近代的中央与地方关系中发生了变化，具体到税收领

---

① 付志宇. 近代中国税收现代化进程的思想史考察［M］. 成都：西南财经大学出版社，2010：23-24.

② 夏国祥. 近代中国税制改革思想研究（1900—1949）［M］. 上海：上海财经大学出版社，2006：前言（6）.

③ 虞和平. 关于中国现代化史研究的新思考［J］. 史学月刊，2004（6）：6-8.

域，便是税权的划分问题。可以说，中央与地方的关系是现代化进程中极其重要的一对关系。

3. 税收管理的维度

如上节讲到的，近代财政思想最重要的一个现代化学理认知在于公共性的体现。这种具有公共性认知的财政在政府与商民的税收关系即税收原则、税收征管等方面，会散发出诸多社会关系的现代化特征。

综上所述，透过这三种关系在近代的发力与演变，并协同考察理论与实践的相互关系，我们可以从更为立体的角度考量近代中国租税思想的现代化转型。

6.1.2 清末民初租税思想三个维度的现代化考量

6.1.2.1 时代背景

1. 西方租税思想进一步传播

清末民初，在时局转变的时代环境下，中国传统的财政思想逐渐退出历史舞台，取而代之的是迅速被引进的西方经过几百年历程所形成的财政制度及思想的相关成果。这一思想领域内的变革程度在五四运动之后表现更甚。首先是租税思想著作。胡寄窗在《中国近代经济思想史大纲》一书中统计，1911—1927年间共出版了156部经济学方面的著作。结合《民国时期总书目1911—1949（经济）》中的租税思想著作进行统计，北洋政府时期共有35部租税思想著作出版。尽管两个统计源存在差异，但是依旧能看出租税思想在这一时期经济类著作中占比较高。同时，这一阶段的租税思想著作相较于清末时期有一个较大特点，即国人自撰的比例明显高于翻译本，并且就租税思想当中某一范畴进行单独著书的数量不在少数。尽管这一阶段的著作大部分存在“述而不作”的问题，连陈启修都坦言其《财政学总论》在财政学史上尚属“未成品”①，但不可否认的是，这一时期租税思想整体传播水平有较明显提高。此外，北洋政府时期的租税思想在国内的传播阵地更为广泛了，这主要得益于财政学教育的整体提高，并且借助各类媒体、团体的传播阵地，传播西方财政思想的学者和人才群体日益增多。

2. 税收实践进一步深入

民国初期，刚刚从清朝政府手中接过烂摊子的北洋政府当政。此时国内军阀割据混战造成全国分裂，中央集权财政体制也早就毁坏殆尽，如此种种造成

---

① 陈启修. 财政学总论［M］. 上海：商务印书馆，1924：1.

其在财政上的窘迫较前清有过之而无不及。杨荫溥评价北洋政府“专靠内外债和银行借款为弥补手段的财政”①，其财政之困难可见一斑。但是无论是出于自身财政状况还是为了粉饰共和政体，这一时期的财政实践尤其是税收实践依旧做出了一些改革的措施。其中尤以 1912 年出台的《整理财政总计划书》为代表。这份计划书以及之后历任财政部总长所提出来的相关财政改革方案，都主要集中在税制改革和建设方面。这些改革的成效暂不评论，但是都给这一时期租税思想的发展提供了现实依据。

3. 对当时租税弊端的批判

由于这一时期西方财政思想基本上已经在国内普及，在面对中国令人痛心疾首的租税问题之后，不少学者开始结合中国现实问题进行探索。中国租税的总体状况自然是不言而喻的，几乎完全与西方租税思想所提倡的税收原则背道而驰。因此学术界首先要思考的问题，就在于找出中国租税的弊端并加以批判分析。

首先，批判较为集中的一个方面是税制严重违反公平原则。针对这一点，许多学者都从各个角度指出了弊端。晏才杰和胡已任皆认为税率轻重的设置造成了穷人更穷、富人更富的局面；马寅初从田赋的角度举例，认为征税标准仅以田地为标准在新时期下已经无法适应，缺乏一致性。

其次，税制极其混乱。晏才杰痛批此弊端，认为税制集中表现为重复课税、毫无系统性且混乱不堪。以田赋为例，就存在耗羡、串费、带征、随捐等名目。这些问题不仅存在重复征税，而且不分新税还是旧税，国税还是地税。总而言之，各种名目的租税混乱不堪，造成了我国虽然税率不高，却使民受其苦。

再次，税制缺乏伸缩空间。马寅初对税制这一弊端表示了担忧。在他看来，这个作为国家税的第一要素，一旦国家有何紧张局势比如战事，需要相关税种可以随时增加的话，目前的税种如关税、盐税、烟酒税等皆无一具备此功能。可以说，马寅初所指这一弊端是针对当时中国内忧外患的时局所提出的较为现实的问题。

最后，严重违背国家经济原则。所遭批判的点在于当时的关税及厘金，一个税种致使中国税制缺乏自主权，另一个则是前朝遗留下来的恶税，都严重违反了国家经济原则。以上税制的种种弊端，也成为清末民初财政学者在租税思想中集中探讨、研究的领域。

---

① 杨荫溥. 民国财政史 [M]. 北京：中国财政经济出版社，1985：14.

6.1.2.2　税收制度维度的现代化初探

1. 税制改革目标模式的理论设计

清末民初，由于传统的税制体系存在诸多弊端，税制改革刻不容缓。一些学者因此为税制改革建言献策，首要的便是改革的原则。其中，尤以晏才杰提出的“公平”“内审国情、外采成法”“循序渐进”原则受到学界一致认可。晏才杰这三点原则建议既坚守了学理要求，又较为清晰地认识到改革所处政治、经济等环境的重要性。而具体到学者们对于税制改革目标模式的理论设计，如下几位重要学者的思想较为全面。

（1）晏才杰的整理税制思想。晏才杰的租税思想较为全面，在他整理税制的思想中，首先，对于间接税，他认为占比太重而直接税占比太轻，但间接税一时之间降低的难度较大，则应该酌情增加直接税的比重，消除二者之间较大的比重差距。其次，对于直接税内部，他指出过分偏重田赋，在其他税普及之前，税负集中在地主的收入上，资本家、房主收入却不在课税行列，严重违反了公平、普及原则。在“行政机关尚未完备，调查殊属困难”的情况下，晏才杰建议先实施特种所得税。再次，关于间接税内部，他觉得关税种类过多而又税率太轻；盐税不可操之过急；整理各类苛捐杂税以减轻工商业税负。最后，在行为税方面，认为契税应效仿别国改成登录税；印花税作为良好税源应保持简洁种类且低税率。晏才杰为此还设计了税制整理的具体步骤：先行第一步更置旧税，然后制新税以换旧税，同时并开征前文所提到的特种所得税。再行第二步将田赋划归地方所有，调节国地税收不均以助地方自治；间接税着重提升关税、奢侈品烟酒税率，并推广印花税、登录税；直接税新设遗产税、通行税等。通过这两步，以期达到“税目既甚简单，课税亦合于公平普及之原则”① 的目的。纵观晏才杰的改革方案，系统性的税种配置，在始终坚持公共性原则的同时，又向当时所处政局环境做出了一些妥协。这是当时很多财政学者的共性，体现了时代局限的无奈。现将晏才杰的税制改革步骤以图 6-1 及图 6-2显示如下。

① 晏才杰. 租税论［M］. 北京：新华学社，1922：23-24.

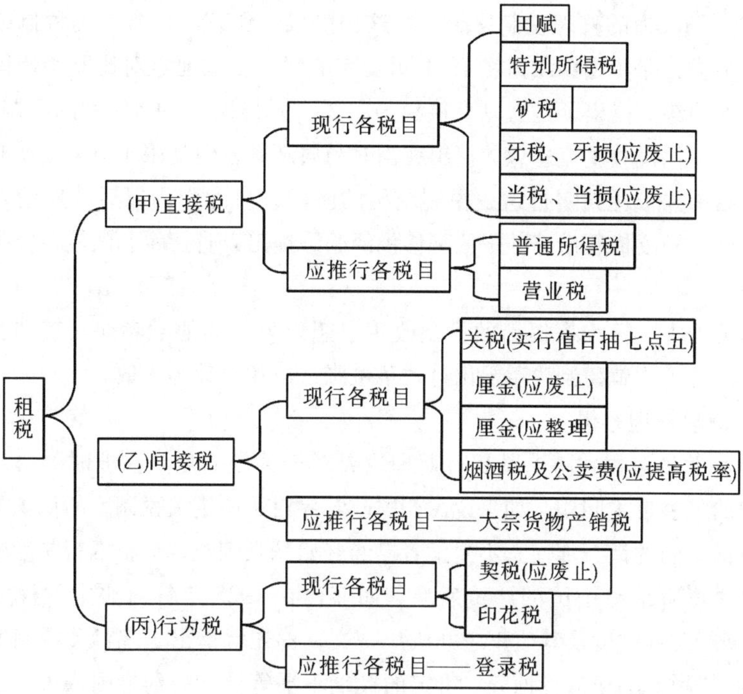

图 6-1　第一期改革租税系统图

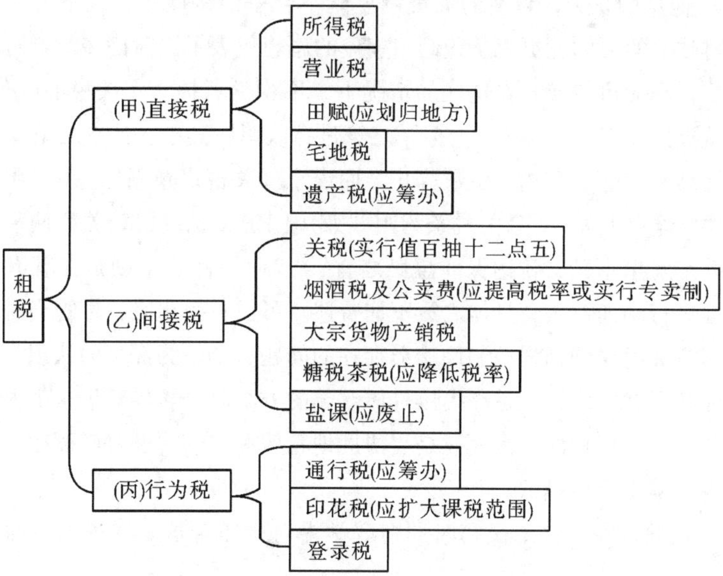

图 6-2　第二期改革租税系统图

（2）杨汝梅的整理税制思想。在这一阶段，还有一位学者的税制改革思想不得不提，那便是杨汝梅在1925年发表的观点。他通过对比欧美诸国家税制发展的趋势，提出了建立以直接税为主体、所得税为主体税种的税制建议。这种契合现代税收主流思想的提出在当时尚属新颖，但受限于清末民初时期整体经济结构并未达到实行这一税制结构的阶段，只能作为以后政府的发展目标。此外，杨汝梅还借鉴外国的奢侈税经验，提出以直接税和间接税分类征收奢侈税。

除晏才杰、杨汝梅提出的税制改革思想以外，其他学者如马寅初、胡己任、侯厚培等均就税制改革提出过改革主张，但相对较为零散。

2. 旧税整理思想

（1）关税自主。清末民初时期理论界对于关税的焦点在彼时的协定关税制度下的关税自主问题。如果说民初财政学界对于协定关税制度的认识与清末时期有何不同的话，那便是不少学者已经开始深入细致地分析现行制度中种种不合理情形所带给中国的严重后果。如盛俊在1925年针对协定关税发表了《中国现行关税制度及其改正之办法》一文，首先就指出了现行关税制度的七大弊端："税率一律值百抽五、协定的极端不平等性、商约诸国皆可协定、协定范围无所不包、关税协定僭越内地税、关税行政权旁落他国、修改税则期限过长。"① 他从而认为，目前的关税制度既不合乎经济政策，也不合乎科学方法，而财政上的目的就更无从谈起。盛俊的思想代表了当时诸多学者对于关税的痛心疾首和无可奈何。在这样的情况下，不少学者提出了关税的改革方案。贾士毅就提出要以"治本""治标"之策进行改革。其中，治本之策在于"要求畴昔缔结不平等之商约，悉数废止，而谋全部关税之革新"，并"照东西关税通例协定全部新章"。新关税条约则"兼用国定关税及协定关税两种，而协定关税并采互惠主义，蕲达保商惠民之旨"②。而治标之策则是在现有的局面下与列强进行沟通商议，具体之策不加赘述。可以看得出来，尽管当时财政学界对于当时关税受到列强控制而畸形存在的问题有了较为深刻的认识，也对于问题的症结了然于胸，但是在提出具体改革的方案时，学界对于这个根本原因的解决是不抱有期望的，因而只是妥协性地希望在与列强友好磋商后将关税协议的不平等程度降至最低。

（2）裁厘加税。清末民初时期财政学界对于厘金这一恶税的裁撤问题的

① 盛俊．中国现行关税制度及其改正之办法［J］．银行月刊，1925，2（22）：3-4.

② 贾士毅．关税问题之商榷［J］．财政月刊，1918，5（59）：5-8.

讨论主要集中在裁撤厘金之后以何税抵补厘金收入的损失。厘金的不合理性在此时已经成为共识，而关于其替代税种，学界说法不一。有主张提高关税税率并开征产销税的，如晏才杰便有此主张。他将裁厘分为三步，有序地将关税税率从7.5%增至12.5%，并开征营业税、产销税、出厂税从而抵补厘金损失收入。此外也有提出置办新税如营业税等抵补厘金的。对于学界的争论，刘大均指出，裁厘的首要任务在于先对厘金进行界定，只有进行界定之后，找出厘金的问题出在什么地方，方好使新税种依据问题所示进行有效抵补。故而他认为，厘金的弊端在于重复征税，而不在于其所属税种的缘故，采用新式货物税，并在征收过程中坚持名目清晰、税率统一、征收有据的原则，就可解决厘金的这一问题。可以说，刘大均清晰地看到了裁厘症结所在，而后南京国民政府的裁厘改革也正是依其思路开展的。

（3）盐政改革。就1911—1927年出版的租税类著作而言，这一时期关于盐政的理论及实践问题讨论是最多的，共有19篇，占总租税著作的一半以上，可见当时学界对于盐政的讨论热点居高不下。这也主要是缘于此时盐税收入逐渐成为财政收入的大宗。而财政学界对于盐税的关注主要在于引岸制和盐商专卖，就盐政改革提出三种方案，分别是无税制、就场征税制、专卖制。经过不断讨论，最后普遍认为就场征税制既符合国情，又节省成本，得到了普遍认同。

（4）田赋改革。此时期财政学界对于田赋问题的讨论，集中于批判其严重违背公平的原则。晏才杰曾专门出版《整理田赋理由书》，列陈田赋因阶级之别、时代之别、计量之别、清查不及、田亩等则变化五个方面违反公共原则的弊端。因此他提出田赋治标在于改进从机构到规定的田赋制度，治本则在于清丈土地。

3. 新税构建思想

引进新税种，构建新税体系是中国税收现代化进程中极其重要的一步。北洋政府建立初期就曾在《整理财政总计划书》中明确提出要推行“更新税制”的计划，由此开始了根据西方财政理论构建新税体系的历程。这一时期的学界一方面承担了向国内传播、教育现代财政理论的责任，另一方面又积极参与到具体新税体系构建的实务当中，对其创建或改善进行了理论探讨。

（1）所得税。所得税是时至今日依然在世界各发达国家（地区）占据重要地位的税种，因其公平、弹性、普及等因素而被公认为良税。中国税收走向现代化是与建立起所得税为主体的直接税紧密相关的。故而在清末时期，就有开征所得税的相关筹划。等到北洋政府成立，一方面理论界对于所得税这一新式“良税”进行了足够的传播和普及，另一方面政府也希望以所得税为始，引入新税体系以增加财政收入，故而1914年《所得税条例》率先公布。财政学界也对其实施进行了诸多有益的探讨。由于属于新型税种，这一时期学界对于所得税的探讨主要集中在所得税的税率、课税方法、课税对象等方面。对于税率的设定，累进税率成为当时的普遍观点。如士浩所言：“累进税法之于所得税，殆有不可离之关系，否则所得税公平辅导之优点，难以充分发挥。”① 由此可见，当时学界基于公平原则对所得税的施行抱有极大期望。因此，对于课税对象，学界也大多秉承“厚取于有产阶级，而薄取于无产阶级”② 的理念，故而对《所得税条例》没有具体区分勤劳所得和财产所得、最低标准过低等方面提出批评。在课税的技术方法方面，学者们就课税采用溯源法还是总额法进行了分析，马寅初、士浩等人皆以溯源法适宜国内情况而认可之。由于这个时期所得税仅颁布了条例而未施行，尤其探讨观点大部分尚不能通过实践检验，相关理论思考还待进一步深入。

（2）遗产税。遗产税由于较为符合公平原则，因此也被学界视为良税，从而时常被学者们主张开征。1915年夏，北洋政府出台了《遗产税条例》。虽然与所得税一样未付诸实施，学界依旧对其进行了积极的理论探讨。这些探讨主要集中在宣传遗产税的益处和开展的难处。侯厚培就从伦理利益、社会利益、财政利益三个方面展开论述，是为当时对遗产税最为全面的概述。《遗产税条例》的难以实施也让学界看到开展的难处，不仅调查统计较难，而且传统习惯影响甚大。因而侯厚培提出需要逐渐破除这种障碍，以行政手段辅助征收方可以达到成效。可以看出来，此阶段遗产税思想还较为初级，尚未涉及具体操作层面，不过依然在基础层面为下一步深入推进做了有益的理论探索。

（3）营业税。营业税在清末民初财政学界被寄予了较高的期望，除却营业税本身能“期人民负担之公平”③ 的优势，不少学者认为营业税是取代厘金的最适宜的一个税种，因而对于营业税提出了很多建设性的意见。如晏才杰认为，未来开征营业税的话，应取消违反公平原则的纳定额税方法，并废除重复征收的牙税、当税，还要依民众文明程度循序渐进，从“外标法”过渡到“查定法”。

（4）其他新税。除了上述新税以外，北洋政府时期开设的印花税、通行税、登录税等皆受到学界的关注。尽管这些税种大部分并未顺利开征，但是学

---

① 士浩. 所得税施行之必要及其应注意之点［J］. 东方杂志，1920（17）：111.

② 徐沧水. 所得税条例改正问题［J］. 银行周报，1920（4）：22.

③ 晏才杰. 租税论［M］. 北京：新华学社，1922：730.

界基于西方财政理论并结合中国国情提出的关于新税开征及完善的各方面建议，为下一步的中国税收现代化做出了较为重要的贡献。

6.1.2.3 税收体制维度的现代化初探

进入中华民国时期后，各地军阀混战，截留税收，北洋政府急需通过国地税划分增强对地方的掌控。1923 年，北洋政府将国地税的划分写入《天坛宪法》，尔后又在这个基础之上发布了《整理全国税制计划书》。虽然计划书因为曹锟下台而未能实施，但是其对国地税的划分较为概略，并引发了学界将更多注意力投注到划分问题上。学界对此进行的交流与争论催生了不少国地税划分的思想成果。

马寅初认为这份国地税划分计划书既有值得肯定的一面，也有需要商榷的一面。如中央与地方的财权与事权并不对等；对于省和地方（县）的划分并不明确，应进一步根据实际情况处理省与县的税种划分，如田赋划归县，契税等划归省。马寅初在这里所提出来的中央、省、地方（县）三级制的税收划分模式对地方政府也加以考量，受到学界的普遍关注，并引起了其他学者之后对这一问题的重视。

除此之外，陈启修也就国地税划分提出了自己的“便利主义说”。他的思想较为简单，完全从税收征收的角度出发，认为只要是方便于国家进行征收的税种依数皆收入国家税范围之内，而方便于地方团体征收的税种则一概编入地方税。他的划分标准虽然看似简单，但事实上将很多国地税之间存在的矛盾又集中到“便利”的角度上了。

6.1.2.4 税收管理维度的现代化初探

清末民初学界对于税收管理（也称税务行政）制度也颇为关心。如晏才杰所言“税制之整理，非改良租税行政不足以副其成”，“非改良租税行政且无以图其始”①，把税收征收管理作为税制改革的前提和重要条件。当时关于税收征收管理的思想，以尹文敬和晏才杰的观点得到较多人的接受。

尹文敬关于税收征收机构的思想：首先关于税收监管机构，他认为在当时国、地税进行划分之后，监督机构也应有所区分。中央国税由财政部监督，地方上则设财政厅作为省税的监督机关，此外各地另设分机关加以监督。其次关于征收机构，他依旧认为宜从国、地之区分设征收机构，并为关税、盐税类似特种税设立专局。最后也是最为重要的库款机构，他认为传统的征收机构和库款机构容易造成各种弊端，有必要将其区分开来，另设专门的金库收纳款项

---

① 晏才杰. 租税论［M］. 北京：新华学社，1922：32-33.

职能。

晏才杰通过介绍税收征收的三种沿袭传统方法：包税法、委托自治团体征收法及国家自行征收法，指出了当时中国的“国家自行征收法”存在给予征收官吏巨大操作空间的弊病，并由此提出了遵循于民便利、节省征收费用、痛绝贪污寻租、培养自觉意识四个方面的原则。同时，在税法建设方面，建立特殊征收法与普通征收法的完备税法体系。可以看出，这一时期关于税收征收管理方面的思想已经立体化，全面覆盖了实践中的各类问题。

6.1.3 国民政府前期租税思想三个维度的现代化考量

6.1.3.1 时代背景

1. 租税思想广泛深入传播

租税思想在清末民初时期已经得到进一步的传播，到南京国民政府前期，即 1927—1937 年间，租税思想继续得到广泛深入传播。仅就此时期的租税出版物而言，根据《民国时期总书目（1911—1949）经济》中对租税领域内出版物进行统计，共有 207 本相关著作出版，相较于北洋政府时期的数量增长了将近 6 倍，同时据统计，国民政府前期所刊行的财政、税收类期刊有 44 种。如图 6-3 及图 6-4 所示，自 1932 年开始，租税出版物开始快速增长，直至 1936 年达到高峰，在 1937 年抗日战争全面爆发后开始减少。并且在这些著作中，译著类专著已经非常少见，取而代之的是国人通过学习西方租税思想并结合国内实际情况自撰的出版物。

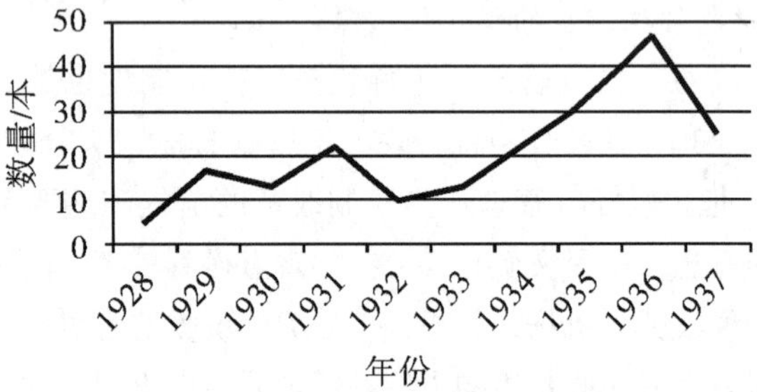

图 6-3 国民政府前期租税类著作

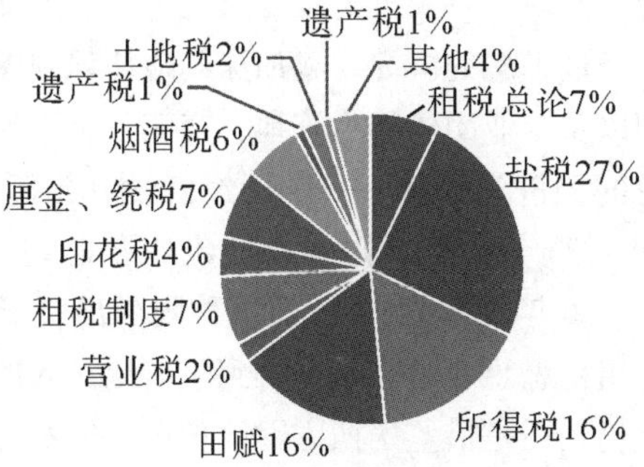

图 6-4　国民政府前期租税类著作类别及占比

同时，如表6-1所示，对于租税思想内部某一范畴进行单独著书的数量越来越多，大有围绕租税总论开枝散叶的趋势。同时全国各省份甚至有的地方都有相关租税类期刊开始发行，对盐税、统税、营业税等税种专门设刊的现象开始出现。这说明前一阶段的著作、期刊出版物已经满足不了国人对于西方租税思想进行学习和交流的需要了。

表 6-1　1927—1937 年出版财政税收类期刊一览表

年份	出版财政、税收类刊物
1927 年	《财政月刊》《财务月刊》《福建财政月刊》《税务月报》
1928 年	《财政日刊》《财政公报》《全国财政会议日刊财政旬刊》《关税问题》《北平税务监督公署税务月刊》
1930 年	《税专半月刊》《山东财政公报》《安徽财政公报》《上海财政》《广东财政特派员公署财政月刊》《江苏财政公报》《贵州财政月刊》
1931 年	《河北财政公报》《湖南财政汇刊》《浙江省财政统计》《河南财政汇刊》《北平市营业税特刊》《税务汇报》《盐务月报》《统税公报》
1932 年	《财政经济汇刊》《山东财政旬刊》《陕西财政旬报》《广西财政季刊》《察哈尔财政月刊》
1933 年	《财政部印刷局月刊》《河南省财政统计月刊》《冀察热区货物税通讯》
1934 年	《各省财政收支统计》《盐务汇刊》《江西财政公报》《绥远财政季刊》《云南财政月刊》
1935 年	《贵州财政月刊》
1936 年	《财政研究》《税务公报》《四川经济》《广州市财政统计》《浙江财政月刊》
1937 年	《四川省营业税局月报》

此外，在教育及学术交流领域，随着国内高等教育的发展以及留学教育尤

其是留美教育的盛行，涌现了一大批财政专家及人才。这批专家和人才在西方财政理论的基础上，经过思想的沉淀，愈加深刻地认识到国内财政实情，开始广泛地以著作、报刊以及专业团体作为阵地，交流、讨论他们对于财政问题的见解。以当时最专业的经济学团体——中国经济学社出版的财政类出版物为例。学社虽然成立于 1923 年，但是财政类的出版物总共有 12 种，其中只有《关税问题专刊》是 1926 年发行的，剩余 11 种则皆出自于此时期内。可以看出，财政思想尤其是租税思想在这一时期得到了广泛深入的传播。尽管此时的财政思想很大程度上仍然还是借鉴了西方财政理论，但不可否认的是，中国整体的财政思想是沿着税收现代化的脉络不断深化的。

2. 税制改革深入开展

南京国民政府时期，全国各地名义上获得了统一，国内局面相对稳定。在此情形下，国民政府有限的财政收入与庞大的财政支出形成的财政赤字不断增长。在财政状况依然难以好转的情况下，国民政府开始了一系列的财政改革实践。在 1928 年和 1934 年两次全国财政会议后，先后采取了国地划分、创立新税体系、裁撤厘金、收回关盐税自主权、改革预算制度、进行币制改革、废除苛杂等一系列的财政改革措施。就税制建设而言，截至 1936 年底，已经初步建立起了以关、盐、统税为主体框架的国家税收体系以及以田赋、营业税、契税为主体框架的地方税收体系。在税制改革实践的深入开展下，税收现代化也已逐渐成型，而同时期的税制改革思想一方面成为税制改革的理论支撑，同时也在税制改革推动下向着现代化思想深化。

3. 对当时税制弊端的再批判

从税收现代化的角度来讲，清末民初的税制几乎是乏善可陈的。在北洋政府十余年内对税收现代化进程的摸索当中，各种弊端虽然经由学界的条条批判而昭昭在目，但是思想对于税收实践的完善作用毕竟是有限的，尤其还是处在当时极端无序中的北洋政府。过渡到南京国民政府时期后，历经一系列的财政改革，国家的财政面貌尤其是税制面貌有了较大改善。但是在这过程中依然存在不少弊端，一则是从过往税制承袭下来，二则在税制改革过程中新生出来。因此，学界对于当时税制的批判从未停止过。

孙怀仁在其专著《中国财政之病态及其批判》中主要就政府对于税制的不作为进行了批判。通过梳理南京国民政府 1927—1936 年 10 年间的重要财政改革计划，孙怀仁对于政府十年之内空有口号的税制改革深感无奈。李锐则针对南京国民政府初期建立起来的以消费税为主体的中央税制结构进行批判。他一针见血地评价此税制“其畸形而不健全之病态，可以概见”①。这样的评价基本上代表了当时财政学界对于税制结构的普遍看法，最一致的观点在于此税制严重违背了税收的公平性。此外，消费类税在中央税制中占比高达95%的税制结构将课税对象面对生活必需品，既无公平可言，于经济也无益处。而就税制进步意义而言，除却裁撤了怨声极大的厘金外，西方业已成功的所得税等直接税并不见推行，改革推行到当时实难言之有何进步，故而学界感到一片失望。与北洋政府时期学界对于税制弊端的批判相对比，不仅显示出这一时期的思想认识更为深刻和全面，同时体现出学界以西方各国先进税制为目标，追求现代化税制的渴望。

6.1.3.2　税收制度维度的现代化演进

1. 税制改革目标模式的理论完善

这一时期，财政学界对于构建西方国家以所得税为主要税种，直接税占主体，间接税为辅助，充分体现税收原则的税制体系有着相当大的期望，但是考虑到现实存在的诸多问题，不少学者在提出税制改革目标的同时，采取了更为妥协的方式，其中最有代表性的当属朱偰分两步走的税制改革方案。朱偰在提出具体税制改革方案之前，直指现行税制的弊端。首先我国税制的缺点就在于没有“人的税”，并且不以负担能力为标准。此外，间接税过多造成了民众税负过重。其次重复征税的税种比比皆是。最后附加税重过正税数倍至数十倍。基于以上的弊端，朱偰一方面根据现行税制弊端一时难以扭转，所得税征收条件也不充分的现实情况，得出税制改革应秉持循序渐进的原则逐步开展，因此在实行“推行所得税时代”之前，先设“过渡时代”渐进实施；另一方面他的税制改革中主要以体现公平性为要旨，同时明确所得税是主要税种的最终目标，并着力取消重复征税税种及沉重的附加税。朱偰的税制改革思想既清楚地分析了目前税制的弊端，又以循序渐进的方针明确提出了未来税制的发展方向，而且最为难能可贵的是，他在过渡阶段所提倡的收益税，将课税对象对准了特殊资产阶级中有负担能力却对国家毫无贡献的群体，较早地指出了近代中国社会的收入分配问题。现将朱偰的税制改革步骤以图 6-5 及图 6-6 显示如下②。

① 李锐. 中央政府近四年来之税制改革［J］. 经济统计季刊，1933，2（1）：60.

② 朱偰. 中国租税问题［M］. 上海：商务印书馆，1936：683-685.

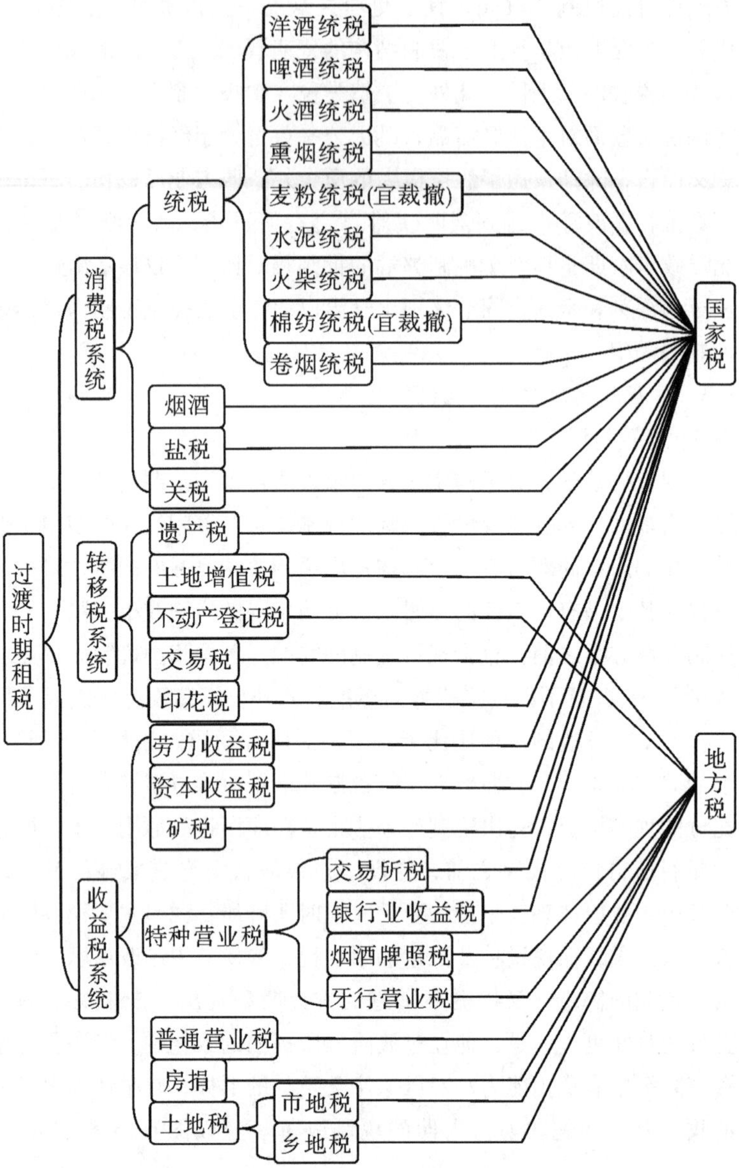

图 6-5 过渡时期租税系统

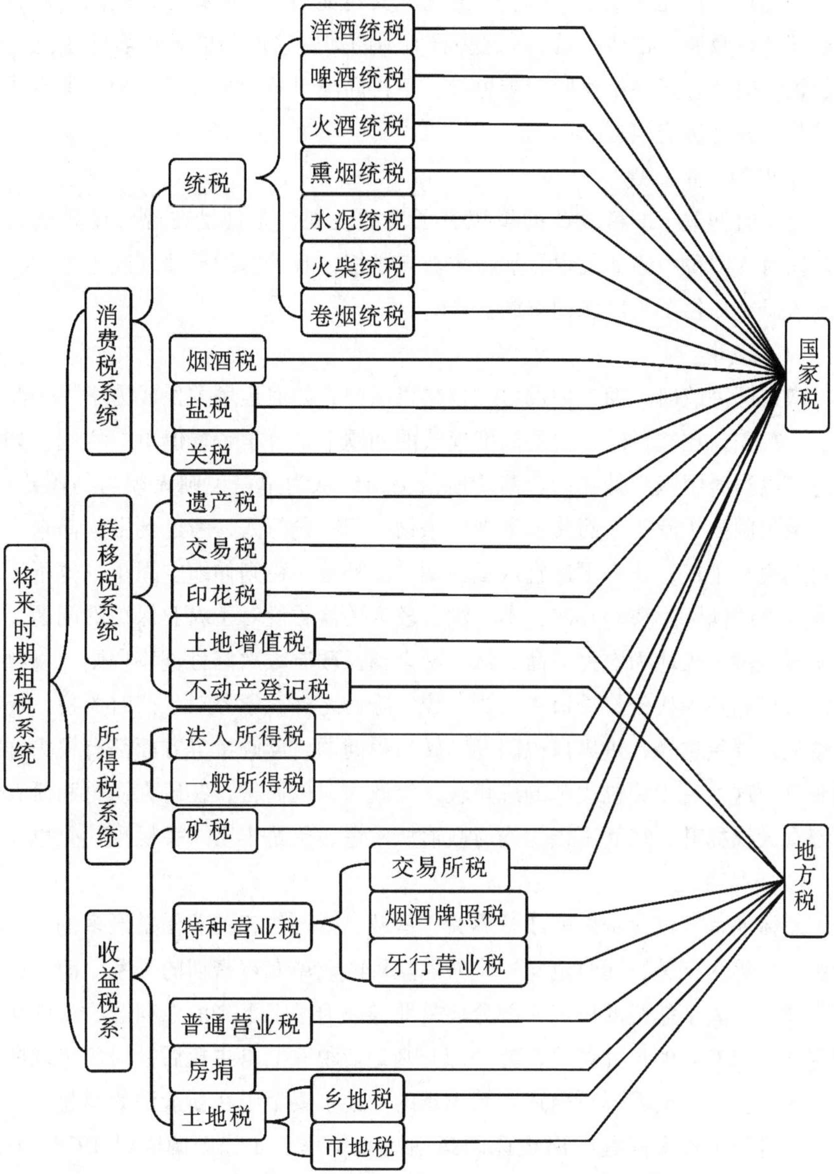

图 6-6 将来时期租税系统

在探讨税制改革目标模式的理论中，有些学者选择抛开税制的维度，从本质问题上寻根觅源，探讨经济、政治对于财政的影响。如罗介夫认为发展经济以开辟财源为永久之计，而政治制度的改善是先决条件；崔敬伯认为经济是财政的治本之策；蔼庐更是直接指出，税率、税制、国地划分等问题都不是关键，关键在于“租税之质”，即“租税之支付能力”。只要提高租税之质，经济原则和财政原则都能受益①。这些看似不同却殊途同归的思想表明了这一时期的税制改革思想开始摆脱固定思维，不再局限于某一个方面，深入考察了财政税收的各种决定因素。

2. 旧税改革思想

这一时期关于旧税改革的思想有了新的发展，尤其是在现代税种建设方面。同时，旧税中诸如关税、盐税重获自主权，有了新的局面，这也为学界进行深入研究提供了更广阔的空间。

（1）关税

南京国民政府时期，关税自主权得以回归，如何运用关税成为学界关注的焦点。首先，在选择何种关税制度模式的问题上，有学者提倡单一税则。如鲍慷志就以当时中国尚处在产业落后阶段为由，认为单一税则无须与他国磋商，可以保护国内工商业。而其他学者如朱偰、胡鸣龙等人，考虑到中国尚未完全获得关税自主权，认为更适宜双重税则，此外单一税则伸缩空间小，也不适应通商频繁的国际形势。其次，不少学者较为关注关税对于农业保护的问题。马寅初就直截了当地为农民请命，认为南京国民政府数次修订进口税则，以牺牲国内农民利益为代价将进口米列为免税。除此之外，学界对于彼时关税，还对从量从价课税选择、进出口税问题、转口税问题、反倾销等方面都有较为详实的研究。这些关于关税改革的思想较北洋政府时期而言，在研究视野和研究层面都有大幅提升，从而不仅为当时政府所参考，更是丰富了关税现代化思想。

（2）盐税

总体而言，近代中国财政学界关于盐政、盐税的相关著作是最多的，这跟盐税历史悠久有关，同时也与这个时期盐税的改革有着密切的关系。南京国民政府前期，关于盐税的思想一部分还是北洋政府承袭下来的老问题，如就场征税制与政府专卖的选择讨论，另一部分则是盐税收回自主权后针对新出现的问题的研究。对老问题不再赘述，新出现的问题主要集中在新盐法的思想上。其中，学者们把很多问题的出现原因指向高盐税率。如陈扬镳通过1929—1936年八年内的盐税相关数据统计指出，盐税高税率直接导致了盐务费增加，致使收效甚微，“可见付出二份之开支，仅得一份之成绩，其得不偿失”②。此外，朱偰还专门提出了整顿盐税的四个要点，由于篇幅原因，本书在此不加详述。

① 蔼庐. 整理税制之出发点［J］. 银行周报，1928（12）：1.
② 陈扬镳. 现行财政之利弊及整理办法（续）［J］. 建言（上海），1937，1（3）：27.

但是可以看出，南京国民政府时期盐税的新局面同样给予学界较大发挥空间。新盐法的制定就包含了诸多学界对于盐政的改革意见，虽然最后因抗日战争全面爆发而未能实施，但是学界对于盐税的思考仍朝着现代化方向不断深化。

(3) 其他税种

财政学界除了对关税、盐税改革进行认识深化以外，还对其他税种如烟酒税、印花税、田赋、契税、苛捐杂税等都有诸多论述。事实上，关于这些旧税改革方面的出版物在南京国民政府初期是占比最高的。这与这些旧税种问题繁多且经久沿袭有着极大的关系，如有关苛捐杂税方面，农民身上就背负有 14 种负担。学者所提出的问题大多相似，因此在此并不多加赘述。

3. 新税建设思想

(1) 所得税

创立以直接税为主体的税收体系是税收现代化的标志，其中所得税的创立在直接税体系中至关重要。南京国民政府初期，财政学界对于推行所得税的呼声日益高涨。而南京国民政府在 1927 年也确实就所得税进行过尝试，颁布了《所得捐条例》，先行对政府公职人员薪俸征收所得捐，以此形式作为下一步开征所得税的过渡。后来在 1936 年又颁布了《所得税暂行条例》。这些举措既促进了学界积极参与所得税的思考，又引发了学界对于相关内容的批评，主要包括征收所得税的可能性与必要性及《所得税暂行条例》中的症结。对于第一个方面，学界主要集中在对南京国民政府所聘请的甘末尔设计委员会提交的《税收政策意见书》① 的讨论上。该意见书认为当时出于所得税性质和中国现状，不适宜采取所得税，最多只能进行局部实验。为此，国内财政学界不少学者就对该结论进行反驳，产生了不同的思想。如秦瓒就通过条陈甘末尔设计委员会所包含的“缺乏资本主义之经济组织”“行政性质上之困难”“租税观念与纳税道德之缺乏”“私人会计知识之不足”“基于特殊外交状况上之困难”②五个开征方面的难点，提出了不同看法。在他看来，以上诸多问题确实为所得税开征增添了巨大的困难，但也可以通过具体的对策应对之，所以提出了局部或者分类开征所得税的看法。事实上这正代表了当时学界的普遍看法：既对开征所得税抱有极大期望，但对于现实诸多问题又需予以考量。如朱偰、童蒙正

---

① 1929 年，受南京国民政府委托，由 13 名美国专家组成的团队来到中国，针对中国财政金融、币制改革方面的问题提出相应政策建议。因其团长为普林斯顿大学教授甘末尔 (E. W. Kemmerer)，因而此团队被称为甘末尔设计委员会。针对当时中国税收方面问题，甘末尔团队向国民政府提交了《税收政策意见书》。

② 秦瓒. 中国施行所得税问题 [J]. 国立北京大学社会科学季刊，1935，5 (4)：326-333.

等学者提出的方案是以收益税暂行过渡至所得税期间的功能，实则无奈之下的妥协。

可以看出，南京国民政府这一时期的学界皆不外乎如此心境。这里尤其值得注意的一点是，国内学者对于甘末尔设计委员会的反驳体现出了国内财政学界结合中国实际情况而进行的独立思考，这与以往一味趋同的学习大不相同。

（2）遗产税

从甘末尔设计委员会对遗产税的征收意见来看，遗产税与所得税的情况大致相同。但是无论是政府的实践还是学界的思考，都获得了相应的发展。北洋政府曾在1915年出台过《遗产税条例》。到了南京国民政府前期，1936年向立法院提交了拟定的《遗产税原则》十项以待审议，但因为抗日战争全面爆发而被搁置。财政学界对于遗产税的研究也从北洋政府时期初步的开征益处和难处认识，上升到对于遗产税制度模式选择问题上来。这也是思想得以不断深化的又一表现。对于制度模式选择的讨论，主要集中于对总遗产税制、分遗产税制、混合遗产税制的选择上来。当时较为主流的学界观点认同分遗产税制，因其体现了一定的公平性。而选择其他两个制度的观点主要在于其形式简便。对此，蔡如海评价道："贪图手续的简便，牺牲公平，决不是完善的赋税政策。"由此可见学界对于公平原则的重视。除此方面的思考以外，许多学者还在遗产税实行前准备工作、遗产税用途、征收方法等诸方面深入分析本国国情并加以建议，在此不再赘述。

（3）统税

统税是1931年南京国民政府实行裁厘为抵补损失而新征的消费税。在开征之初，统税被很多学者看成关税日益减少的重要递补部分。如穆惠瑜认为，关税是极其靠不住的一项税种，一旦出现意外，统税的地位就显得更加重要。但由于是一项新税，统税的卷烟、棉纱、麦粉各项内容在税率、行政方面存在诸多问题。如李锐认为卷烟统税的税率级别太少，不仅不利于民族工商业发展，还违反了公平性原则。

6.1.3.3 税收体制维度的现代化演进

南京国民政府前期，中央与地方的税收划分问题再次成为政府及财政学术界的焦点。1928年，南京国民政府颁布标准案，进行国地税收划分。不少学者就此发表自身见解。李权时在其专著《国地财政划分问题》中首先对于国地划分的有益性进行了概述。与很多学者仅讨论财政方面的影响不同，李权时从分工论角度论述国地划分对于政治改革、人才流动、地方竞争等方面都大有益处。其次他提出，针对地方承担的事权较多而财政收入较少的情况，应建立补助金制度，一方面是合乎税收负担公平的原则，另一方面还有利于调和集权与分权，因此十分有必要。此外，当时学界对于补助金的标准意见尚有分歧。李权时认为无论是以人口、疆域还是不动产的估价为标准，都不合乎税收负担公平的原则。最后，他提出对省级以下的县级财政要继续进行划分，甚至提出省、县、市、乡四级地方政府的收入与支出方案，可见其意识到了当时各级地方政府所存在的“叠床架屋”① 的弊端。南京国民政府初期的国地税划分所涉及的方面甚广，但是依旧在很多方面未能予以考虑，如上文提到的省级以下地方政府的财政划分以及具体的税种划分。对此，许多学者从民国初年就开始就这些被遗漏的问题提出建议，如马寅初对省级以下财政划分的观点。1935 年，南京国民政府颁布《财政收支系统法》，重新修订并确立了三级政府划分标准，是政府对于学界思想成果予以采纳的较好例子。

6.1.3.4 税收管理的现代化演进

这一时期，无论是从思想界还是从政府的角度而言，都对税收征管思想有较突出的作为。南京国民政府前期实行的联综组织及超然主计制度对于税收行政而言，是一个十分创新的做法，本书在此不详细展开，后面另设章节加以研究。而这一时期的税收征管思想则主要是对税务行政及包税制度的系统研究。

首先是在税务行政方面，南京国民政府初期曾经有过对混乱税务进行行政整顿的措施，也取得了一些成效，但是其问题依旧十分严重。不仅政府开支增加、效率降低，于商民也是毫无便利可言。此外，征收官吏也存在素养较差、徇私舞弊的状况。对此，陈扬镳提出了他的两点看法：税务行政方面从税务机关、税务手续着手，将重复机构、手续一一删除以理顺税务系统；对于征收官吏，则要加强对机关的稽查并严格执行官吏的奖惩措施，从人员引进的源头把控素养水准。其次在包税制方面，由于此制度古来有之，所产生的问题积重难返。在南京国民政府时期，包税套上了投标的民主外衣，在一定程度上促进了财政收入的增长，但其由包商、官吏所形成的利益关系阻碍了税制改革，对于现代化征收体系的改进而言是一个障碍。财政学界的学者纷纷建议以官征制取代包税制。

6.1.4 国民政府后期租税思想三个维度的现代化考量

6.1.4.1 时代背景

1. 租税思想曲折传播

南京国民政府后期，国内先后经历抗日战争和全面内战。在这一阶段，时

---

① 李权时. 国地财政划分问题 [M]. 上海：世界书局，1929：100.

局非常动荡，财政思想的转型较为曲折。以此时期的租税出版物而言，根据《民国时期总书目（1911—1949）经济》对租税领域内出版物数据进行统计，共有217本相关著作出版。按照前一段时期的出版速度，本应该持续增长的出版物，与南京国民政府时期相比几乎没有变化。而据统计，国民政府后期所刊行的财政、税收类期刊有32种，与初期相比甚至还有下降。如图6-7及图6-8、表6-2中所示，租税类出版物的两个最低值皆在抗日战争中及全面内战前后，可见战争对其影响甚大。同时在这些著作中，对于税收基本原理的研究已经非常少，取而代之的是具有极强功利性的战时及战后税制建设问题研究。

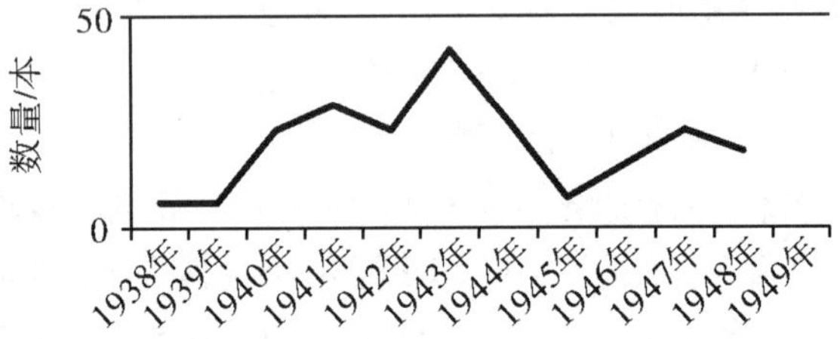

图6-7 国民政府后期租税类出版物

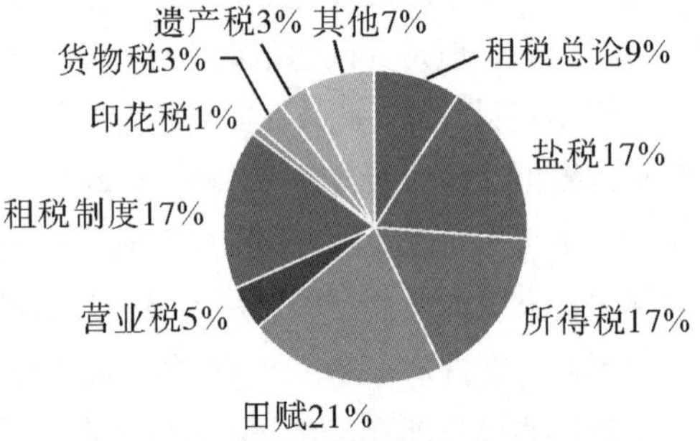

图6-8 国民政府后期租税类出版物类别及占比

表6-2 1937—1949年出版财政税收类期刊一览表

年份	出版财政、税收类刊物
1938年	《财政统计》《租税研究》《四川省营业税局月报》
1939年	《财政评论》
1940年	《财政部公报》《湖北财政通讯》《税务通讯》《厚和税务监督署署报》
1941年	《直接税月报》《海关进出口贸易统计月报》

表6-2(续)

年份	出版财政、税收类刊物
1942 年	《财政知识》《财政学报》《财政经济月刊》
1943 年	《财讯》《田赋通讯》《税务知识》
1945 年	《财政统计通讯》
1946 年	《晋县财政公报》《直接税节特刊》《广东直接税导报》《湖南区货物税业余通讯》《江苏货物税通讯》
1947 年	《山东财政年刊》《鄂财通讯》《直接税通讯》《广州直接税月报》《云南货物税讯》《江苏直接税通讯》《安徽直接税通讯》《广东货物税通讯》《广西直接税通讯》
1949 年	《税工研究》

2. 税制改革继续深入

1937 年抗日战争全面爆发之后，国民政府各项开支日益增多，财政赤字急剧上升。为应付战时财政的巨大缺口，国民政府针对税收采取了一系列筹措资金的措施。如整理税收并创立战时新三大税、执行公库制度、健全地方财政等。此外，通过这一时期地方财政的发展，逐渐形成中央与地方收入分配的格局。虽然战时税收在财政收入中并不占主要部分，但是这些税收措施同样为战时财政提供了较大支持。此外，国民政府这一时期在税收及管理方面的很多措施并不单纯只为“捞财”，而是被不少学者评价为“抗战”与“建国”协同进行，说明这一时期的财政实践保持了继续向税收现代化深入的发展步伐。

6.1.4.2　税收制度维度的现代化深入

1. 税制改革目标模式再完善

抗日战争的全面爆发，促使很多在国民政府前期税制方面未竟的改革措施向前推进了一大步。全面抗战时期，国民政府建立起了一套颇有现代化色彩的税制体系。所得税、遗产税、利得税等一直存在于财政学界期望中的现代税种得以开征。学界对于税制的发展进程皆欢欣鼓舞，就连之前认为类似所得税等税种需依靠过渡期才能开征的朱偰都认为，依战时直接税的发展趋势，战后必将成为税制的主体。但是对此持不同意见的学者也有不少，认为依中国的国情而言，直接税即便是战后也不存在成为税制主体的能力，因此认为战后以直接税与间接税齐头并举的税制比较现实。如吴斐丹认为，直接税逐渐增加比重有其一定的合理性，至少可以使得部分负担不公平的间接税逐渐降低，但是想要迅速达到主体地位，不是一夕之内能够完成的，况且间接税又在一定程度上能通过平衡收支缓解通货膨胀。在这样的利弊衡量之下，选择直接税与间接税为双主体的税制模式是战后较为现实的选择。可以看出，虽然直接税署署长高秉坊说出了“战后财政的骨干，不能不以直接税为主体”的豪言壮语，但是学界对于税制改革目标模式的未来走向依然保持了较为清醒的思考，显示了中国的税制思想愈加成熟、理性。

2. 推行专卖制度的思想

在抗战过程中，专卖曾经作为应急措施被不少学者提出。如马寅初就认为专卖制度有其实际的需要。战后，许多学者基于外国理论及经验认为，专卖制度应该发挥其作用，在更广阔的范围推行。如马寅初认为专卖于财政收入、国策、课税技术、社会利益方面益处颇多，但同时也存在诸多缺点。比如，首先，专卖制度需要大量的资金予以支持，这是一个经济实力的客观问题。其次，从主观上来讲，由公务人员参与到专卖制度当中，很难说不会滋生众多问题，况且专卖即实行垄断，阻碍了自由竞争。最后，专卖的物品也不能保证可以满足不同人群的嗜好。尽管如此，这一时期学界对于专卖制的评价仍是益处居多。但是结合实际情况而言，具体的专卖制度推行得并不理想。在 1942 年推行糖、盐、烟、火柴的专卖之后仅 3 年不到，这四类专卖商品就皆改税征收，可见学界的专卖思想太过理想化。

3. 新税建设思想

（1）所得税

所得税建立以后，学界对于所得税的评价极高。如杨骥在《现行所得税改进论》中感慨“较预算多收数几达 30%，谓为良税，实非虚话”[①]。但是，在看到所得税成效的同时，不少学者认为所得税这把利器目前还尚未体现出优良本质来。故而如杨骥先是对所得税缺点进行了归纳，认为其自开征以来，不仅税法紊乱，而且税率设置尤为违反公平原则，并且无论是征管还是会计抑或是税目都存在诸多问题。对此，杨骥条分缕析，针对所提问题提出了六点改正建议：对会计制度和税务行政进行改良；细化税法条文，从而让征收机构能够更加有所遵循；扩大征收范围，将劳动所得、财产所得、勤劳与财产混合所得、非勤劳所得分类以奠定综合所得税基础；增加税级，遵循“重课资本，轻课勤劳”原则；明确免税的范围；防止逃税[②]。从其改进主张来看，从会计、行政制度到税法，再到税制的税率、原则、结构等方面，全面而清晰，彰显了当时学界对于税种思考的深入程度。

---

① 杨骥. 现行所得税改进论［M］. 重庆：独立出版社，1941：3.

② 杨骥. 现行所得税改进论［M］. 重庆：独立出版社，1941：74.

(2) 遗产税

1939年，国民政府发布《遗产税暂行条例施行条例》，开征遗产税。对其评价，学界有观点认为“其立法精神，一为力求适应租税学中最小牺牲之原则，以树立中国新税制之基础；一为顾全实际困难，以求推行方便之顺利”①。由此可见，尽管在学界存在不少反对之声，但很多学者还是出于财政紧迫的需要，对其给出肯定意见。虽然前一时期所讨论的选择分遗产税制还是总遗产税制在条例中已经给出了答案，但是在开征过程中，依然出现了许多问题，故而这一时期学界主要针对遗产税课税过程中如逃税问题、重复征税问题、价格评定问题、减免的实施问题、税款分期缴纳问题提出建议。这其中，学者们尤其对逃税问题甚为关注。有的学者甚至专门提出治标与治本策略以堵税收流失。郑启农认为可采取征赠与税和推行遗产会计并加强调查的措施。但他也认为，这些举措只是治标之法，不能真正治本。由此他以为从民众思想上进行教育并采取财产登记策略，遗产税就能便利推行。虽然其主张存在较大现实困难，但是可以看出，此时的学界能够结合实际问题，指出问题症结所在。

4. 旧税改革观点

国民政府后期，对于旧税的改革尤以关税和土地税的力度最大。对关税问题的研究集中于国民政府获得关税自主后相关关税政策及采用税则的讨论上。而对土地税问题的研究则集中于土地税性质归属及土地税税率的采用上。此外，这一时期学界还对货物税、印花税等旧税改革问题提出建议，但大多数研讨的问题属于前期的延续，此处不再赘述。

6.1.4.3 税收体制维度的现代化深入

国民政府后期，中央与地方财政经历了从三级至两级再回到三级的关系变动。在这一系列调整中，不仅对于明确中央与地方财政关系有了一个很好的实践过程，而且为学界向税收现代化思想的深入研究提供了较为丰富的实践参考。对于从三级财政关系降至二级关系，与1939年尹文敬提出废除省一级财政并入国家财政的看法不谋而合，体现了学界对于实践的前瞻性。在施行二级财政体制后，学界的焦点又转向中央与市县财权事权的匹配问题上来。三级财政关系到二级财政关系是出于战时财政需要，那么，战后中央与地方的财政关系又将何去何从？因此，有关战后国地税划分的研究又在学界被仔细考量。可以看出，对于国民政府后期的中央与地方关系的思想研究，始终保持了对现实与未来的双重考量，这说明了思想发展日益现代化构建的结果。

① 邓启农. 论中国战时遗产税 [M]. 重庆：正中书局，1941：12.

6.1.4.4 税收管理维度的现代化深入

国民政府后期，关于政府与商民税制关系方面的研究已经较为成熟，大多数观点都是前已提及的观点，故而对于税收征收问题的研究有新意的不多，但是朱偰所提出的将财务行政方面的联综制度引入税收征收监督制度的想法较为新颖。他认为征收机构同样需要对公库、会计、审计制度加以重视，并切实加强彼此之间的独立性。

6.1.5 对近代中国租税思想的评价

6.1.5.1 近代中国租税思想现代化的理路

现代化的标的物依时代的进步而存在着变动与差别，税收现代化的含义亦如此，始终处于动态变化的过程当中。但不论如何变动，税收现代化始终都代表了先进方向，是各个时期、领域都努力要达到的目标。近代中国前期的多数著作及期刊文章有着“述而不作”的特点，如陈启修称其《财政学总论》在财政学史上尚属“未成品”。且从具体框架目标的角度来看，近代租税思想研究的税收现代化与当下的税收现代化相去甚远，这是时代的局限性。但从所属时代及探寻现代化过程中所沿用理路的角度分析，租税思想在近代中国这样特殊的时期借鉴的现代性逻辑的探索思路—理性愿景上的建构主义以及实践基础上的演化主义，展现了较强的进步意义。

租税思想的建构与演化过程是一个抽象的概念，尤其是演化过程更为复杂，涉及对于现实的各种探究、提炼和总结。在近代租税思想建构主义的理路视野中，理性创制的重要性突出，即尤为注重顶层设计的环节。在理性思辨的逻辑下，建构主义并不完全排斥相关的国情经验及理论借鉴，但认为税收现代化的根本在于建构完备的税制体系，在理性愿景基础上找到正确的发展方向，从而可以连续、稳定地完成一个又一个目标。而在租税思想演化主义的理路视野中，则更倾向于经验、传统的积累，在追求税收现代化的过程中允许试错的探索形式，在结合实际情况基础上以渐进的步伐达成目标。虽然以上两种路径在近代租税思想中呈现出了不同的表现形式，尤其是在理性愿景与实践基础的价值选择上有着较大差别，但是二者通常又交叉共生：以理性愿景来明确方向，以实践基础来投石问路，将两者进行结合才能避免各自的弊端，从而引导租税思想行走于正确的轨道上。

5.1.5.2 近代中国租税思想现代化的呈现

付志宇立足于世界税收发展史、税收理论的发展、税法原理的角度提出了税收现代化的具体规范：首先是税收法定，即税法需通过立法程序，而税收立法权也需掌握在国家立法机关手中；其次是中央与地方在税收问题上处理好财权与事权的问题；再次是税种的布局应处理好效率与公平的关系；最后是整体税制改革目标模式方面，应以现代的直接税（所得税）为主体税种，以间接税为辅助税种，并辅之以财产税和社会保障税。此外，税收征管虽然只是程序上的要求，但是也可以成为税收现代化的考量内容①。基于以上著作对于税收现代化的界定规范，可以较为显著地刻画出近代中国租税思想现代化探索的三大维度——税收制度、税收体制、税收征管。

1. 在税收制度的愿景上走向成熟理性

税制改革是近代租税思想现代化探索道路上至关重要的一个内容。而如何在“旧”与“新”交织的税制关系中构建租税制度框架，是其在具体实践中的现代化表征。改革新式税收制度，在传统的旧式中央集权税收制度基础上起步，无论于实践层面还是理论层面都需要对旧式税收体制加以研究，以便对新式税收制度做完备的比较考察。在税制体系的构建方面，近代前期旧的税制体系存在诸多弊端，在此情况下，财政学界进行了税制模式改革的探索。从当时财政学界整个声音来看，基本倾向于构建起一套直接税占主体、间接税为辅助、所得税为主要税种，充分体现现代税收原则的税制框架。近代租税思想随着政府一系列现代化税制实践，愈加走向成熟和理性。在具体的税种改革方面，近代中国面临着旧税急需整理、新税急需构建的复杂局面，衔接好新旧税种的过渡成为这一时期租税思想研究的焦点。在现代化税制逻辑引领下的旧税整理研究，处处体现了理论界渴望撇除旧式弊端、释放新式气息的迫切愿望。而另一项构税制框架中的重要内容——引入新税的研究也与旧税整理形影相随。所得税、遗产税、营业税等新税种成为理论界普遍期待的重要税种。除此之外，这一时期租税思想界对于其他税种如烟酒税、田赋、契税、印花税、通行税、登录税等都有深入的研究，在为旧税整理、新税开征的实践提供丰富建议的同时，也构成了当时租税思想对于整个新旧税制进行全面考察后描绘的完整图景。

2. 在中央与地方间的税收体制中探寻恰适有效

中央与地方的财政关系是近代中国租税思想现代化探索进程中较为关键的内容。在传统专制社会，向来是中央集权制度对国家进行绝对的管控运行。租税领域同样如此，中央掌控并支配着所有财权，地方不被允许拥有独立财权。

---

① 付志宇. 近代中国税收现代化进程的思想史考察［M］. 成都：西南财经大学出版社，2010：23-24.

近代中国，中央与地方之间的财政关系发生了巨大变化，地方开始获得一部分财权。在此情况下，理论界对于财税体制和国、地税间应当采取何种恰适有效的关系进行了思考。近代租税思想关于中央与地方关系的研究始终与当时的实践活动紧密联系。民国初创时期，北洋政府急需通过国、地税划分来增强对地方的掌控，由此发布了《整理全国税制计划书》。围绕这个计划书，理论界对于国地税之间基本的划分问题进行了探讨。随着中央与地方间财政关系从三级至两级再回到三级的变动，理论界的研究重点又转向中央与市县财权事权的匹配问题上来。此后，伴着战争的爆发与结束，有关战中和战后国地税划分的研究又在学术界重新被提出。可以看出，无论在近代中国的哪个阶段，对于中央与地方关系的思想探索，始终没有间断，这个探寻恰适有效的过程不仅为当时的实践过程提供了思想依据，也是思想转型发展日益现代化的体现。

3. 在税收征管双方的交互影响中不断修正提升

税收征管在近代亦被称为“税务行政”。在税收制度与政策的具体实施过程中，政府与民众的交互关系表现得最为明显。在近代中国，学界将税收管理作为税制改革的前提和重要条件，认为“税制之整理，非改良租税行政且无以图其始”①，其重要性不言而喻。现代税收从税收的详细设定到税收的具体监管，自始至终都涉及政府与民众的交互关系。近代中国的租税思想对这层政商关系的研究，立于税收征管现代化的基础上，既有对各种具体问题进行的修正，也有着力提升公共性、公平性等现代化认知的显现，保证了租税思想建构演化中的正确学理导向。

5.1.5.3 近代中国租税思想探索的现实启示

马寅初曾言：“言财政者，莫不从租税始。”② 近代中国租税思想的现代化探索过程基本能够反映出当时财政思想整体性探寻现代化的历程。作为近现代中国租税思想现代化的初始阶段，近代租税思想集中于三个主要维度的现代化，既有其所处时代的难能可贵之处，也有其自身不可避免的弊端。本书通过对其在现代化过程中实现的价值和出现的弊端的总结，力求为当下税收现代化的构建提供一些启示。

思想对于实践应有前瞻性、全局性、战略性的演化目标。近代租税思想的建构与演化过程，体现了税收现代化的纵向及横向的发展，其涉及税收制度、税收体制、税收征管、税收法定等多个维度，也提炼出新旧税制、国地税收、

① 晏才杰. 租税论 [M]. 北京：新华学社，1922：32-33.
② 马寅初. 中国财政之根本问题 [J]. 东方杂志，1924，21 (3)：21.

政府与民众等多重关系。尽管在这个过程中也存在不少试错、盲动的导向，但是整体而言，近代租税思想顺应了时代的主流要求，在自身不断修正提升并走向成熟的过程中为当时的税收实践提供了方向指导。如全面抗战爆发后，出于战时财政的需要，中央与地方从三级财政关系降至二级关系的实践，就与尹文敬当时提出的废除省一级财政并入国家财政的观点高度吻合。

思想应始终对具体的实践活动承担前瞻指导的义务。政府的实践活动根据"相机抉择"原则进行灵活变动，是建立在理论界可以提供多种模式的前提基础之上的。近代中国的租税思想，既有西学东渐的深刻烙印，又立足于国情酌情加以修正；既为当政者提供改革思路和参考依据，又为后来者提供研究范式和方法。尽管客观而论，理论界基于西方财政思想并结合我国国情提出的关于新旧税制的改革等建议，实际上大部分并未能得到实践检验，但是依旧为我国税收现代化做出了较为重要的思想探索。当时学界在根据西方财政思想构建新税体系过程中，一方面承担了向国内传播、交流现代财政思想的责任，另一方面又积极参与到具体新税体系构建的实务当中，对其建构与演化进行了思想探讨。

从晚清到北洋政府再到南京国民政府，学界提倡的税收原则都始终以公平性作为第一原则，这是税收现代化的显著表征。结合该时期几乎与这一原则背道而驰的税制实践，学界的重要贡献在于直接指出实践当中各类违背公平原则的措施，通过对时弊的集中批判，将公平性原则灌输进民众意识当中。具有代表性的观点就是晏才杰条陈田赋因阶级之别、时代之别、计量之别、清查不及、田亩等则变化五个方面违反公共原则的弊端。这种批判呼唤起民众的自我意识，揭穿了传统社会中统治阶级所谓"以民为本"政策的虚假外衣，促进了现代公民个体的意识觉醒。

租税思想来源于客观实际，但其良性发展需要自身的独立意识，更需要稳定的社会环境。一方面，租税思想作为应用经济的范畴，势必会受到政治因素等各方面的影响。思想研究必须要有"独立自主"的精神，保持自身的客观性，才不致沦为政治的附庸，丧失应有的前瞻性。比如，选择直接税与间接税为双主体的税制模式是抗战胜利后经济社会条件较为现实的选择，但随着抗战结束后的内战爆发，直接税的运行受到极大的影响，如过分利得税难以推行。另一方面，稳定的社会环境可以为思想研究提供自由的研究环境。近代中国的主权并不完整，各个方面受到列强钳制，学界的思想研究同样受到掣肘。如北洋政府时期学界对于关税的研究，尽管明了问题的症结与解决的方法都要围绕于关税自主，但受制于现实，却也只能寄希望于与列强友好磋商，以将关税协议的不平等程度降至最低。因此，无论是思想的内部独立精神，还是外在环境对于思想的影响，都是思想体系良好建构及演化转型过程中必不可少的条件。

6.2 近代中国的支出思想

近代财政支出思想又被称为“公共经费论”“公共支出论”“岁出论”等，多为学者置于财政理论专著中以单章的形式加以阐述。对于近代的财政支出，马寅初曾评价道：“在专制君主时代，一国财用，取之于民，用之于民，故行政从简，财政从约，预算以量入制出为依归。如改专制为共和，废君主而行宪政，则一国财用，取之于民，亦用之于民，预算遂偏向于量出为入之制。”① 由此可见，近代中国与传统专制社会在理财原则方面已经有了较大不同，政府之于财政的考量多数时候是基于量出为入的原则，“况量出为入，到了20世纪，已成了财政预算上不可击破的真理。在平时是如此，在战时更是如此”②。在近代推崇量出为入的理财原则的大方向下，财政改革也顺势侧重于财政收入领域。尽管当时不少学者认为“在政治走上轨道之前，不如走向量入为出的路途为佳”③，但是受实践的影响，这一时期的财政思想依旧具有重收入轻支出的严重倾向。这一点，从财政出版物方面的统计就能略见端倪，在整个近代中国并无财政支出方面的专著出版物。

另外，财政收入思想较支出思想更受学界重视，还在于另外一大限制因素，即预算与决算制度在近代中国建立得相对较晚。既无预算，又无决算，财政支出思想无从依据现实情况找到落脚点。即便有相关数据，其真实性也难辨真伪。就如陈启修所评价的：“然无论其为关于现今岁出之统计，或为关于历年岁出之统计，俱仅足为研究上之资料而不足为判断上之真确可凭的根据。”④ 因此，对于财政支出思想这一块，财政学界很多时候先是“无米之炊”，又总是因各种现实条件制约而丧失“巧妇之心”⑤。尽管如此，近代中国的财政思想在财政支出的原则、制度设计等方面依旧做出了较多有意义的探索。

---

① 马寅初. 财政学与中国财政：理论与现实［M］. 北京：商务印书馆，2001：53.

② 马寅初. 财政学与中国财政：理论与现实［M］. 北京：商务印书馆，2001：55.

③ 马寅初. 财政学与中国财政：理论与现实［M］. 北京：商务印书馆，2001：55.

④ 陈启修. 财政学总论［M］. 上海：商务印书馆，1924：149.

⑤ 近代中国直到1928—1930年前后才有个别分预算，1931年才开始有总预算案，决算尚属空白。直至1932年预算法的颁布，才正式建立起预算制度。此后尽管建立了预决算制度，但是预决算执行效果及相关数据都难以让人信服。

6.2.1 关于财政支出的原则

对于一国而言，财政支出的原则反映了财政支出实践活动所必须遵循的共同规律的要求，对财政支出分配有较强的指导作用。在传统社会里，国家的财政支出原则主要是以量入为出或量出为入为支出原则，有计划地安排财政支出活动。在近代中国，很多学者以西方财政支出理论中的理念为引导，倡导财政支出要以财政、国民经济、政治、社会等原则作为准绳，保持“决端审慎”①。

传统社会中的财政支出活动在“家天下”的统治逻辑下，由民众无条件向统治者提供赋税、徭役，财政支出自然也是以维护统治阶级的利益为最终指向的。发展到近代社会尤其是近代中国，随着民众自我意识的觉醒，财政“取之于民，用之于民”的理念逐渐开始深入人心。具体到财政支出思想中，尤其是在财政支出原则方面的研究，凸显了较浓厚的民权色彩。如陈启修认为社会原则在于财政支出“当注意经费支销后所归之处，使其结果能公共地分配于社会，而不可有所偏颇，使发生或增长各种社会问题”②。尹文敬认为社会原则要求在负担经费方面，应先研究人民负担税款后的苦乐之状态是怎样的，对于国民资本的构成是否有害，并认为假设人民纳税之后富力仍然日益增加，那么就可以证明支出于民没有损害，而且是有益的。

姚庆三也着重强调了社会的原则，但是其观点稍显特殊。他认为社会的原则就是正义的原则，就是为了减少分配不均，“正义的要求当然即在减少这种分配不均，所以减少分配的不均就可作为公共经费的社会的原则了”。为达此原则，就应当“把公共经费多用于穷人的身上，少用于富人的身上，譬如说文化教育费、社会救济费等特别有利于穷人的经费”，“这样穷人从公共经费中可以多得一些好处，以弥补其本身消费的不足”③。此外在姚庆三看来，现代欧美民主国家倡导的社会原则是“普通平等的原则，这就是说公共经费应该不偏于任何特殊阶级，而应为社会上各阶级所平均享受”，这种原则与封建专制时期相比有其进步性，与其所主张的社会原则相形见绌，却是当时的中国所需努力的“最低限度的原则”④。

此外，姚庆三还对政治原则的观点做了进一步的深化阐释。在他看来，政治的原则即是公开的原则，国家财政支出的经费既来自人民，其使用结果也要

---

① 姚庆三. 财政学原论 [M]. 上海：大学书店，1934：44.

② 陈启修. 财政学总论 [M]. 上海：商务印书馆，1924：133-134.

③ 姚庆三. 财政学原论 [M]. 上海：大学书店，1934：47.

④ 姚庆三. 财政学原论 [M]. 上海：大学书店，1934：48.

与人民福利有关，经费的用途也就有必要绝对地公开。姚庆三同时还认为，要想保证财政支出政治原则落实，“最要紧的是要有周密的预决算制度”①，从而使得人民可以在经费使用之前、使用之后都能予以监督。由此可见，近代财政支出思想在支出原则方面，鲜明地提出了“取之于民，用之于民”的现代理念。

6.2.2 关于支出膨胀论

在近代中国，政府财政支出日益增长，所需款项日益浩繁，财政支出不断膨胀。针对此现实情况，不少学者对此问题加以研究，几乎在论及财政支出部分均会有一部分讨论支出膨胀方面的问题，因而形成了支出膨胀论。

由于当时西方财政学界对于支出膨胀有着未决的优劣判断，因此国内不少学者认为支出膨胀的财政状况有可喜处亦有可悲处，判断标准在于负担者的承受状况。陈启修认为财政支出膨胀是否优劣“应依其负担者在支销后所戚之经济的苦乐即负担之重轻而决，以为轻而乐者，虽大大地膨胀，亦当认为是可喜的，以为重而苦者，虽稍稍膨胀，亦不能不认为可悲的也”②。故而当时学界有不少学者认为，目前的财政支出膨胀有其合理性。如尹文敬通过对西方诸国的观察得出结论：支出膨胀是目前各国的普遍趋势，既有真膨胀也有假膨胀。他认为假膨胀主要是人口增加和公共富力增加，属于正常情况。何廉、李锐则更是对几百年来欧美诸国财政支出的历史进行了考察，认为“近世各国政府支出之增加，已成显著普遍之事实，无可置疑”③。可见，不少学者认为，在国家发展的特定阶段，财政支出膨胀的存在有其一定合理性。

除此之外，还有一些学者则对近代中国日益膨胀的财政支出提出了担忧。姚庆三在《财政学原论》中论及支出膨胀时，基于诸国支出统计数据，对我国财政支出统计数据的欠缺深有感慨，认为目前“无精确统计可资依赖，但是就历史记载的事实而观，公共经费之有增无减亦可断言”④。在分析完表面膨胀和真实膨胀的原因后，姚庆三还就学界对于经费膨胀是好是坏的争论发表了自己的看法。他认为好坏的判断标准应以国家和国民所得成正比，但限于租税以及国民所得皆无真实数据可用，维持什么比例他也难以得出结论。不过依姚庆三所观察：“租税的繁重以及人民的贫乏，这种财政负担大概总也不小，

---

① 姚庆三. 财政学原论［M］. 上海：大学书店，1934：48.
② 陈启修. 财政学总论［M］. 上海：商务印书馆，1924：157.
③ 何廉，李锐. 财政学［M］. 上海：商务印书馆，1935：42.
④ 姚庆三. 财政学原论［M］. 上海：大学书店，1934：38.

如与各国相较或者有过之而无不及。”① 因此姚庆三认为，国民政府每年的财政支出是历代帝王都难以想象的，目前政府在财政收入日益丰富的状况下，财政支出较近代中国的早期又增长了一倍之多，这种膨胀的趋势实在令人担忧。对此类谨慎的观点应客观地加以看待，在不同的历史时期给予实事求是的判断。

6.2.3 关于中央与地方的财政支出划分

中央与地方的支出划分也是财政支出思想中的一个重要方面。尹文敬提出了中央支出与地方支出的划分方法，主要按照所得利益属全体国民还是地方人民来分。对此何廉、李锐进行了更深入的阐述。他们认为财政支出应当分为中央支出与地方支出，一来是合理分配职权，二来可以确定中央与地方在财权上的划分以及责任。除了以利益原则进行划分以外，何廉、李锐还基于效率层面的考虑，设定了中央与地方支出划分的原则，认为需要较高技术和智力的职事适合归于中央，需要集中一致行动的事也适宜归属中央，如他们的书中所言：“在其执行职务之时，可获得最高之效率。”② 姚庆三则认为国家与地方的费用划分，各国皆有区别，主要是由相关的国家组织制度进行划分，具体而言便是依效果和便利两个原则进行划分。同时，他还对当时中国的国家与地方经费中两种状况颇感担忧：一种是地方支出费用太少，而国家相应的支出支持太少导致地方各项事宜受到掣肘，另一种则是有些领域甚至国防费用本来应由中央进行负担，但实际上大部分地由地方自理，以致“所有军队决非中央所能自由指挥，因此军费往往也是省方自己当地筹划的”③。

6.2.4 关于财政支出的技术程序

为完成财政职能，国家需要应用劳务和货物，而“劳务及货物获取方法不外下列两途：①直接向人民强迫征取或由人民义务供给。②向人民雇佣或购买。第一种方法，古时曾经通行，现在则为例外，现在政府所需劳务必须向人民雇佣，所需要的货物必须向人民购买”④。因此便有了财政支出方面的技术程序，其含义具体是指“国家以最少之薪资获得最完满之服务人员，或以极

---

① 姚庆三. 财政学原论［M］. 上海：大学书店，1934：42.
② 何廉，李锐. 财政学［M］. 上海：商务印书馆，1935：69.
③ 姚庆三. 财政学原论［M］. 上海：大学书店，1934：67.
④ 姚庆三. 财政学原论［M］. 上海：大学书店，1934：29.

少之支出而能购得最优良之材料用具是也”①。尹文敬认为劳务和货物支出的技术程序，主要有劳务支出的技术程序以及货物支出的技术程序两个方面。劳务支出的技术程序，不外乎俸给、养老金、抚恤金三个方面的支出，近代财政思想关于这方面研究多数为诸国劳务支出方法的简单罗列。

在此不得不提的是货物支出的技术程序，“有由政府集中处理者，亦有政府各机关自行处理者，前者谓之集中制度，后者谓之分散制度”②。中国当时采用的是分散制度。但在财政学界，多数学者更倾向于集中制度，尤其是以英国为代表的1782年世界首创的政府采购制度。尹文敬是第一个向国人介绍英国政府采购制度的学者。在他看来，政府采购制度“效果至为良好”③，并从购置范围、采购流程对其做了详细的介绍。除此之外，他还同时补充了政府采购中的投标制及价格协商。曹国卿同样赞成采用集中制度，他认为“分散制度，美国行之，此制弊在不统一，易浪费国币”，因而“此二制度，自以集中制为优”④。

① 尹文敬. 财政学 [M]. 上海：商务印书馆，1935：111.
② 曹国卿. 财政学 [M]. 上海：独立出版社，1947：25.
③ 尹文敬. 财政学 [M]. 上海：商务印书馆，1935：128.
④ 曹国卿. 财政学 [M]. 上海：独立出版社，1947：25.

7 近代中国的公债思想与预算思想

公债是收入的一种特殊形式，亦是平衡预算的一个重要手段。在近代中国，在庞大的军费开支以及各个政权的掠夺下，政府债务以及财政赤字的负担急剧加重，为弥补财政赤字、偿还政府债务、平衡预算收支，政府在公债领域以及预算领域都有较多改革实践活动。本书将对近代中国相应的公债思想与预算思想进行阐述。

7.1 近代中国的公债思想

公债属于舶来品，古未有之。近代中国财政在社会动荡不安，经济风雨飘摇下混乱且困顿。政府在用尽传统筹资方式后，财政依然捉襟见肘，财政赤字越演越烈，不得不寻找新的出路。中国公债始于清末，发展到民国，逐渐成为当局者缓解财政困难的一个新的重要弥补手段，甚至是财政收入的一项重要支柱。因此，随着政府对公债政策的运用越来越广，学界对公债的思考也取得了较大进步。这一时期财政领域对于公债的论述丰富多彩，不仅在各种财政著作中单独成为章，同时就公债思想进行单独著述的也不在少数。据统计，在整个近代时期，财政学界共出版了 92 种公债类著作，还有大量的学术论文，极大地丰富了近代中国的公债思想。

通过梳理，我们不难发现，公债作为政府调节宏观经济的手段，对于其思想的探索有着深深的时代烙印和实践痕迹。近代中国政府的财政情况、财政政策、财政思想不尽相同，相对应的不同阶段的公债思想各有其鲜明特色，因此本书主要对清末民初、国民政府前期、国民政府后期三个时期的相关公债思想进行概述。对三个时期的划分，逻辑上是根据不同时期政府公债实践差异来区别的。每个时期对公债思想的概述，都是先立足于当时的经济社会背景下的财政状况、公债情况，再相应研究该时期比较有代表性的学者的主要思想，以此在社会变迁的复杂背景下探索公债思想的发展与演变过程，并发现其内在规律和时代特征，以便当代的公债政策有所借鉴。

7.1.1 清末民初的公债思想

7.1.1.1 现实状况

清末民初，军阀割据，混战不已，军费开支浩繁，导致政府财政困顿，仅有的几项税收难以为继。比如，关、盐两税的绝大部分已抵扣赔款和支付外债本息，田赋、货物税、盐余、印花税、烟酒税等中央财政收入多被地方截留。在入不敷出的情况下，政府只有依靠借债弥补财政赤字。

从表7-1可以看出：第一，袁世凯统治时间虽短，但是其外债数额占据北洋政府时期半壁江山。第二，袁世凯统治时期，用于财政金融、军械军饷、外债本息比重大致相等，而到皖、直、奉系统治时期，财政金融比重上升到51%，军械军饷、外债本息反而减少。这时期的外债多是以出卖国家利益为代价，政治性强，无确实担保，还本付息负担较小。

表7-1 1912—1926年北洋政府举借外债数额及其主要用途

单位：百万元

时期及年份		借款数额（合计）	不同用途分配情况		
			财政金融	军械军饷	外债本息
袁世凯统治时期	1912	111.7	4.1	82.3	25.3
	1913	331.9	133.6	64.4	133.9
	1914	33.5	18.8	13.6	1.1
	1915	1.6	1.2	0.4	-
	小　计	478.7	157.7	160.7	160.3
	小计百分数/%	100	32	34	34

表7-1(续)

时期及年份		借款数额（合计）	不同用途分配情况		
			财政金融	军械军饷	外债本息
皖、直、奉系统治时期	1916	35.1	22.4	10.7	2.0
	1917	68.8	40.1	23.9	4.8
	1918	126.2	49.1	59.1	18.0
	1919	34.0	13.7	19.0	1.3
	1920	36.2	14.7	14.4	7.1
	1921	27.4	12.3	0.2	14.9
	1922	9.7	2.4	5.5	1.8
	1923	31.0	15.0	2.8	13.2
	1924	16.2	2.6	0.3	13.3
	1925	125.9	87.5	6.0	32.4
	1926	1.9	0.4	0.4	1.1
	小　计	512.4	260.2	142.3	109.9
	小计百分数/%	100	51	28	21
合计		991.1	417.9	303.0	270.2
合计百分数/%		100	42	31	27

资料来源：杨荫溥. 民国财政史［M］. 北京：中国财政经济出版社，1985：15.

综上所述，北洋政府时期，以袁世凯为首的北洋军阀统治集团代表的是大地主阶级、大买办阶级和封建军阀的利益，在其统治下的财政，对内具有混乱性、掠夺性、割据性，对外举借外债，被帝国主义牢牢掌握本国的财政经济命脉。国民经济极度萎靡情况下，北洋政府滥发内债、滥举外债，财政严重依附帝国主义，借来的款项多被用于军费支出、本息支付，这种状况下的中国公债对经济建设、民生福祉造成了巨大伤害，其公信力极为低下。

7.1.1.2　公债思想

这一时期的公债思想尚处于框架构建时期，而且受西方公债理论影响较深。早期学者的相关论述中，对各国公债的沿革、现状的介绍占有较大篇幅。在引进西方公债理论基础上和上面所述时代背景下，这些学者试图对公债的概念、性质、利弊分析及发行条件等内容进行系统、完整的论述。同时，这些内容，又侧重于对公债的基本概念及利弊的阐述。

1. 蒋筠的公债论

蒋筠利用表格形式构建了比较完整的公债思想，涵盖了公债的沿革、学说、本质、定义、种类、发行、偿还等方面。其中，他对当时各派学说之争和公债本质的论述较为精彩。蒋筠在绪论中谈到，一个国家的财政，不可能总是保持收支平衡，而是或有盈余，或有赤字。而公债则是常用的平衡收支手段之一。学界关于公债的讨论主要有三种，第一种是绝对否定学说，第二种是绝对肯定学说，第三种是公债必要学说。他认为应该持有第三种学说态度，即“以公债为利弊参半，惟必要之际”①。从公债对政治的影响来看，无外乎易招致外国压迫或是引起国内战争。从公债对财政的影响来看，一方面可以缓解财政压力，另一方面可以将现时负担转移到后世。

从公债对经济的影响来看，分为内外债讨论。就外债而言，无论是平时还是战时，当国内条件合适，资本充足，外债就有稳定市场等好处；反之，将扰乱本国市场。就内债而言，公债以市场普通利率来募集，对经济影响甚微；以市场高利募集，将扰乱金融市场秩序，增加实体企业成本；以非常之高利率募集，易造成市场恐慌，产生泡沫经济，挤出用于生产事业的资金。从公债对社会的影响来看，最大的一个方面就是加剧贫富悬殊的状况。综上所述，蒋筠认为上述各派学说对公债的认识并不全面。他的核心观点是，公债的利弊最终要从其发行及募集的情况来判断，只要公债能够采用适当方法，亦能将不利转为有利，即政府应发行小面额的公债，方便多数人募集，对政府对公债所有者都有利。然而这种办法也暗含着其实施要求，即国家的公信力、金融业的发展程度、国民对公债的观念等条件均要达到一定程度才适用。显然，当时的社会经济环境并不成熟，因此蒋筠的公债思想并不能得到真正贯彻。

2. 何公敢的公债论

作为研究公债的早期学者之一，何公敢对公债的起源、利弊、种类、偿还等进行了详细阐述。与其他学者不同的是，他对公债的意义有新的解读。首先，他提出公债的概念有广义和狭义之分：所谓“广义的公债，指一切政治团体的债务；而狭义的债务，则从中除去地方债务，便是专指国债”②。而他的论述采用的是狭义的公债。其次，公债与私债，有联系又有区别。公债由私债进化而来，其本质而言都是一致的，即债务人利用信用进行筹资。然而区别于私债，公债有其以下两点显著特征：一是公债的偿还没有强制性。当私债存

---

① 蒋筠. 公债论表解［M］. 上海：科学书局，1914：8.

② 何公敢. 公债［M］. 上海：商务印书馆，1924：1.

在违约风险时，有司法机关保证强制执行。而公债存在违约风险时，无法定机构或者组织来保证强制执行。也就是说公债的债权者对于债务者（国家），并没有强制力制约，因而国家有违约的可能。不过考虑到国家违约的成本，即对公信力的伤害，近代国家为保全公信力而鲜有发生违约的。二是公债的偿还期限长短不同。一般来说，国家信用程度与偿还期限是成正比的。国家信用程度越高，公债的偿还期限越长。甚至发达国家由于较高的公信力，可发行永远公债，或者说利息公债，就是一种只坐支利息而没有偿还期限的公债。这是私债（即使债务人信用度再高）无法做到的。

3. 梁士诒的公债论

该时期公债思想的实务派当属梁士诒，他曾任内国公债局总理和交通银行总理，先后主持发行过“民三内国公债”、“民四六厘公债”（第一次）、“民四六厘公债”（第二次），实践经验丰富。因而与传统学者不同，一方面他的公债思想并没有著作专述，多散见于他参与制定的相关公债规章制度和讲话演说中；另一方面他的主张观点从宏观政策角度出发，更具有实际操作性，而对理论层次的技术分析较少。首先，梁士诒对内外债的态度截然不同。他反对外债，认为举外债受制于人，且其支出多用于行政，有悖于财政原则。与此相反，梁士诒提倡发行内债，可利用内债来弥补财政，“经国要道，首在制用，上是以辅助国家之财政，下是以调剂社会之金融，两利所在，莫若发行内国公债”①。其次，他指出，公债的发行募集完全依赖于国家信用，而国家信用的关键在于经营。

以“民三内国公债”为例，梁士诒在充分吸取之前公债发行失败的教训的基础上，有两点高明之举。一是宣传造势，渲染公信力。他参与编制并颁布的《民国三年内国公债条例》冠以“为整理金融、补助国库”名目，宣导内债“固为便国，尤在利民”，并列数公债之益处。二是重视监管，增强公信力。先后颁布《内国公债局章程》《民国三年内国公债条例》等规章制度，加强对公债发行的规范和公债市场的监管。“民三内国公债”的发行最终取得成功，证明梁士诒的这一套公债经营之法在当时确实可行。然而他的方法并没有从根本上解决财政困难，毕竟公债有偿还义务，不是真正意义上的财政收入，不能从根本上改善政府的财政收支困境。且所筹集的公债多被用于军费支出和行政支出，对国民经济无益反而留下诸多隐患，并无形中增加了民众的负担。

---

① 岑学吕. 三水梁燕孙先生年谱［M］. 上海：上海书店，1946：202.

7.1.2 国民政府前期的公债思想

7.1.2.1 现实状况

南京国民政府前期，公债已经成为财政收入中除税收外最主要的来源。政府为解决内战经费，一方面实行依附帝国主义并彻底出卖国家利益的外债政策，另一方面借此与买办财阀集团密切勾结并大力推行内债政策。具体来说，在外债方面，一是继续承担包揽北洋政府时期的旧债，二是向帝国主义续借新债，主要以美债为主。该时期的外债多是出于政治妥协或依靠的目的，以牺牲国家利益为代价，对中国经济伤害较大。比如，美棉、美麦借款，实际上是大量购进美国剩余农产品，帮助美国解决滞销问题，反而严重冲击了本国农村经济。

在内债方面，一是滥发内债，与外债支出范围大致相同，募集款项基本用来满足军费支出，并非用于生产建设。1927—1936 年期间，政府发行内债多达 41 种，金额达到 23.21 亿元（如表 7-2 所示），且内债募捐而来的资金 86% 被用于弥补预算中军费支出的缺口。二是主要通过银行承销，完成附庸于"四大家族"的买办财阀集团对金融业的垄断，而公债的大部分利益流入"四大家族"手中，加速了其官僚资本的积累。

表 7-2 1927—1936 年国民政府财政部发行的公债

年份	发行公债种类	债额/百万元
1927	2	70
1928	6	150
1929	6	198
1930	4	174
1931	7	466
1932	-	-
1933	3	124
1934	3	124
1935	7	560
1936	3	455
合计	41	2 321

资料来源：杨荫溥. 民国财政史 [M]. 北京：中国财政经济出版社，1985：60-64.

综上所述，国民政府前期财政显著特征就是，财政收支数额及财政赤字不断扩大。除税收外，公债成为调节收支平衡的重要手段。该时期的公债比前期在种类、规模上更进一步。其中一个重要原因是，南京国民政府与北洋政府相比，更加注重对金融业的垄断。以“四大家族”为代表的大资产阶级通过控制四大银行（中央银行、中国银行、交通银行、中国农民银行），操控公债发行、使用、偿还三大环节从而获取公债的大部分利益。此种公债政策，给政府带来的是更加稳固的政权，也为下个时期通货膨胀政策埋下伏笔；而给人民带来的是更加沉重的负担，公债以税收担保，税收负担最终还是转嫁到了人民头上。

7.1.2.2 公债思想

公债思想发展到这个时期，学者们倾向于对公债核心问题如“如何最大化发挥公债的效用”“如何发行和管理公债”进行思考。正如上文所提到的，当时政府对公债政策的依赖日益加深，而公债对国民经济的影响也日益深远。此时政府反动的公债政策造成公债毫无公信力可言，对经济社会的影响极为恶劣，因而许多学者对公债本身并无好恶之分，更多的是集中批判政府的无良使用及其造成的恶果。由此对公债利弊深入展开公债发行、经营方式的讨论，促进了公债思想与实践的统一，使得公债思想更具有实际操作性。

1. 尹文敬的公债思想

尹文敬公债思想的一个重要成果就是对公债的利弊讨论。当时国内外学者对此的讨论，无外乎赞成与反对。他认为，反对公债的学者并不是反对公债的本身，而是反对公债的不良使用，之前政府没有很好利用公债才造成了诸多弊端。这一点可从内外债对经济影响的情况来具体分析。单从国际贸易关系出发，外债对经济的影响方面因经济环境而异。对债权国而言，有销售本国过剩产品、开拓海外市场、提高国际金融地位等诸多利益，不过在收回本息时也要注意本国工商业抵抗外货的能力。对债务国而言，虽有一些弊端，但假使在外债条件宽松、国内市场发达的情况下反而可输出本国产品，将弊端减少到最低。从内债的来源出发，内债对经济的影响也不尽相同。如果内债来源于在国家休息状态时的储蓄资本，那么对实体经济影响不大；如果内债来源于生产资本，那么政府一方面“立于争取资本的地位”，促进市场利率上升，对工商业产生挤出效应；另一方面为增加公债的购买力，加大纸钞的发行量，又易造成通货膨胀。由此观之，公债的募集和使用要在适合的条件下，发挥其积极作用，将消极影响减少到最小。在募集方面，应做到四点：一是工商业发展成熟；二是流通资金充足；三是币值稳定；四是流通市场（交易所）完善。在使用方面，可分三种情况考虑：一是用于生产建设的支出，对经济影响是无害的；二是用于改良职务的临时支出，对经济影响有待分类讨论；三是用于无生产性的经常费用及临时消费支出，对经济影响绝对是消极的。公债不同于财政收入，其与支出的关系，较租税与支出的关系，更为密切。因此，公债的使用关乎国民经济，理应取之于民、用之于民，则利大于弊。反之，公债用于国外，或无生产性的费用支出，则是国家的损失，弊大于利。比如，“募捐来购买外国的物资，以供战争或政治的消耗，会使资金不断地外流，结果不免引起国库和国民双方的严重恐慌”①。

2. 胡善恒的公债思想

胡善恒提出，公债的发行，除了健全的国家公信力外，离不开金融市场和国民财力的支持。国家财政离不开公债政策，尤其是在出现突发情况的时候，比如爆发战争，公债政策显得尤为重要。当然，发行公债有利有弊，政府应思考如何以较小的代价或较低的支付成本让公债政策发挥最大效益。在公债的偿还方面，胡善恒认为，单就个人而言，国民不仅负有当代责任，也应当对前代后代负有责任。推及公债，亦是如此。胡善恒主张借鉴各国经验，建立我国偿债基金制度。他认为公债是财政的信用收入，公债信用的维护，关键在于政府对公债的偿还。因此政府应重视偿还的意义及其利害关系，严格履行发行时承诺的条件，才能取信于民。他还对偿还的时期、方法、货币进行了详细介绍。在公债的发行方面，当前财政困难，负债累累，恶性循环。究其原因，往往是政府发行公债时所定条件难以兑现所致，政府信用大打折扣。他提出，为避免政府履约困难以至于有损国家信用的情况发生，公债的发行条件应当有伸缩性。同时，对公债发行规模进行量化考察，主张结合金融市场利息、银行营业、商业证券对公债发行规模加以限制。除此之外，胡善恒还注重对公债现存问题和制度改革进行分析，并提出相应的解决方案和改革方案。最后他总结说：正是国际局势使得公债在各国财政中的地位愈来愈重要，促使政府要积极思考如何更好地利用公债这一手段弥补财政赤字、促进国家经济发展，根据国家偿还能力，用好用活短期公债和长期公债，并由公债持券人共同肩负起责任，协助政府发挥好公债的作用。

7.1.3 国民政府后期的公债思想

7.1.3.1 现实状况

国民政府后期，为应对战时财政的需要，执行了相应的公债政策与通货膨

① 尹文敬. 中国战时公债［M］. 重庆：财政评论社，1943：6.

胀政策即法币膨胀政策，用于弥补巨额财政赤字。为避免通货膨胀造成损失，内债的发行方式多采用美元、黄金、金圆券，甚至按谷、麦等粮食来计算。如表7-3所示，该时期的内债发行办法有着明显变化，更加突出在政策上的非连续性、推销上的强制性、偿还上的欺骗性。比如，多以“军需”“救国”“国防”“赈济”等为名目进行宣传。同时，外债在沿用前期政策基础上，多为“美援”，且主要以物资援助为主。比如，1946—1949年，美国对华29笔贷款，总金额超过60亿美元，其中物资援助比重达到82%以上。

综上所述，国民政府后期的财政已沦为“四大家族”为主的买办官僚大资产阶级利益和美帝国主义在华利益的工具，财政赤字达到了空前规模。其所实行的战时财政政策从抗日战争到内战持续并加深，对内表现为通过法币膨胀政策和公债政策对国内生产事业包括民族工业、农业及商业和人民大众的剥削掠夺，对外表现为大举寻求“美援”，向美帝国主义靠拢，国民党统治区日益沦为其殖民地。随着反动政权的垮台，国民党统治下的反人民财政最终走向崩溃。

表7-3　1946—1949年国民党政府内债发行情况

年份	项目	发行定额	实际发行额
1946	土地债券	3亿元	3亿元
	美元债券	4亿元（美元）	8千万元（美元）
	土地债券	1千万石	1千万石
1947	黄金债券	4亿元	不详
1948	公债	5.23亿元（金圆券）	不详
1949	黄金债券	200万两（黄金）	200万两（黄金）
	黄金债券	1.36亿元（美元）	不详

资料来源：孙翊刚. 简明中国财政史［M］. 北京：中国财政经济出版社，1988：287.

7.1.3.2　公债思想

公债思想发展到成熟时期，对现实政策的指导性是明显的。但是在该时期，当权者为了尽可能对人民大众进行欺骗和掠夺，结合法币膨胀政策使用的公债政策，在其发行方式、偿还政策上，经常利用一些西方理论作为幌子，造成了一些负面影响。同时该时期人们对于战时公债的研究，是当时公债思想与实践相结合的真实反映，也大大丰富了公债思想分析的内容。

1. 吴史刚的公债思想

吴史刚就战时公债问题出版专著，以介绍英、法、美等各国战时公债为主要内容，并由此得出可供我国借鉴之处。首先，他认为，战时公债是筹措战费的最有效方法，较之纸币政策弊端更少，较之增加税负则操作更简易。借鉴英、法、美等各国战时公债政策时，应注意各自国情不同。特别是要注意：第一，公债持有人不同。各国公债因为国强民富、竭力宣传，认购多以普通公众为主。而中国公债没有宣传发动起普通民众且民众普遍贫困，持有人多集中在少数的银行机构或资本家。第二，公债认购的动机变化。在战时，认购公债的动机并不是纯粹谋取经济利益，而是爱国主义情怀所驱使。第三，储蓄证券的出现。以美国为例，这种债票通常面额较低，甚至有两角五分的面额。这种债票发行旨在鼓励国民厉行节约，为国家军事需要做贡献。从某种程度来说，储蓄证券发行所产生的价值已远远不能以其直接获得的经济价值估算。其次，战时公债毕竟处于特殊时期，有着不同之处。一是债额庞大。战时公债不但数量较多，而且债额惊人。比如，美国第四次自由公债，在短短三个星期内就销售了69.93亿美元。二是债额受限制。战时公债往往发行额不断增高。战争后期将面临的战费增加和物价上涨，迫使各国在发行债券时不得不考虑对面额进行控制。三是公债偿还期限灵活。各国战时公债政策有个普遍规律："先是中央银行垫款及发行短期库券，然后换成长期的债券。"① 是采取有期公债还是无期公债，主要取决于战前民众的习惯或偏好。一般来说，有期公债更为流行。总之，以往中国公债常因滥发，且不能按期偿还，公信力损失殆尽。处于特殊时期，战时公债尤其要注意维护和经营好公债的公信力。虽然发行公债是筹款的最有效方法，却不一定是最佳的方法，因为过度发行公债往往伴随着通货膨胀。战时经济最根本的解决方法在于，尽可能提高全国生产力，尽可能减少不必要的消耗。

2. 马寅初的公债思想

马寅初对公债的研究分为平时公债、战时公债、公债的一般问题等方面。他主张，无论是平时公债还是战时公债，其发行与否要看借贷的得失比较，也就是成本与收益的比较。当时政府名义上申明战时财政政策从抵御外敌和国计民生出发，"发行、增税、募债、募捐四者兼筹并顾"②。在抗战初期，主要税源深受战争影响，"为不可避免之措置"③，政府逐渐实行以公债为重心的筹资

---

① 吴史刚. 战时公债［M］. 上海：文化生活出版社，1937：4.

② 孔祥熙. 抗战三年来财政与金融［J］. 财政评论，1940，4（2）：68.

③ 马寅初. 财政学与中国财政：理论与现实［M］. 北京：商务印书馆，2001：548.

政策。然而在国民政府后期，政府大量发行美元债券，实是“四大家族”为囤积官僚资本而对民众进行变相勒索。马寅初认为，在当时的社会经济状况下，发行美元债券的弊远远大于利，并不主张仍以战时公债为主。美元债券有两个好处，一是已经冻结的美元可以被用于抵押或交易，二是收缩通货，稳定物价。但美元债券也带来了更多的弊病。比如，发行美元债券，无异于自主加速沦为美国的殖民地；没有从根本上解决财政困难，仍弥补不了财政短缺(赤字)；政府担保存在问题等。因此他指出，与其强行发行和推销公债，不如改公债为租税。此租税即为资本税，这种资本税不能转嫁，对物价影响也小，体现了税收公平原则。比如，对发国难财者征税，“吾人对发横财者（投机收益）征收二分之一资本税于理亦无不当。其优于公债之处，既可免除政府偿还利息之负担，人民不视为一种财产，乃为一种牺牲”①。这种主张从实际出发，具有独特的前瞻性。

7.1.4 对近代中国公债思想的评价

公债问题，不只是单纯的财政问题，更不是简单的借还问题，它涉及经济、政治、社会等各个方面内容。纵观近代中国各类公债，存在着各种问题。一是发行之“滥”。公债政策没有连续性，且没有长期计划，举债名目繁多，累计金额大，发行规模没有限制，发行不计后果。二是管理之“乱”。公债偿还基金制度不完善，市场监管缺位，公债投机倒把屡禁不止，市场秩序混乱动荡。三是名目之“伪”。内债多以“盐余”“整顿金融”“救国公债”等为名目，外债多以修筑铁路、公路等为名目，实际上筹集到的款项大部分被用于军费支出，平时公债如此，战时公债尤甚。四是国民之“殇”。国民政府的外债多以牺牲国家利益、国家主权为代价，滥发内债也是在借机变相搜刮民众，对国家生产事业和人民大众都造成了巨大伤害，由此也造成了近代中国公债风潮频频爆发。比如，1924 年的“二四公债风波”、1937—1939 年的公债风波②等，造成公债市场秩序紊乱、金融与经济剧烈动荡，对实体经济损害严重。

7.1.4.1 近代公债思想的总体评价

其一，定性研究多，定量研究少；学术研究为主，实证分析较少。许多学

---

① 马寅初. 马寅初全集［M］. 杭州：浙江人民出版社，1999：6.

② 1912—1949 年，中国曾经爆发过 10 次较大的证券市场风潮，其中公债风潮就有 8 次，占该时期爆发的证券市场风潮的 80%，且平均每 4.8 年就发生一次。1924 年的“二四公债风波”属于较早一次因投机、战争和证券市场监管不到位而酿成的金融风潮，1937—1939 年的公债风波则波及全国。

者的研究方向主要是宏观理论分析，偏重于对公债的现实解释和政策总结，对其定性、意义、利弊、分类、比较、发行、偿还等学科性建设多有建树。特别是公债思想的重要内容——公债的利弊分析，从外债到内债，从国债到地方公债，从政治影响、经济影响、财政影响到社会影响，不一而足。而从微观角度考量公债政策的具体方案或管理方法则研究不足，例如对于公债发行规模的考量，鲜有学者涉及。

其二，研究方法多采用成本—效益分析方法，即发行公债以最小成本获得最大效益。我国公债研究起步较晚，各派学者的公债思想深受西方公债思想影响，许多专著论述中介绍国外借鉴较为详实。因此不少学者对公债的探讨多集中在根据西方公债政策评判我国是否有条件发行公债。近代公债多以失败告终，甚至出现多次公债风潮，即使多次进行公债整顿，收效也甚微。学界的焦点也从有无谈论转移到均衡讨论，集中批判公债的现实问题，主要表现在批判公债公信力恶劣和公债不良使用的负面影响，从而探讨如何对症下药，发挥公债的最大效用。

其三，思想指导实践的作用不显著。从主观角度来看，公债思想研究成果多偏重于理论研究。该时期的研究者多是理论型学者，有政界经历和实践经验的甚少。大多数学者就公债论公债，未就实际情况进行深入探讨，更谈不上从生产力和生产关系、经济基础与上层建筑等深层次对公债的意义和效用进行思考。同时，从客观条件来看，近代中国政府发行公债的出发点是维护和巩固自身阶级政权，将公债作为掠夺和搜刮人民大众的工具。这与学者从理论上研究公债能对国民经济、生产事业、普通百姓发挥最大效用的原则是背道而驰的。尽管当政者的部分公债政策借鉴了一些经济学家的主张，但掩盖不了其内在的反动性、掠夺性，所取得的实效自然是大打折扣。

总之，作为财政思想体系的重要内容，该时期的公债思想发展迅速，而且形成了自己的特色。诸多学者对公债的核心问题和现实问题进行了一些思考，完善了近代中国财政思想体系，并一定程度上发挥了公债思想对现实的指导作用。但从现代财政制度的角度来看，对技术性研究如量化分析、公债发行及管理的透明度、公债制度等问题探讨不足，欠缺一定的思想深度。

7.1.4.2 近代公债思想的现实启示

首先，强调先行规划公债用途的计划性，有利于提高公债使用效率。卫挺生在概述公债的本质时，认为“公债不过是一种预支租税所入的手段”，在他看来，公债即另一种形式的租税收入，只不过是“把慢性的租税收入，变成了急性的公债收入”，两者其实并无太大差别。所以，在了解了公债的本质属性以后再来看待公债对于财政的作用，“一个是应一时的急需，一个是长期地平摊财政上的负担”①，便能从计划的角度对公债的发行进行部署，也更有利于提高公债的使用效率。例如国民政府时期公债在战时筹集战费的过程中的使用效能是最大的，同时也是速度较快的一种方式。

其次，应当不断优化公债结构并完善公债运行的机制，并对公债发行规模、消化规模进行量化考察。若未能对公债的消化规模进行量化分析，极容易出现“一般社会之应募能力减少（下降），以至不能应募，公债必价格跌落，而有滞销之虞”② 的情形。故而在许多情况下，政府往往会借助发行纸币来提升社会应募能力，但这种手段往往有较大的风险性，故而量化考察公债发行规模、消化规模对发挥公债的作用而言至关重要。

再次，公债能否发挥最大效益，既有赖于社会经济状况，也依靠发行的技术、流通机构的组织。公债的发行要尽量利用利率与价格的手段，同时根据实际情况来决定公债期限及面额，如将利率与折扣结合起来发行公债；战争时期的公债期限不宜设置太短；发行小面额的公债，不至于对生产与分配有太大干扰等。除此之外，结合使用相关的债券推销政策也非常关键。如尹文敬曾着重推荐德国及英国的债券推销经验，并提出发行公债之前，应适当地清除之前的债务以示国家的信用。

最后，公债规模应与国内资本、政府财政支付能力相适应，这紧密关系到国家的信用问题。以日本为例，其发动甲午战争的军费近六成是公债；日俄战争的军费近九成是公债；一战战费六成以上是公债。同时为筹措侵略战争的战费，日本曾在“九一八”事变之前，向美国借取外债 8 亿多美元，“九一八”事变后战费依旧主要依赖公债。尽管在一些战争中日本获得了相应的补偿，如甲午战争后中国的赔款缓解了其公债的偿还压力，但是这种战时公债依旧使得日本国内通货膨胀相当严重。一方面，公债的发行需要考虑国内资本；另一方面，还要注重政府财政支付能力，若不得当，“公家信用首先遭一种极重大的打击，在战时国家的信用关系战役成败，是万不可听他低落的”③，一般会引发通货膨胀，对消费、生产等方面造成极其恶劣的后果，于国民经济也非常不利。

① 卫挺生. 战时财政［M］. 上海：世界书局，1933：130.
② 尹文敬. 财政学［M］. 上海：商务印书馆，1935：669.
③ 卫挺生. 战时财政［M］. 上海：世界书局，1933：148.

7.2 近代中国的预算思想

中国现代意义的预决算制度始于清末，并在民国时期逐渐完善。这一时期的财政思想对于预决算的理性认识也日益深化。在近代中国发行的预决算理论出版物中，对预决算的价值定位有着鲜明的理念区分，不仅着重强调了民主、法治等现代理念，同时在预决算程序等方面进行了积极的探索，具有极强的现代意蕴。

7.2.1 以效率为第一诉求的预算制度

我国具有现代预算制度特点的预算思想产生于清朝末期。为了应对当时中国的内忧外患，当时不少国人尤其是以维新派梁启超、郑观应等人为代表，就财政制度方面向国内引进西方先进理念，提倡以西方先进制度为榜样建立中国的预算制度。这些思想的传播也促成了光绪帝在 1898 年颁布诏谕①，宣布改革财政制度，编制预算决算等决议。20 世纪初，在试图效仿西方推行新政的过程中，清政府引入了预算制度，并由国会对财政预算进行监督。1910 年，清政府成立了资政院和谘议局等机构实行预算审查②，并于次年推出了中国历史上首份全国预算案，开启了立法机构对财政权力进行监督的进程。尽管首份全国预算案只是对当时各省份情况进行了简单的汇总，显得预算实践的形式远重于内容，但是就试办预算案的意义而言，这项制度的诞生为民众提供了一个足以约束统治阶级财权的工具，激发了民众反抗专制并保障民权的意识，突破了统治阶级长久以来以民本思想为饰辞设置的思想圈套，具有深远的开创意义。正如学者陈锋评价的："清末的预算，从立宪的酝酿、实施，到财政机构的重新设置，从财政事项的调查，到财政预算的编制，均为前所未有，是接受西方预算思想和预算制度的产物，具有明显的近现代色彩，与中国古代的所谓'预算'（奏销）并不相同。"③ 此后，这一脱胎于近代民主政治进程的预决算

① 即今日所称"戊戌变法"的改革纲领——《定国是诏》，该诏书最终因戊戌变法失败而未能实施。

② 资政院在设立的第一年常年会上，就把 37 635 万两的预算额删减掉了 7 790 万两，是我国首次的预算审议。参见：侯宜杰. 二十世纪初的中国政治改革风潮：清末立宪运动史［M］. 北京：人民出版社，1993：377.

③ 陈锋. 清代财政史论稿［M］. 北京：商务印书馆，2010：350.

制度开始不断深化。

进入北洋政府时期，预决算制度的实践加大了国家对财政的调控力度，主要集中于法令制度及部门构建方面。由于财政收支方面的扩张，北洋政府急需一套有计划性的预决算制度对财政收支进行安排。因此，出于对现实诉求的考虑，北洋政府在1914年公布的《会计条例》中就编制了预算的相关方案。虽然从《会计条例》所涉及的内容来看，在具体的编制、计算方法、编审程序、执行等方面尚不完善，但总算正式开启了预算在中国的实践进程。随后，针对《会计条例》的不完备之处，北洋政府财政部出台了国家预算简章，对预算编制的时期、方法及计算等方面进行了补充。此阶段的预算实践已经深入相关技术设定及程序环节，逐渐形成一项较为完整的制度。从实际效果来看，北洋政府的预算制度出于各种时局原因（如1920年军费开销猛增、严防地方截流中央款项等）而未能实施，但不可否认的是，这一时期的预算实践基本奠定了近代中国预算制度的架构，也为以后预算制度的建立健全踏出了实质性的一步，尤其是在具体的预算执行环节，切实做到了谨遵国会审议，不随意增添项目，集中体现了预算的权威性及法律性，具有极大的历史进步意义。

在国民政府时期，随着资本主义工商业的快速发展，经济层面的诉求促使各界对财政制度的要求也相应地提高，预决算制度的实践主要集中于法律层面的建设，从预算至决算的全过程需要相应的法律保障才能衔接一致。国民政府主计处成立后，开始着手预算立法工作，1932年经立法院决议正式颁布了《预算法》，将一套较为完善的预算、主计、审计制度以法律形式确定下来。随后又通过《暂行预算科目实例》《预算法实施细则》等文件，从预算编制、核定至施行等各方面对《预算法》加以补充，系统呈现了一整套完备程度较高的预算管理制度。1938年，国民政府颁布了《决算法》，将决算的编制、审议、批复等各项内容予以立法规定，形成与《预算法》并举的关系，进而将近代中国预决算制度的基本框架确立下来。从历史进程的角度而言，国民政府时期的预决算实践在具体操作层面，既注重预算之计划，又强调决算之执行，完整体现了预决算的全过程；在法律层面，开创了中国现代预决算制度的先河，是借助预决算形式对政府权力加以约束的重要尝试。但从具体的实践效果来看，国民政府到1940年才勉强凑出一份过往四年的财政决算，且决算草案多有不尽不实之处，具体执行效果之微可想而知，制度最终流于形式也就难以避免。

7.2.2 预决算思想的主体内容

预决算思想在近代又被称为“财务行政论”“公共会计论”等。根据《民国时期总书目（1911—1949）经济》的统计数据，民国时期的预决算理论著作出版物有22本，其中尤其以胡善恒的《财务行政论》、潘传栋的《岁计制度论》、黄凤铨的《预算概论》较为详实。此外译著有翻译自日本工藤重义的《各国预算制度论》以及美国巴克（A. E. Buck）的《各国预算制度》，且翻译时间皆在20世纪初。可见，此时的预决算思想（理论）已经基本上由国人自己撰写。除此之外，在几乎所有近代中国的财政专著中，预决算都被列成独立的一章，足以体现近代财政学者对于预决算思想的重视。在类别上，既有置于财政学框架中的预决算思想（理论）篇章，也有专门针对预决算思想（理论）的专门著作。在内容上，这些预决算思想（理论）既有对民主及法治等现代理念的探究，也有关于预决算程序等操作层面的探讨。以下主要针对当时几部较为有代表性的著作加以阐述。

7.2.2.1 对法治理念的探究

从权力制衡的角度来看，近代中国是一段人治与法治博弈的历史，借助法治对私权加以约束的现代精神由政治层面辐射到经济、文化、社会等各个层面。在这样的时代背景下，近代中国预决算思想中的主流观点对法治有着特殊的观照，尤其是对是否应该包含财务法论有过争论。

财政学家尹文敬认为，预决算论的事务问题与预决算论的法治精神同等重要，任何一方都不可偏废，“在注重法制精神之学者，往往冠于篇首，盖以一切财政之收支，必先经此立法的程序，而后能执行”①。著名经济学家陈启修在其所著的《财政学总论》中，也强调了预决算论之法治精神。他认为存在着事实上的和法律上的秩序论。前者为具体的程序和形式及方法，如预算及决算的程序，现金保管、出纳等方法，也称为会计论。后者则是法律上的秩序，如违反预算所需承担责任、会计检查之法律的效果等，也被称为财务法论。陈启修认为事实上的秩序论与法律上的秩序论是相辅相成的关系，对待这两种秩序论“宜平视而并重”②。故而，陈启修在其《财政学总论》中对事实上的秩序论进行论述之后，“特设财务法论一章，以示尊重之意”③。可见，陈启修对于预算过程中的法治体现十分重视。除此之外，陈启修还对瓦格纳所提出的财务行政秩序论的分类法④提出质疑，认为瓦格纳的分类法虽然有一定的合理

---

① 尹文敬. 财政学［M］. 上海：商务印书馆，1935：528.

② 陈启修. 财政学总论［M］. 上海：商务印书馆，1924：3

③ 陈启修. 财政学总论［M］. 上海：商务印书馆，1924：65.

④ 瓦格纳将财务行政秩序论分为实质的秩序论与形式的秩序论。前者研究经费不足时的补充方法及次序，后者讨论预算、金库、出纳、审计、决算等程序。

性，但是所分类的实质与形式秩序论有相互重叠之处，故不适宜采用这种分类法。该书的成书时间较早，主要对预算过程及程序方面进行阐述，并介绍了美式及英式两种模式，遗憾之处在于并未对决算进行过多的阐述，这也与当时政府还未实行决算制度有较大关系。

其他学者如李权时在论述预决算的一般问题时，同样强调了预决算中的法治精神。他借用租税的例子，以实体法和诉讼法的关系明确了预决算事实与形式并行并重的关系，“即如租税法就是实体法，征收法就是诉讼法，有了实体法而无诉讼法，那么实体法的效力必等于零；有了租税法而无征收法，那么租税法的效力亦必等于零，所以事实与形式是须并重的”①。他的这一类比直接驳斥了当时学界中认为预决算论不应包含财务法论的观点。

除了对预算编制立法程序的强调，不少学者如吴贯因又提出预算运行良与不良系于法治，而法治当中决定预算纲领的法律尤为重要，甚至较《预算法》《决算法》等具体细则条文更重要。他说：“故各国之预算制度，其成绩良否之所由分，率系于其纲领，而不系于其细目，虽细目不善，亦足为纲领之累，然其细已甚，所损者几何？是故欲制定预算制度，苟能使大纲与细目均臻妥善，斯最上矣。若二者不可得兼，则当先研究其大纲。”② 除此之外，一些担任了政府官员的学者同样认为法治对于预算至关重要。如曾担任湖南省、广东省财政厅厅长的胡善恒，在论述预决算的一般性问题时，分别从“财政统制”③“法理”“政治”“行政”四个方面对预决算的本质进行了分析和阐述，论及有关预算在法理、政治上的性质，明确提出没有经过立法机关批准的预算都不能成为法定预算。

7.2.2.2　对民主理念的探究

从严格意义上讲，预算脱胎于近代民主政治进程。西方发达国家一次次的预算改革构成了其现代公共政府的演进轨迹。近代中国政府虽然在时代裹挟下进行了预决算实践探索，但是由于自身阶级的狭隘性，最终与民主政治进程背道而驰。与之相反的是，这一时期的预决算思想则不断凸显民主监督之重要性并不断深化对财政民主监督的认识，并集中体现于对预算性质的探讨上。如尹

---

① 李权时．财政学 ABC ［M］．上海：ABC 丛书社，1929：57.

② 吴贯因．中国之预算与财务行政及监督［M］．上海：建华书局，1932：15.

③ 胡善恒此处的“财政统制”意在强调统一性，包含预算统一：国家收入与支出编入一部预算内；会计统一：国家一切收入列入收入，一切支出列入支出；国库统一：国家一切收入归入一个国库加以保管；支出统一：国家一切支出由一个支付机关掌管。参见：胡善恒．财务行政论［M］．上海：商务印书馆，1934：11.

文敬在其1934年出版的《财政学》一书中强调人民享有对国家预算的监督权。他提出预算是“国家或其他公共团体在一定期间内，根据财政计划预定之经费，及预定之收入，以数目字表明之公文，经立法机关之赞同，以为该时期内财政设施之方案者也”①，故而直接取篇章名为今日的用语——“预决算论”，认为这是最能将相关内容都囊括进去的表述。同时他认为“公布预算为一国之政，盖不如是不足以昭信国人”②，既然人民向国家缴纳财货，那么就理所当然地拥有对财政进行监督的权利。他还提出通过预算可以更好地进行财政监督与管理。国家财政收支按照预算法案严格执行，是国家信用的彰显，可使得“人民知财政之实况，信政府之诺言，踊跃输将，困难立解”③。

此外，一部分涉足政坛的学者对于国民预算监督之权力也尤为看重。如吴贯因在其《中国预算制度刍议》及《中国之预算与财务行政及监督》两本书中提出，要得出预算之性质，首先要基于古代国家财政和现今的四点差异加以考量，即用度有余和收支适合的原则差异、量入制出与量出制入的原则差异、税目简单与负担公平的原则差异、供元首之用和谋国民之福的目的差异。基于这四点差异，他认为：“今世之国家，所以岁必编制预算者，实缘国民有监督财政之权，乃始发生此制度。”④

进入20世纪40年代，近代中国的财政思想已经较为成熟，不仅更为系统、完整，同时也注重对国内预决算实践过程加以分析。曹国卿在1947年出版的《财政学》是一本系统成熟的财政理论专著。在预决算与民主的关系方面，他通过列举德、意等国在法西斯上台前后由民主监督变成一党专政的局面，阐释了预决算与政治的紧密关系，认为无论是从政治角度还是借鉴外国的角度，人民都有不可剥夺的民主监督之权，属现代公共社会中应有之义。他说：“在君主专制时代，则一切财政完全归君主支配，国民无权过问。及宪政时代，则人民掌握财权，政府课税及支出须经过人民代表允许。而于一党专政或独裁之整体下，则财权归党大会或独裁者之支配，而一般人民又不得过问矣。”⑤ 此外，曹国卿还专门对比了英国式的立法型监督、德法式的司法型监督、苏俄式的行政型监督以及中国式的监察型监督，对国民政府预算审议的民主性提出质疑，“编制预算由主计处负责，中央政治会议有决定预算之权，立

① 尹文敬. 财政学［M］. 上海：商务印书馆，1935：527.
② 尹文敬. 财政学［M］. 上海：商务印书馆，1935：529.
③ 尹文敬. 财政学［M］. 上海：商务印书馆，1935：531.
④ 吴贯因. 中国之预算与财务行政及监督［M］. 上海：建华书局，1932：10.
⑤ 曹国卿. 财政学［M］. 上海：独立出版社，1947：249.

法院负有审查之责，而无否决之权”[1]。在他看来，这种完全不可能被否决的预算其实是一种有名无实的预算。曹国卿对政府这种“有名无实”的预算制度进行批判，代表了当时学界对于预决算角色本位及现代性价值取向的向往，同时表达了对现行预决算制度运行的极度失望。

7.2.2.3 对预决算运行程序的探究

在近代民主政治的时代背景下，预算一方面逐渐成为民众借立法部门对政府收支加以约束的工具，另一方面也是国家治理活动当中管理收支结构、优化资金使用效率的重要议题。就当时的情况来看，这两个预算的价值体现既要突破中西国情差异的限制，又要考量思想与实践的相互关系，因此近代中国预决算思想对于具体的运行程序有诸多探究。

面对西方发达国家预算的运行经验，大部分学者认为更应依据国情如政治习惯、社会状态等特殊情形加以取舍。李权时通过个案研究的方法就英国、美国、法国与中国的预决算制度进行比较研究，对中外预算的编制、决议、行政监督、立法监督、决算制度等方面逐一对比，指出我国预决算制度运行各环节之不完善。吴贯因在具体论述预算准备、编制、议定、施行及决算的时候，分析了西方诸国制度对于中国的适用问题。他认为中国应采用日本之制施行前年度之预算，而决算报告应采用英国制度。就具体的预算程序而言，预算与决算并行问题在当时的实践中是最为突出的一个问题，故而不少学者就预算与决算的重要关系进行了重点阐释。尹文敬关于“不有决算，则下年预算，无所取法，而单纯之估计，又往往与事实不符”[2] 的看法代表了学界的普遍观点。

国库制度亦是这一时期学者们关注的重点。胡善恒就在其专著中重点阐述了国库制度及掌管办法。他认为国库制度的建立十分重要，这样既可以对收入、支出机构的工作进行分工，又可以避免贪污舞弊，因此他提出：“现金之保管，各国皆以法律规定，委之于中央银行，兼办国库之职。”[3] 这既是当时预决算现实改革中的迫切要求[4]，也是预决算思想得到深化发展的一个表现。除此之外，这一时期由于战事、灾害等原因经常发生预算未能及时通过、预算施行后不足、追加预算及非常预算等特殊情况。对此曹国卿提出了相应的补救办法：一则可首先延缓一切支付，二则按照上年度所承认的比例指导支付，三

---

① 曹国卿. 财政学 [M]. 上海：独立出版社，1947：251.

② 尹文敬. 财政学 [M]. 上海：商务印书馆，1935：647.

③ 胡善恒. 财务行政论 [M]. 上海：商务印书馆，1934：230.

④ 民国时期公库制度一直处于有名无实的状态。直至 1939 年 10 月颁布施行公库法，才从法理上真正健全、完善了公库制度。

则议定临时经费。胡善恒也就预算特殊情况提出预备金及非常准备金的建议。他认为预备金用于应对行政等方面的不时之需，非常准备金则是以备战事突发所需战费。“如国家遇有临时发生之紧急事故，未列入预算中者，或列有预算而原定数额不够，于是依照一定手续，动用此项基金”①，且“国家一旦发生战事，或其他重大事变，则预备费不够用，于是有设置非常准备金者”，“以现金现银为之，事变发生，即移置之于中央银行，作为加发流通券之准备金，以供动员作战或救急所需之费用”②。他们关于预算特殊状况的应对观点十分具有预见性，既丰富了预决算思想的内容，又未雨绸缪地从预决算制度的完善方面对战时财政进行了思考。除此之外，这段时期的学者还在其他方面不断拓展预算技术、程序、环节等方面的思想探索，既有对预决算细化问题如金库制度方面的著作，如杨骥的《中国现行公库制度》、杨承厚的《中国公库制度》、秦汉平的《公库制析述》等；又有面向如中央训练团等公务系统的预决算培训专著，如鲁佩璋的《财务行政》和李傥的《财务管理》等。其中尤其是马大英在 1947 年出版的专著《中国财务行政论》，分 41 章，从统计、预算、收支、调剂、经理、会计、审计、稽查、决算乃至人事制度等方面对预决算的整体流程进行了详尽论述。

7.2.3 近代中国预算思想的现代意蕴及其启示

7.2.3.1 无序与差序：传统财政思想中的计划缺陷

预算与决算，可以有效地安排国家财政支出活动。在传统社会中，小农经济的生产结构决定了财政收入的来源有着十分鲜明的分散特性。与此相对应的是，高度集权的政治体制决定了财政支出呈现出较为强烈的集中特性。因此，传统社会中财政运行的主要任务便是如何在分散的财源状况下，准时把赋税保质保量征收上来，并将其集中再分配至各个财政支出的类别当中去。为了更好地缓解财政收支中分散性与集中性的矛盾，编制一套年度财政收支计划显然不可或缺。

回溯传统财政思想，为应付上述矛盾，历朝不乏类似于“国计簿”“会计录”等各种形式的预算制度以及“量入为出”“量出制入”等预算原则，相应的各种财政收支决策及机构也不在少数。从最终运行效果的角度来看这些预算方面的内容，由于传统社会是建立在中央集权制下的，统治者居于权力的核

---

① 胡善恒. 财务行政论［M］. 上海：商务印书馆，1934：289.

② 胡善恒. 财务行政论［M］. 上海：商务印书馆，1934：300.

心，其做出的关于财政收支的决策从开始的草拟至最后的昭告并不仅仅是君主个人旨意的独立体现，还渗透了中央权力集团各股势力的协调，故而在不少“盛世”的财政收支的确实现了一定的周密性和合理性。但纵观整个中国传统社会，这种建立在需要有相应的“明君”与“贤臣”前提下的“盛世”毕竟属小概率事件，一旦缺乏相关要素推动，从中央所发出的决策便会具有极强的阶级偏差性，相应的财政收支计划自然也会在缺乏严密性的情况下走向无序。

近代的预算与决算，可以有效地制约国家财政支出活动。从民众与政府的关系来看，在传统社会中，民众与政府的关系是建立在“以民为本”的思想之上的。民众的个人利益能否得到保障取决于统治阶级对“以民为本”思想的坚持程度。因而，统治阶级向民众征收皇粮国税显得天经地义，判断征收合理程度的准绳在于是否会引起民众对统治阶级的反抗活动。因此，统治阶级往往在不具备任何法律依据的基础之上，利用专制对民众任意征税。而无论是从阶级层面上定义的百姓还是以个体层面定义的平民，在国家的财政活动中，既无质疑统治阶级征税合法性的权利，也无维护自身权益的相关意识和诉求。在这样一种局限性下，统治阶级的征税行为，便不会包含任何为民众提供相关公共服务的责任与义务，借助财政预算活动来对统治阶级的权力加以约束更无从谈起，民众与政府之间的关系在财政收入与支出的全过程中存在着极不公平的差序错位。

7.2.3.2 变迁与调适：近代中国预决算思想的现代意蕴

理论往往先于实践，预决算的现代性也首先在思想领域出现先兆。发展至近代，在西学东渐的背景下，伴随着公民权利意识在国内的逐渐觉醒以及西方现代财政思想的传播，加上国内严重的财政危机，不少学者开始关注民众的财政参与权。通过西方预算观念引入、外国财政预算著作翻译等途径，近代财政预算思想开始在晚清萌芽。清朝覆灭后，更多的学者开始将西方的预算思想引入国内，由简单地介绍预决算观点逐渐发展成较为完善的思想引介。通过上述对北洋政府及国民政府期间预决算思想的分析，我们可以看出其不仅仅在内容上对预决算进行了扩充，同时在民主、法治等价值取向引导下不断变迁和调适。学界通过对民主与法治等理念的定位，实现了预决算思想的现代耦合，也在内容上实现了预决算思想的纵深发展。从这一时期预决算思想的内容来看，学者们对于预决算的研究逐渐丰富起来，并且不断跟其他学科进行交叉研究。从最开始对预算事实与法理的讨论，到后期理论深化至与财政、法理、政治、行政的关系；从最初偏重讨论预算编制单环节内容，到后期全方位注重研究预决算整个完整的环节；从最开始的常态化预决算思想的研究，到后期常态与非常态预决算状况的观照，预决算思想在纵横各个方面都较晚清时期得到了深化和丰富，也促使财政思想连接上西方现代化的轨道。从这一时期预决算内容所蕴含的理念来看，无论是在财政学专著还是预决算专著里，学者们都认为预决算并不仅仅是一项国家在财政层面进行收支安排的单纯的经济计划活动，提出其内部关联了现代国家建构过程中的各种现代理念，并着重强调了预决算中民主监督与法治的重要性。受西方国家财政思想影响，学界普遍认为税收活动或者是对民众财产的征收活动，都来源于个人的私有财产。无论是政府的税收还是对个人私有财产的征收，都需要获得民众个体的合法同意并在正当的法律程序下执行，如此方可对政府的财政行为加以约束，也才能最有效地制约政府的公权力。人民缴纳税款，不仅承担了应有的义务，而且需要享受对于政府财政收入与支出的监督权利。此外，在民主层面之余，这一时期学界也有基于法理视角的考量，具有鲜明的自发监督与硬性监督相结合的现代性内涵。作为一项国家制度，现代的预决算制度既是具有民主与法治内涵的产物，同时也逆向推动了民主与法治内涵的延伸，建立在民众将自身公共利益的实现委托于政府的基础之上。而公共利益的实现不仅需要民众及社会舆论的民主监督，还需要政府的具体实施与支持。民众通过宪法、预决算法等法律授权政府针对未来一定时期内的财政收支活动进行计划。因此，除民众的自发监督之外，法理层面的硬性监督不可或缺。财政学家尹文敬当时曾言，“预算经立法机关议定后，确定政府财政执行权之范围。于此范围内，授政府以支出之权，此为宪法的预算。然政府在施行预算时，则宪法上之预算，即变为依行政法上之预算”①，可见在当时的学界，认为预算无论是议定还是执行环节都不仅需要有宪法作为基本保证，同时还需要相关行政法支撑的观点基本成为共识。

7.2.3.3 批判与接受：思想落地与现实制约的辩证看待

纵而观之，尽管近代中国的预决算实践经历了初创至深化的过程，彰显了较强的开创性历史意义，但从实践效果来看，政府“钱袋子”始终无法被管住，专制始终未能被有效监督、约束，执政者依旧可以无限制地使用个人权力……种种“新瓶装旧酒”的倒行逆施，虽在当时能依靠专制进行下去，但已然无法阻止民众对于“平衡”“公开”“制约”等现代精神的向往。诚然，此时期内外混乱的时局既给予了学界在预决算领域进行破与立的空间，也限制了知与行的有效结合。而任何时期的思想、学说和理论一旦脱离与实践的结合，在言与行的协调上无法达成统一，势必会失去其应有的历史厚度。故而，从今

① 尹文敬. 财政学 [M]. 上海：商务印书馆，1935：609.

天的视角来看，近代中国预决算思想与近代中国的预决算实践要辩证地加以区分，二者虽然都是在现代化的时代潮流引领下展开的，却在同一个趋势下逐渐走向分流：预决算实践在反动政府的逆流中走向绝境，而预决算思想则在复杂与曲折的道路中自我修正并不断深化，一定程度上完成了中国预决算思想的现代化进程。

同时，当我们站在今天的理论视域对这一时期的预决算思想加以审视时，还需要借用去芜取菁的方法对其做辩证分析，既见其利而用之，又见其弊而鉴之。首先，这一时期的预决算思想构建的时代背景十分鲜明。处在近代中国内外交困的特殊时期，由于近代中国转型过程的艰巨性和复杂性，预决算思想的形成和发展过程便不可避免地具有一定的时代局限性，这种时代局限性由预决算思想的参照对象、适用对象、适用条件延展到制度的方方面面，也从根本上阻碍了思想与实践相结合的进程。其次，这一时期的预决算思想虽然强调了民众对于民主监督的重要性，提出借助法律授权来达成一定的监督效果，但是并未进一步提出如何让民众实质性参与到预算监督过程中的对策，这与我国当前构建的参与式预算有着本质上的区别。再次，无论是在晚清还是北洋政府还是国民政府时期，预决算思想的整体框架都显单薄，相关观点多数存在于财政学的著作中。虽然后期逐渐丰富起来，预决算专著达到 22 本，但无论是内容覆盖还是载体容量，对预决算诸多研究的观照都仍然存在欠缺。并且，当时学界对于预决算的诸多观点和研究都未能达成共识。思想、学说经由讨论的深入及各方力量的此消彼长，一般都能够达成一定共识。但一则由于当时所引进的西方财政思想纷繁复杂，二则在特殊国情的适用条件下，缺乏进行调适的空间，造成思想的集中程度略低。如当时关于“超然主计”思想的大辩论，讨论之广泛，虽开阔了视野，也显现了各家学者的分歧之多。最后，这一时期的预决算思想无论是对西方先进理论的介绍还是国内的实践活动，都存在着一定的妥协性。一方面由于时代的特殊性，学界对于预算的现代性认知几乎照搬西方预算思想，“拿来主义”色彩较为浓厚，缺乏一定的独立思考精神；另一方面由于当时政府的集权化管理，预算思想对于预算实践的现实批判性及指导性也稍嫌不足，只有极少数横跨政、学两界的学者如胡善恒等人提出的观点得以落实。思想与实践之间这种各自为政的状况也直接导致了二者的分裂走向。近代中国的预决算思想由于思想内部的自我缺陷加上缺乏安定的内外部环境和完善的体制保障，不仅无法阻止当时政府在政治上的倒行逆施，也无力拯救当时经济不断陷入崩溃的趋势，只能随着政权的灭亡并伴着政治、组织等体制的消散而一同消散。尽管如此，我们依旧不能忽视了近代中国预决算思想的进步意义：基于现代意蕴上逐渐成熟的预决算思想既对当时国情加以考虑，又对预决算进行了价值理念上的定位，进一步完善并丰富了这一时期的财政思想体系，一定程度上也为具体实践指引了正确的方向。

7.2.3.4 过去与现在：以史为鉴，面向未来

目前，我国正在全面深化预算管理制度改革。以史为鉴，从现代化意蕴的层面加深对近代中国预决算思想的认识，对于当前的预算管理制度改革有着重要的启迪和借鉴意义。

首先，目前的预算管理制度改革是在依法治国的要求下，积极推进预算公开与监督的高效性、集中性、便捷性，与近代的预决算思想有着时空及内涵上的耦合。法治与民主理念始终作为预决算实践中的题中之义贯穿于其中，既清晰阐释了预算管理制度改革向何处去，又指明了在新时代的背景下如何改革的路径。有鉴于此，在具体改革实践中，政府应当围绕法治与民主的核心价值，一方面借助宣传、教育渠道塑造并加强社会公众在预算决策、监督方面的权利意识，并开辟通道为社会公众参与预算编制、执行、决算等过程创造条件；另一方面，在现有预算法、政府采购法等法律的基础上，继续完善和规范预算监督主体、客体的法律法规，通过不断构建法治环境，完善财政体制建设及相关管理模式，保证预算管理制度改革朝向民主、法治、透明、公开、科学的方向展开。

其次，任何时候都不存在“放之四海而皆准”的路径和方法。尤其是预算改革需要综合衡量多方利益。尽管西方发达国家某些预算制度比较先进，但并不见得就能适合于中国的国情，毕竟一国的预算制度同样受到该国正式与非正式制度的影响和制约。近代中国的预决算思想的完善过程，既有对西方先进理论的借鉴，也有基于国情的独特性构想，既保证了“平心观理”，又做到了“义取适用”。当前各发达国家在控制财政风险、优化配置资源、提升管理效率等层面为我们提供了优秀的借鉴，在对待这些经验的过程中要吸收与扬弃兼而有之，既要对自身作用进行准确定位，结合国情从而明确自身的实际需要，又要借鉴国际成功经验和通行做法，接轨国际从而全面推进预算管理制度改革，以纵深的角度达成全面规范透明、标准科学、约束有力的预算管理制度改革目标。

再次，预算管理制度的改革一方面有赖于理念的改变，另一方面也依托于预算程序、技术的匹配。在程序方面，近代以卫挺生为代表的学界倡导实施了联综组织以及超然主计，这一创新将涉及预算支出执行过程中的主计、行政、出纳及审计四大权力机构形成互相合作且互相制约的组织体系。虽然这一套系

统架构并不曾被纳入当时政府的法规当中，但其对预决算监督的思考大胆突破了西方的相关预算思想，完善了当时财政监督的法律制度体系，显现出极大的时代进步性，可为目前的预算改革提供一些借鉴。目前我国负责政府预算的相关部门机构稍显薄弱，编制环节过于集中于财政部门，既给财政部门添加了较大压力，也缺乏相应的专业人员对其部门提交的预算建议进行细致的审查。因此，可以借鉴联综组织的做法对预算各个环节进行更细致的职权划分，在原有的财政体系基础之上，逐步构建更独立化、专门化的编制、审核、执行、监督等部门，形成一个更为立体、明晰的预算程序保障。

最后，近代中国关于预算起讫日期的设定及国库制度的思考同样值得借鉴。我国目前财政起讫日期与全国人大代表会议召开的日期存在错位，造成预算执行过程中存在着较为明显的空当期。就此问题，马大英就曾认识到："年度开始之期，不可距离预算决议之期太远。因预算之计划财政，不过为一预测，若决议期与实行期距离太远，则内外人事变化日多，预测与实际相差必巨，无论事中之追加预算或事后之请求追认，均足使以预算统制财政之目的不能达到。"① 因此，就目前我国所存在的预算空当期这一问题，或可以采取将全国人大会议召开时间提前至财政年度之前的解决办法，或可采用跨年制的中期预算方法，以有效覆盖错位时间。通过不断提高相应的预测技术及能力，采用跨年预算形式，既与当前各国主流操作趋势相符，也更有利于实现财政管理的可持续性。同时，借鉴近代对国库制度重要性的论述，也可以获得重要的启示。我国国库集中收付制度直至 2001 年才在全国开始实行，虽然已取得了不少成绩，但是关于国库制度的建设仍有待完善。尤其是基层各级部门预算不够彻底，各级政府对本级国库监督管理不够完善，既影响到预算的执行，也在一定程度上阻碍了国库集中支付制度在核算方面的工作。故而，应继续在各级政府及部门内部深化对国库集中支付制度的重要性的认识，强化对本级国库的监督和管理，优化国库资金管理及使用方式，切实提高国库集中收付制度的运行质量与效率。

① 马大英. 中国财务行政论［M］. 南京：国立编译馆，1947：58.

8 近代中国的特殊财政思想

与今天的财政理论相比，近代中国的财政思想在某些领域有着一定的特殊性，其中包括地方自治财政思想和超然主计、联综组织思想以及战时财政思想。这些领域的特殊性既有近代中国财政思想的创新，如超然主计、联综组织思想；也有显著区别于现在财政理论的思想，如地方自治财政思想①；更有特定时代背景下的产物，如战时财政思想。有鉴于这些思想的特殊性，本书在此对其予以集中阐述。

8.1 近代中国的地方自治财政思想

在我国传统的财政思想中，地方财政被中央高度集权的财政体制多方位禁锢。及至近代，地方财政逐渐被赋予了更多自主治理的现代含义。晚清至民国时期，随着地方财政体制的改革实践，尤其是 1928—1949 年国家财政体制四次重大的变革，地方财政体制的思想不断深化，与传统财政思想发生分流，重新定位了地方财政在国家治理中的地位。

在南京国民政府成立之前，尽管事实上的地方财政已经出现，但财政体制的法理依据仍然统属于中央政府。直到 1928 年 11 月国民政府通过《标准案》，将财政体制明确划分为中央与省份的二级关系；1935 年 7 月，国民政府通过《财政收支系统法》，在省一级设立县市财政，使财政体制变成中央、省、县三级关系；1941 年，在抗日战争的背景下，近代中国国家财政体制再次发生重大变革，国民政府将前期实行的中央与地方三级关系修改为二级关系，财政上分为国家财政与地方自治财政；抗战结束后，1946 年将财政体制再次恢复到中央、省及院辖市县、县市三级关系。在这一段财政体制由粗略日益走向精

① 本书将地方自治财政理论纳入近代中国特殊理论领域，在于近代中国的地方自治财政理论在自治的本质及模式方面与当今情况有着极大的特殊性。如此章节安排，有利于我们从其特殊性中获取一些对现实的有益启示。

细的过程中，始终少不了地方自治财政思想的理论引导。近代的地方财政自治思想蕴含着显著的西方自治理念，其在思想层面对中央与地方财政的功能设计，也经历了从初级认知到深入探究的过程。

8.1.1 地方自治财政思想的相关背景

站在传统中央与地方关系的视角来看，自秦朝的郡县制设立以来，传统中国在宋朝时期将中央集权制推向顶峰。在这套维系了两千多年的中央与地方关系模式中，尽管存在着大大小小的地方反击中央的事件，但是不可否认的是，这套始终旨在服务于统治的关系模式运行得较为平稳。而在这其中起着非常大的决定作用的，除了依靠“天命观”、礼法等价值观念以及在地方以宗族为自治系统的制度安排，在财政领域，自然是服务于统治阶级的中央集权财政体制。在这套体制中，所有财权统一收归中央财政机构，并不存在地方财政。一直到清朝镇压太平天国运动时，中央集权财政体制才逐渐瓦解。通过回溯传统中央与地方的关系，我们可以清晰地发现，维系传统中央与地方的财政理念与地方自治财政思想的理念截然不同。以自上而下的视域来说，财政权的独享与财政权的共享构成二者关系正向的区别。此外，以自下而上的角度分析，传统的地方财政完全依附中央与民国地方自治管理构成了二者关系逆向的区别。

论及地方自治财政思想，自然不得不提到地方自治①理念。近代中国地方自治财政思想中蕴含着浓厚的“自治”理念，这也主要是受到了当时诸方面时代背景的影响。地方自治思想最早是被视为反对封建专制而由早期英国资产阶级提出来的。它的主要内容涉及地方民主选举代议机关并组建地方政府，对地方事务进行自主管理。其含义主要包含三个方面，首先是中央与地方实行分权。治权归属地方，而监督权归属中央。其次是居民与官吏对立。地方之事务悉数由所属地方的居民自主管理，不受官吏支配。最后是治理的具体形式。无

---

① 对于地方自治的含义，学术界虽然尚存在解释方面的分歧，但也基本达成了一定共识。综合概括，从不同角度出发，对其的解释存在两种不同定义：一则聚焦于“地方”层面，认为地方自治有别于中央统制、一般性团体自治。如被称为“民国法律奠基人”的吕复认为，对地方自治的定义要着重从其制度的本质来看待，“乃地方本其住民之意思，而自定法律，由此法律，发生自治行政，再由根据此等法律所产生之自治人员执行之，其人员直接或间接皆对其地方负其责任”。参见：吕复. 比较地方自治论［M］. 增订本. 上海：商务印书馆，1943：1. 二则着重强调“自治”的内涵。如江继五认为，“地方自治，非国家的直接行政，是在国家的监督之下，由地方自治团体，依其自己意志，自己来管理应当管理或者可以管理的众人之事”。参见：江继五. 地方自治概要［M］. 上海：大中国图书公司，1935：5. 又如冷隽认为，“地方自治是地方公共事务，依据国家法律，由代表人民公意机关的决议，而由执行机关处理的意思”。参见：冷隽. 地方自治述要［M］. 南京：正中书局，1935：2. 尽管其分析的出发点不一致，但是观点一致，都认为地方自治是地方居民自主决定并处理本地公共事务的一种制度形式，其与官治是相对的。

论是地方公共事务还是地方行政人员，甚至地方的法律都由地方所属居民自行处理。地方自治理念的发展进程极具近现代内涵，其始于西方民主宪政的运动之中，成功施行于英、美等发达国家。在当时，地方自治理念是宪政的重要依托。先进的政治制度带动了欧美诸国经济的繁荣，是这些国家迅速崛起的一大重要保证。有学者评价道："地方自治是宪政制度最重要的成分，没有地方自治，宪政制度仅仅徒具形式而已。"①

8.1.1.1　清末自治理念的先行传播

清末正处在传统国家管理与新式国家治理观念的交锋时期。在这一时期，当局政府试图通过建成民主宪政国家，而在引入西方宪政理论过程中，有关国家治理的西方现代性理念和经验则不断被传入中国，地方自治的理念作为其组成部分也因此得到传播。

晚清维新派较早地提倡地方自治思想。如黄遵宪认为既然要施行君主立宪制，就要允许人民"自治其身，自治其乡，再由一乡推之一县一府一省"②。由于其观点提出时间较早，未能受到国人的关注。直至进入20世纪以后，清朝政府在危机下开始推行"预备立宪"及"新政"，地方自治思想由此被推到政治改革的前台。康有为认为西方发达国家强盛的原因就在于实行了地方自治制度，并认为"为人代谋者之不如自为谋也，人治之者不如自为治也，此天下之公理矣"③。梁启超在其《新民说》的"论自治"篇章中把地方自治作为立国之本，并认为："凡善良之政体，未有不从自治来也。"④ 在维新派等人的极力提倡下，晚清政府不仅出台了一系列的地方自治法规体系⑤，而且被作为基本国策在全国推开实行⑥。但是这一时期地方自治方面的改革尝试未及多时，便因辛亥革命爆发、清政府下台而被终止。纵观清末地方自治理念的传播过程以及具体实践，源于西方的地方自治理念在思想传播以及实践中得到了宣扬。但是客观而论，地方自治理念被当时国人作为救亡图存的应急工具，而晚清政府不遗余力施行地方自治也只是出于挽救其统治危机的目的。以民主权力

① MINTU-KI. National Polity Power: The Transformation of Late Imperial China [M]. New York: Harvard University Press, 1.

② 谭嗣同. 谭嗣同全集（下）[M]. 北京：中华书局，1981：427.

③ 康有为. 公民自治篇 [J]. 新民丛报，1902（6）：1.

④ 梁启超. 论自治 [J]. 新民丛报，1904（9）：45.

⑤ 自1908年起，清政府陆续颁布了《城镇乡地方自治章程》《城镇乡地方自治选举章程》《府厅州县地方自治章程》《府厅州县议事会议员选举章程》等法律。

⑥ 在晚清政府《九年预备立宪逐年筹备事宜清单》中，地方自治作为基本国策有其相应的规划：第一年即1908年开始，针对城镇乡设置法律章程；第二年设立自治研究所并筹办城镇乡地方自治；第三年至第五年在各地铺开筹办续办；第六年完成城镇乡自治；第七年开始府厅州县自治。

为内核的地方自治，其最初意义在一场自上而下的自治运动中，被地方督抚及各方势力裹挟而无法体现，因而其施行的效果甚微。

8.1.1.2　民初中国自治中的财政问题

晚清时期地方自治理念被引入之后，各地方势力以此理念为说辞，致力于脱离中央管制，造成民国初期中央与地方关系极度紧张、对立的局面。这一局面主要受到当时诸多现实因素的影响。其一，列强为进一步树立在华代理人，培植各地地方分治政权为其所用，造成中央与地方关系急剧脱离。其二，自晚清就拥有地方财权与军权的地方势力逐渐形成各地军阀，他们依据自身利益来决定与中央政府的亲疏关系。其三，中国长期以来政治经济发展的不平衡性也促使中央与地方的关系日益疏远。在此情况下，西方地方自治理论成为地方割据、军阀混战的理论外衣。

此时，孙中山在中央集权与地方分权之间提出了均权思想。这一思想突破了以往集权与分权非此即彼的思维框架，将西方联邦制按照中国国情结合，设想出兼具二者优点的均权思想。孙中山的均权思想与以往地方自治最大的不同在于，既强调集权又不否认分权，同时自治单位是县而非省。这一思想虽然本质上还是为了维护中央集权，但是在自治方面的创见对于改变当时中央与地方混乱关系有着一定的积极意义。无独有偶，资产阶级革命派的另一成员宋教仁也针对中央与地方关系，提出了单一均权的理念。宋教仁提出“从实际想，推中国情形立论，有若干权应属诸中央者，有若干权应归之于地方者”，从而实现“既非联邦制又非完全集权制”[①] 的集权与自治。在革命派的影响下，国民政府也在长时期内依据孙中山、宋教仁等在地方自治中提出的均权理念，处理中央与地方的关系。

为了缓解中央与地方之间的关系，在南京国民政府名义上统一全国之后，开始了一系列处理中央与地方关系的改革，以财政作为切口的地方自治就是其中一项。在晚清时期地方自治改革中，地方财政是一大关键问题。清政府曾专门设立了新的财政机构进行地方财政改革，同时也提出了各种中央与地方财权分割计划及相应的预算，如 1910 年明确中央与地方的财政预算“前者为二万六千另七十四万另九百九十六两，后者为三千七百七十万另三千三百四十四两”[②]。到了北洋政府时期，除兵权以外，中央与地方的关系则悉数集中在财权方面。北洋政府于 1912 年建立之初拟订了《划定国家税地方税法（草

① 陈旭麓. 宋教仁集［M］. 北京：中华书局，1981：460.

② 李权时. 划分中央与地方财政问题［J］. 东方杂志，1923，20（15）：31.

案）》[1]，开篇明确中央与地方定义及职权之后，大篇幅内容集中于国税征收与收入监督问题。虽然事实上划分并未真正施行，但在思想上开了风气之先。

地方自治财政实践的不断探索促进了相关地方自治财政思想的发展。在学界，当时不少留学生在国外学习的时候，就十分注重对地方自治财政问题的关注，有的甚至在其毕业论文中就以此为题，并且获得国外学者一致赞誉。如马寅初的博士毕业论文是《纽约市的财政》，陈岱孙的博士毕业论文是《马萨诸塞州地方政府开支和人口密度的关系》。而其中，尤以李权时的博士毕业论文《中国中央和地方的财政：中央、省、地方政府财政关系研究》与当时中国现实情况联系最为紧密。由于还在民国初期，他的这篇论文的许多内容代表了当时学界对于自治及地方财政的关系的一些基本观点。

李权时认为当前中国自治运动能否成功就在于中央与地方之间财权的划分。"财政问题待解决者多矣，划分中央财政与地方财政问题又其一也。"[2] 在论及地方自治与财政的关系方面，李权时主要对比了1912年前后中央与地方在财政机构、财政关系、财政实践方面的差异。在财政机构方面，李权时认为当时清政府高度集权的制度使得地方缺乏效率，即便是实行地方自治之后，地方官员出于各种原因，在地方的作为也收效甚微。在财政关系方面，他认为清朝地方政府只是中央政府的财政代理，而1912年以来的中央与地方财政关系在财政制度、财政集中、事权划分、财权分配方面都收效甚微，中央与地方的财政关系并未体现出地方自治的独立性。在具体的财政实践中，通过对1912年前后财政分权改革的相关概述，李权时预测，地方财权从中央分离出来只是时间问题。除此之外，李权时还充分介绍了欧美诸国处理中央与地方财政关系方面的制度。他认为："德法制，以效率牺牲自治；美制，以自治牺牲效率；惟英制则既获效率又得自治，有美制及欧陆制之长，而一无其短，洵调剂集权分权，自治效率，最良之方法也。"[3]

从近代中国自治思想以及实践中可以看出，清末时期传播的自治理念已经有了较大的改变，尤其以孙中山、宋教仁等的自治理念为代表。出于对现实的考量，常年的军阀混战以及中央军权、财权的羸弱使得国民政府努力在中央与地方关系中寻找一种均衡。但从本质上来讲，国民政府处理这对关系始终是以实现中央高度集权为最终目的的，这一点在南京国民政府时期的财政改革中体现得尤为明显。而在财政学界，尽管很多学者对于西方式地方自治非常向往，

---

① 这是中国历史上首部有关分税制的法案。

② 李权时. 划分中央与地方财政问题［J］. 东方杂志，1923，20（15）：19.

③ 李权时. 划分中央与地方财政问题［J］. 东方杂志，1923，20（15）：43.

但是军阀混战造成的混乱亦让学者们对于高度地方自治在中国的实现存有较大怀疑心理。因此学界普遍既希望实现地方自治，又希望中央能时刻保持对其的监督。近代中国地方自治财政思想便在这样一种基调中形成并不断丰富。除此之外，如上所示，这一时期的财政学者们在地方自治财政思想方面的理论水平已经相当之高，尤其以留学欧美的学者们为代表。他们回国以后，结合中国国情对地方自治财政思想进行了极大充实，提出了不少具有创建性的观点，有效地促进了地方自治财政思想的发展。

8.1.2 地方自治财政思想的具体架构

如上所述，在相关思想启蒙和改革实践的环境下，相应的地方自治财政思想开始逐步形成。与其他财政分支思想一样，最初依旧是从对西学的引进开始的。1919 年，姚大中就翻译了日本财政学者小林丑三郎的《地方财政学》，这也是目前我们所能找到的近代最早译著国外地方财政方面的书籍。此后，随着国内财政领域对此思想的深入思考，不少学者开始或以专门地方财政为论题著书，或将地方自治财政作为财政思想中重要的一个部分进行论述。通过对近代中国地方自治财政思想出版物的统计，民国时期共有 37 部自治财政思想的著作出版。而这一时期各个地方主办的财政、税收类期刊更是如雨后春笋般大批出现，地方性财政、税收类期刊占据了整个近代中国出版期刊的半数以上。由此侧面可以看出，地方自治财政思想在近代中国获得了极大的发展。要对近代中国地方自治财政思想进行深入探讨，就必须对其具体架构进行深入的分析。地方自治财政思想从基本认知到进行制度设计的演进反映了其发展的历程，也促进了地方自治财政思想从照搬外国地方自治相关理论的过程，到结合本国国情进行独立研究的路径分化。通过把地方财政思想置于基本认知和制度设计的层次上，可以更加清晰地了解其发展脉络及演进过程，同时对其所对应的前沿动态、实践路径有所兼顾。

8.1.2.1 地方自治财政思想的基本认知

对于地方自治财政思想的基本认知，主要集中在对其定义、重要性、功能及范围等一般思想方面的认识。这些基本认知对后期思想的演进和制度设计的深入有着十分重要的铺垫作用。

由于过往并不存在地方自治财政这一说法，因此许多学者对其重要性和地位着重进行了阐述。陈启修在其《财政学总论》中，开篇就提及地方自治财政学与国家层面的财政学是一样重要的。他认为："一般的理论上言之，所谓公共财政学实必须包含二者，而后始得完全。且即从特殊的问题观之，仅观国家财政上之事实，亦实不足明问题全体之真相。”① 他还以国民负担的研究为例，认为没有对国家财政和地方财政二者统一的经费的分析，这一研究势必做不下去。地方财政的思想发展到民国后期，学界对于地方自治财政的基本认知也更加丰富，而且显得愈加系统化。如朱博能②在其《地方财政学》一书中，就专门在总论篇中分五章内容对地方财政的一般理论问题如基础观念、地方财政的本质、地方财政的范围、国地财政的关系以及国地财政之划分进行了详细的介绍。该书认为，地方财政“即为地方团体施行地方自治所生之一种经济行政是也”③。同时，该书指出，地方财政与国家财政虽然存在着经济、行政、内容、措施、制度上的差异，但是地方财政的基本制度必须与国家财政保持一致，至少都应该有共同目标。“不应拘执特殊化而破坏统一性，此研究地方财政所不可不注意者也。”④ 在地方财政的范围方面，朱博能认为地方财政虽然有其自身范围，但是依旧应该受最高统一的监督权、立法权的支配。这种观点秉承了孙中山所提出的均权思想。由此，他认为国地财政关系既有从属关系，亦有监督与被监督的关系，要综合考虑对社会经济、政治制度、财政政策三个方面的意义来进行合理处置。朱博能所著的《地方财政学》一书对地方自治财政的一般性理论问题进行了系统论述，代表了近代中国财政学界关于地方自治财政思想的较为系统成熟的思想体系。

8.1.2.2　地方自治财政思想的具体设计

近代中国的地方自治财政思想有一个比较有趣的现象，即在初期地方财政学普遍存在借鉴日本相关理论，如近代第一本地方自治财政学译著就来自日本。谭宪澄也在其《地方财政》一书中专门对各国地方财政尤其是日本的地方财政制度进行了着重介绍。这种着重向日本取经的现象，一方面缘于国内有关这方面的思想较为薄弱，另一方面也是因为邻国日本与中国在治理模式方面较为接近。进入到民国后期，出于中国极其特殊的国情，地方自治财政思想开始走上以国情为依据的财政制度设计研究。在有关地方自治财政思想的专著中，有学者认为，“地方财政学上之原理，与国家财政学上之原理，相同者固

---

① 陈启修. 财政学总论［M］. 上海：商务印书馆，1924：97.

② 朱博能是近代中国地方财政研究领域的专家，其“专考经济财政，从事地方行政工作多年”。参见：朱博能. 地方财政学［M］. 重庆：正中书局，1942：崔宗埙序. 此外，朱博能还撰写了《县财政问题》一书，专门探讨了当时中国县财政收支、捐税、机构、财务监督、预决算、会计、公库等实际问题。

③ 朱博能. 地方财政学［M］. 重庆：正中书局，1942：7.

④ 朱博能. 地方财政学［M］. 重庆：正中书局，1942：10.

多，而相异者，亦复不少”[①]，因而基本上采用了西方财政理论框架进行安排。因此，为免重复，本书选择提炼出地方财政思想中的焦点问题进行概述。

1. 关于地方政府的财权与事权的界定问题

地方政府的财权与事权的界定问题，即地方财政与国家财政的划分问题，是近代中国地方自治中一个最为重要的问题。近代中国对于地方政府的财权与事权一则界定不清，二则财权与事权悬殊。马寅初以 1941 年国民政府规定的县市直接征收的屠宰税、房捐、营业牌照税及行为取缔税为例，认为这种财权极小而职事范围极广的悬殊很容易造成“中央钱多事少，地方事多钱少”[②] 的局面。李权时更是直言：“地方政府没有独立的财源，那么地方自治，是万万不会发达的。”[③] 对此，学界就地方财政增进办法提出了自己的观点。如罗介夫提出对地方财政采取补助金制度，对地方上的职事如卫生、教育、道路等进行专项补助金补助。赵燕行也认为补助金制度是一个很好的方法，不仅能在全国范围内实现租税负担公平化，文化也能平均发展，更有利于均权。除此之外，对于如何充实地方财政以利于地方自治，理论界在具体的税种划分、税率弹性、共享税收等方面提出了很多方法。本书租税部分对此有详细论述，此处不再赘述。

2. 关于地方政府之间的关系问题

地方政府级数的问题决定着自治财政的主体是省还是县，此问题受到学者们的普遍关注。此外，在地方政府级别数量问题中，不仅对于省与县孰为主体存在着颇多争议，县以下的地方政府是否有必要单独设立也成为地方自治财政中需要考量的一大问题。针对省与县孰为主体的问题，马寅初认为，地方中又分省和县，而县是与地方最接近的，因而在地方自治中应着重于县的自治，田赋等重要税种皆可交由县来征收，同时县以下的地方政府如乡镇没有确定的税源，地方自治根本办不起来。更有甚者如尹文敬则较彻底地认为，应直接废除省一级财政并入中央，只留县为地方财政主体。对于县以下的地方政府级数问题，李权时甚至提出省、县、市、乡四级地方政府的收入与支出方案，以化解县以下地方政府的治理问题。

3. 关于对地方财政的监督问题

近代中国财政学界对于地方自治财政的监督问题研究颇多。这主要是有鉴于其他国家地方自治所出现的一系列问题，例如税收征收过程中的贪腐、税基

---

① 朱博能. 地方财政学［M］. 重庆：正中书局，1942：7.

② 马寅初. 中国国家税与地方税之划分［J］. 中外经济周刊，1925（121）：8.

③ 李权时. 中国经济问题纲要［M］. 上海：世界书局，1927：41-44.

遭到侵蚀、财政费用存在滥用滥兴等。对此，罗介夫认为，当时的中央政府对于地方财政一向仅存在监督的相关条文，不仅约束性较低，而且很多条文根本无法实行下去，故而应加大中央对地方财政的监督力度。马寅初对于这个问题则提出了不同的看法。他认为，目前地方财政在预算中同样存在着“虚收实支、实收虚支、虚收虚支”等现象①，但是中央政府的监督主要体现在对地方政府“编制县市预算前审核县市之行政计划”“审核决算考核行政效率”“循环视察地方财政之革新”② 等方面，中央应留出更大空间让地方自治。陈柏心针对地方自治财政征收过程中的贪腐问题，提出以财政收支秩序、财政行政制度如公库制度等制度去约束中饱私囊、无端浪费的弊端。

4. 关于战时地方财政的问题

由于抗日战争全面爆发，国家需要举全中国之力应战，不可避免地会引起中央与地方一系列关系的变动。抗战期间，中央与地方的关系恢复至二级关系，省一级财政并入中央，随之也带走了地方重要的税源——营业税，财政关系及财政权力在这个过程中发生了改变。许多学者在此时期的关注点主要集中于反映地方财政困难，认为地方财政与国家财政不同，受战事影响国家财政的损失可能只是一部分，而地方财政一旦受到重创则波及全部。此外，地方税负不仅骤然加重，而且所需办理的事宜也在增多，而相关的补助金在战时不敢奢望，地方自治财政在抗战阶段显得尤为困难。

8.1.3 对地方自治财政思想的评价

8.1.3.1 对地方财政重要性的重新定位

从历史上中央与地方的关系来看，自秦朝立郡县制以来，尽管存在着大大小小的地方反击中央的事件，但就总体态势而言，这套旨在服务于国家统治的中央与地方关系模式运行较为平稳。细究维系这套模式平稳运行的因素，除“天命观”、礼法等价值观念以及在地方以宗族为自治系统等制度安排外，还有一个关键因素，即是在财政领域服务 4 统治阶级的中央集权财政体制。在这套体制中，所有财权统一收归中央财政机构，地方并无独立的财政体系。受益于高度集权的财政权力，中央得以对地方进行全方位的管控。而纵观近代中国有关财政体制的思想及实践可以看出，出于对现实的考量，常年的军阀混战以及中央军权、财权的羸弱使中央政府努力在中央与地方关系中寻找一种均衡。

---

① 马寅初. 财政学与中国财政：理论与现实［M］. 北京：商务印书馆，2001：634.

② 马寅初. 财政学与中国财政：理论与现实［M］. 北京：商务印书馆，2001：620.

受制于当时中国国情，尽管很多学者对于西方地方自治有着积极的向往，但是军阀混战造成的混乱亦让学者们对于高度地方自治在中国的实际效果存疑。因此，主流思想并不认为完全西化的联邦分权理念适宜于中国，普遍认为政府需要在一定监督及法定的条件下，给予地方尤其是在财政方面相对独立的自治地位，从而更好地调动地方积极性以处理地方事务。可以看出，近代中国财政体制的思想理念与传统观点截然不同：以自上而下的视域来说，财权是独享还是共享构成了二者明显的不同；以自下而上的角度分析，传统社会地方完全依附于中央与民国时期的地方自治管理又构成了二者显著的区别。统而言之，这一时期关于财政体制的主流思想愈发重视地方财政。

8.1.3.2　从财政角度凸显地方财政的自主性

此外，从地方自治理念的现代化角度来讲，国地之间财政改革中蕴含了权力分享、行政评价等合理进步的内容。然而由于近代各方势力及各种利益在中国大地上的比拼与冲突，地方自治财政理论中的这些进步因素并未能够被贯彻下来。具体来说，近代的中央政府一方面希望以自治理念处理中央与地方之间的关系，但另一方面又在初期通过收回地方财权以巩固中央集权，后期在战事频发的情况下又集中财权应对战事。故而在中央与地方划分财权的具体实践中，中央一方面抽走了大部分的财政收入，另一方面又给地方摊派了较多的任务。在此情况下，近代中国的地方自治无可避免地失去了其应有的财政独立之意。地方也并未从中央所提倡的财权分享中有所获益，反而承担了更多的事权责任。针对此问题，当时学界关于财政体制的主流思想集中围绕在财政整体的运行体系中如何发挥地方财政的自主性，以有效促进财政体制的现代化。

8.1.3.3　积极探讨了地方各级财政关系

省在中央与地方关系中的地位问题也是当时关于财政体制思想中值得关注的一个方面。一定意义上来说，省与中央的财政关系决定了中央与地方各级政府的财政关系。近代中央政府对于财政体制的改革也一直在中央、省级、县级三级关系与中央、县级二级关系中来回变动。地方自治财政思想对此意见不一，既有强调省级财政的重要性的观点，也有认为地方财政主体地位应由县级层面来承担的观点。各方观点的有益探讨对我们当前的地方财政体制改革有一定的借鉴意义，可以对如何解决既能发挥省级层面财政的积极作用，又能对县级及以下财政有所观照的难题提供一定的理论思路。

回溯近代中国地方财政体制实践及思想的历史，我们可以看出，源于当时中西经济较大的发展差距，在思想层面，中国传统财政思想与西方财政思想同样有着较大差距，并呈现出差距不断扩大的趋势。在中央与地方之间的财政体制问题的研究上，耦合了现代化政治理念的西方财政思想应运而生，并促进了地方财政不断向自主化方向演进，从而释放出地方财政极大的发展活力。反观中国，传统的财政思想完全忽视地方财政的自主权力，直接削弱了地方政府的治理效率。直至近代中国地方财政体制思想的逐渐形成，中国的思想界就地方财政体制问题分别与传统财政思想及现实财政实践产生了较大的分歧。一方面，这一时期地方财政体制思想彻底与传统中央集权财政体制分流，从基本概念和具体制度设计方面重新定位了地方财政的重要性；另一方面，这一时期地方财政体制思想并不苟同于当时地方政府分权的实践，也没有一味套用西方独立自治的制度，展现出一定的思想独立性，也为当下的财政体制改革提供了有益借鉴。

8.2 近代中国的超然主计与联综组织思想

8.2.1 超然主计与联综组织思想的形成过程

南京国民政府实施预决算制度以后，其执行效能受到当时各界诸多批评，原因在于对其的监督存在较大纰漏。而事实上，在南京国民政府成立之初是存在相应的财政监督办法的。当时国民政府的立法院、行政院以及监察院综合管理预算的整个过程。其中预算审议权归于立法院，预算编制以及预算执行权归于行政院，而决算的最终审核权归于监察院。这样一套财政监督办法在预决算运行当中出现了诸多问题。例如在预算编制与执行过程当中，由于缺乏监督，既不能保证编制的客观性，又不能使得预算的审议结果得到彻底执行。此外，监察院对于决算的审核往往只是对预算的完成情况做出一个综合性评定，而事前、事后的监督则几乎处于真空状态。在这样混乱的预算运行状况下，1928年，南京国民政府决定学习西方将财政与计政工作进行拆分的经验，将主计系统机关（由岁计、统计、会计三个部门组成）、行政系统机关与审计系统机关、公库系统机关这四个机关联立构成综合型组织，即联综组织。在这个组织内四个机关系统相互制衡、关联并立。具体如图 8-1 所示。

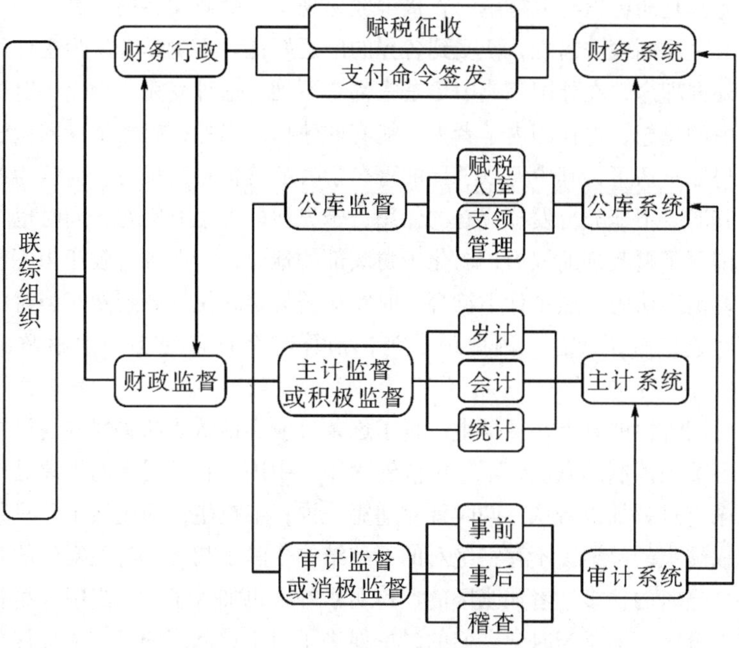

图 8-1　联综组织系统结构图

在此还必须对主计系统的由来进行一个说明。南京国民政府最开始实行的是由财政部直接为各机关招考指派的会计人员，对各机关负责人行使财政监督职责。但是由于其中负责人与会计人员均属于财政部，大部分会计人员虽然名义上是超然存在的，实际上只能放弃职权，财政监督的想法并未得到实现。因此当时的许多学者如尹文敬、胡善恒等纷纷就此问题建言献策，提出自己的改革主张，其中也包括既为学者又任职于立法院财政委员会的卫挺生[①]。借助这个身份，卫挺生提出其超然主计与联综组织的想法，并得到了当时在中国的美国财政专家团——甘末尔顾问团的赞赏。1930 年，南京国民政府设立主计处，标志着中国财政思想的独创性产物——超然主计与联综组织得以正式建立。

8.2.2　超然主计与联综组织思想的深化过程

超然主计与联综组织思想是以卫挺生为代表的学界所倡导实施的，其提出可以说是近代中国财政思想领域的一大创新成果。此外，关于超然主计与联综组织的思想还是在当时学界诸多学者的学术思辨中丰富起来的。在思辨交锋过

① 卫挺生当时既为南京国民政府立法院财政委员会委员，同时又在交通大学兼课。

程中，尤其是胡善恒与卫挺生的直接辩驳体现出了财政学界的较高水平。

当时主计制度一出现，便受到各界的广泛好评。不少学者认为主计思想没有借鉴外国理念，在外国字典中更是查都查不到，这种完完全全出于对现实需求的考虑的思想，过往国内学者无一能有此建树。当然，超然主计的做法也并没有获得完全认可，其中尤以学界的著名学者胡善恒最为反对。他认为各个机关各司其职，不能充分发挥应有的作用，于灵活性上也有问题，同时也在一定程度上削弱了财政部的权力，弱化了财政部的地位，于财务行政相当不利。最后，胡善恒还认为超然主计不符合当时宪法的规定，主计处超然于当时的五院之外，明显违背了宪法。因此他认为，预算与会计都应当归由财政部进行管理。

针对胡善恒的观点，卫挺生进行了逐条反驳。他认为胡善恒的建议主要是一味学习英国体制的做法，不一定能够适用于中国，且其提出的批评是根据此制度从未有过就加以否认。同时针对违宪一说，卫挺生认为超然主计只是对于五院职权缺失的补漏，不存在绝对的五院结构。除了胡善恒与卫挺生的直接辩论之外，当时的很多学者如张国藩、蒋明祺等人也加入了讨论当中。尽管最后依旧存在分歧，但是当时学者们的讨论促进了对主计制度的研究更加深化，同时就财政观点的大论战也促使这一时期财政学界的学术交流更加频繁。

8.2.3　对超然主计与联综组织思想的综合评价

从学理的角度来讲，超然主计与联综组织思想所提倡的超然独立之观念将理念独立和形式独立有效地结合在一起。最开始理念上的独立所指的是审计工作人员在进行审计的过程当中，能够在精神、意志上保持独立而不受外界干扰，从而保持客观公正的判断。而形式上的独立则是指审计工作人员与被审计对象在现实关系中并不构成实质性的直接利益关系，并在编制计划、开展调查、编制报告的审计过程中以制度的约束来保持审计的独立性。形式之独立事实上是保证理念之独立的重要手段。

在过往的传统社会中，审计机关历来都是直接听命于君主的。而超然主计的提出则是中国历史上首次从法理的层面对审计加以授权。《中华民国约法》《中华民国国民政府组织法》等法律都对审计的职能进行了明确规定。而美国审计界直至1933年才对审计的超然独立性做出法律上的相关规定，可见在这一方面当时国内的思想确实有其先进性。从这些法律的规定来看，如“应将每会计年度审计之结果呈报国民政府，并得就法律上或行政上应行改正之事项附陈意见”①，对于审计不仅从法理层面加以规定，还在一定程度上将职能延展到审核支付命令、实地稽查、预算等方面。

不仅如此，南京国民政府在超然主计之余，还致力于构建一个联动的联综组织系统，这个系统内部“财务乃联综组织之基础，公库乃财务之实质监督，主计乃财政与公库之正常监督，审计乃财务、公库与主计之职能监督，递相控制，亦以审计之监督为终结”，同时各个系统之间“各以超然之精神，互相牵制，互相监督，各尽其职，以收分工合作之效，以求财务之清明”②。应当说，从学理的角度来看，这样一个各自分工清晰又能相互牵制的制度设想体现了当时财政学界对于顶层设计的深入思考，也表达了这一时期学界对于财政操作层面的美好愿景。从超然主计与联综组织思想的发展过程来看，其形成过程就是在对南京国民政府的财政监督体系完善过程中创新出来的，与当时政府的财政制度改革有紧密联系。这个思想的提出为有效防止财政部门过于集权提供了有益的思考，在如何保证预算的独立性、会计的合法性、统计的真实性方面为现今的改革贡献了新的思路。

但是从该思想在现实当中的实践效果来看，诸多原因使得超然主计及联综组织的作用不甚明显，故而后来连马寅初也认为，超然主计制度的思想设计是“驾理想王国之上”，而现实作用却是“沦十八层地狱之下”③。

站在今天再回首，思考是何原因导致了当时超前于世界各国所提出的这套制度最后会失败，既要做到客观、全面，又需由内及外加以考察。首先，从制度本身的缺陷来看，超然主计与联综组织的制度设计最大的问题莫过于太理想化。基于相互监督和分工明确的诉求，联综组织内部的任一元素都被要求达到效率的极致化，但现实情况往往并不能如理想所愿：南京国民政府预算与决算执行情况如一团乱麻，同时地方会计机构参差不齐，造成主计系统效率低下；中央与地方间财政状况错综复杂，以致行政系统难以维持；公库制度与金库各存缺漏，致使出纳系统难以规范；审计系统虽有法理支撑，但依然受到各方阻挠而孤掌难鸣。可以说，南京国民政府所倡行的联综组织内部千疮百孔，理想化的制度设计想要在实际操作中充分运行，亦如南橘北枳，本身就存在一定的悖论。

其次，抛开超然主计与联综组织面临的客观困境，南京国民政府内部的专制政治也在主观上侵蚀着制度设计，其中尤其是以对审计职权范围的人为割裂

① 中国第二历史档案馆. 中华民国史档案资料汇编［G］. 南京：江苏古籍出版社，1994：109.
② 许祖烈. 中国现行审计制度［M］. 上海：立信会计图书用品社，1947：7.
③ 马寅初. 财政学与中国财政：理论与现实［M］. 北京：商务印书馆，2001：162.

最为明显。从近代西方各先进国家来看，尽管某些范围的财政收支情况确实属于审计工作的禁地，如英国皇室的财政开支并不对外公开，由皇室内部审计师进行审计；美国中央情报局及总统办公室的经费情况不受总审计局审计。但这些不能审计的部门即财政无法涉及的领域在国家年度总支出中所占比重较小，并不会对审计部门的主体工作造成太大影响，更谈不上干扰审计工作的独立性。而近代中国自晚清时期至北洋政府时期乃至南京国民政府时期，审计部门却依然难对军费开支、党务开支等各项重头财政开支进行审计，缺乏监督，自然便容易滋生和盛行腐败。

综上可见，超然主计与联综组织思想跟当时诸多财政实践与理论存在脱节处于相同情形，思想本身并无巨大漏洞，但缺乏实践的土壤，导致脱节并制约了思想转化为现实的作用，也为思想的进一步深化设置了诸多障碍。

8.3 近代中国的战时财政思想

战争会对一国财富造成巨大的消耗，但是想要取得一场战争的胜利，战争的费用如何筹措是至关重要的因素。故而近代不少学者皆认同战时财政之基本问题，实属筹措军费。尽管不同背景下的战争有着不同的具体表现形式，但就战费的筹措问题，其思想内涵并无根本的不同。

战时财政思想是近代中国的财政学界对于财政思想的又一特殊思想贡献。它是针对特殊时期的现实状况所做出的财政方面的应急研究。战时财政思想并不是在战争骤然爆发下突然产生的，突转的局势也并不代表思想研究领域会措手不及。事实上，在抗日战争爆发前后，都出版了大量的关于战时财政的理论著作。学界在战争爆发前就对未来局势未雨绸缪，如熊凌霄在1935年出版了《非常时期之财政》一书，分析了我国财政现状，并预测非常时期财政可能出现的危机，同时集中于战中时期出谋划策，乃至战后如何恢复均进行了分析。由此所积累起来的战时财政思想填补了我国财政思想在这方面的空白。纵观近代中国财政思想发展的整个历史时期，不仅有对战时整体财政的全面建议，也有针对某一具体领域的集中研究。

事实上，对近代中国的战时财政总体方针进行一个较为有条理性的总结是比较困难的，因为对于战时所显现出来的局势并不能以往常情形视之。正如张素民所认为的："出于对特殊实际环境的原因，任何政策都需围绕实际情况的变化做出应急办法的改变。无论是在租税、公债、通货膨胀方面，皆无原则和理论可言。”①

8.3.1 关于战争时局的估计

战时财政思想对于战争时局的研究是十分有价值且极其重要的。无论是对财政还是对战争进行一个有效的评估，对于财政的总体策略及方向都有许多现实的和深远的影响。具体来说，在对于战争的估计上，就是战前为战争做好动员准备，并在战争中通过对战局形势的估计得出总体走向，在战争临近结束的时候对战后做出长远的部署。许多财政学者在论及抗战观点时，首要便认为财政的策略应该建立在对战争的估计之上。正如骆耕漠所说：“我们假使不在财政方面善加安排，我们又哪里能够在未来的消耗战和持久战中取得必然的胜利呢?”② 在“九一八”事变以前，财政学界对于军事、战争方面的研究多借用翻译他国著作的形式加以了解，将财政与战争联系起来的独立研究可谓凤毛麟角。“九一八”事变至“七七”事变的这段时期内，与国民党“攘外必先安内”的态度截然相反，财政学界在民族亡国灭种的危机感下逐渐加紧对战时财政问题的研究。针对战前的局势及国内的情况，财政学界在如何处理日货和日债以及迅速构建战时财政尤其是战前储备，并加紧对财税金融的改革等方面展开了激烈的讨论，这些研究为抗日战争全面爆发后制定战时财政政策提供了先进的思想基础。

抗日战争全面爆发后，财政学界对于战时财政的思考愈加深入。基于抗战期间许多学者对“持久战”的综合估计，形成了抗战期间的统一思想，即财政为一切事务的最大前提，满足军事需求是财政各项举措的出发点。在此出发点之下，财政学界提出改革税制尤其是建立直接税体系的建议，并倡议内外举债及采用货币金融等举措，形成了财政领域长期应对抗日战争的全面考虑。这些综合手段，也都是基于抗日战争的长期性所提出的建议。如学者闵天培认为：“我们的敌人纵不败于军事，也要败于其他方面，譬如在财政方面，假使战事再扩大开去，日本军阀就很可能招来一个不堪收拾的危局。因为在这次战事发生以前，日本财政已经非常异常，财政预算又一再膨胀。”③ 需要说明的一点是，当时很多学者对当时国民政府的财政状况盲目乐观，如有人认为日本财政处于潮落的低谷，而中国财政则如朝日东升。这种观点固然有盲目自信的嫌疑，但主要还是受到国民政府当时在财政改革方面的一些成绩所鼓舞而

① 张素民. 论平时经济与非常时期经济［J］. 经济学季刊，1936，7（3）：52.
② 骆耕漠. 战时的财政问题［M］. 上海：黑白丛书社，1937：1.
③ 闵天培. 中国战时财政思想［M］. 南京：正中书局，1937：48.

导致。

此外，对于战费估计也是估计的重要部分。尽管战费受战事的突发影响极大，对其预估极难准确，故而不少学者如闵天培就认为“唯在可能范围之内根据各国历史上战役的实际推查将来战争之规模以及今后物资之趋势，然后做战费之估计”①。此处以尹文敬的《战时财政思想》为例，阐述当时财政学界对于持久战中中国的财政状况分析。尹文敬的《战时财政思想》将中国财政与日本财政进行了详细的对比，代表了当时分析中日财政状况的主流看法。

尹文敬认为，中国当时还处在农业经济社会中，这是战时财政的劣处，也是其优势。首先劣势在于如此的经济结构，想要迅速筹集到战费有相当大的困难。但是从另一个角度来看，中国受到的战争波动较别国要小得多，因而其对军费的支持力度优势又是大得多。尽管如此，尹文敬还是指出了目前中国的租税制度、金融机构以及法币改革带来的不利因素。他认为正视这些问题有一定必要性，但也不必担忧，所幸之前很长时间内这些方面对于财政的影响并未形成决定性作用。而对于交战国的战时财政，尹文敬具体分析了日本的租税及公债，认为其虽然短期内筹集战费是优于我国的，但是不能持久。出于这个考虑，对方欲速战速决，我方则要有持久作战的打算。

此外，还有一点需要说明的是，财政学界在战时财政各方面的总体估计，除了对政府采用的财政策略有较大影响外，还对预算制度的发展有所推动。预算制度在战争中的作用不言而喻。故而当时在学界众多声音的强烈疾呼下，国民政府在抗战爆发后开始将预算编制工作纳入日常议程当中。虽然难言国民政府在战争时期预算制度的执行效果有多大，但是以预算的形式来对战时财政进行规范还是有较大进步意义的。

8.3.2 关于开源节流之法

战时财政思想关于战费的筹集有着一个十分统一的观点，即战费的运用要坚持开源节流的原则，其中又需着重仰仗开源之法，故而开源为重中之重。现代战争战费的筹集大致可从增税、举债、发钞三个方面入手，同时三者之于开源的时间、数目上面的效果皆有不同②。而考虑到彼时中国尚处于积贫积弱和半殖民地半封建社会的困难处境，新式税种尚不完善，旧式赋税又积重难返，若要为筹集战费而开源，所面临的障碍可谓异常艰难。在当时的中国国情下，

① 闵天培. 中国战时财政思想［M］. 南京：正中书局，1937：56.

② 关吉玉关于战费筹集及其优缺点的论述发表于1945年，此时国内对于开源之法的认识已经较为成熟。

战争骤然爆发，如何综合运用这三种开源之法（具体见表 8-1），是摆在财政学界面前的一道难题。

表 8-1　战费筹集政策及其优缺点

筹集方式	优点	缺点
举债	得款迅速，可以应急	不易持久；发行过多，使战后财政整理陷于困难境地；易使社会信用膨胀或转为通货膨胀，物价高涨
	款额易多，便于应付战时庞大需用	
	国民不致感到目前压迫	
	利用游资无害国民经济	
	战费负担移至后代国民	
增税	非如公债之将来尚需偿还	限制消费；手续繁多；民众感受眼前痛苦；产业负担重，影响战后经济恢复
	方法较为稳健，不干扰财政秩序	
	国民负担较为公平	
	仅取民之财富一部分	
	以税收充公债基金，保证还款有着落，维持国家信用	
	奢侈品消费	
发钞	收入迅速，数额随意增加	物价狂涨；本币汇价下跌；政府信用毁坏；战费支出比例增加
	可刺激生产	

资料来源：关吉玉. 中国税制［M］. 上海：经济研究社，1945：60-61.

当时，不少学者为能保持与战局的紧密联系，又能统筹战费筹集，在源与流两方面分战前准备、战中应对及战后总结对开源节流之法进行了阐述。此处以董修甲的《非常时期的理财方案》为例进行评析。董修甲在 1936 年出版的《战时理财方案》系统地提出了战时理财问题，主要是战时军费筹措运用、战前财政准备、战后财政整理三个阶段。他指出三个阶段缺一不可，假设“战前毫无准备基础，战时财政缺少适当之基础，战后财政不予兼顾，必将遗留最恶劣之影响，以致危害国家与社会也”①。

董修甲将战时理财方案放在著作首位以示其重要性。关于筹集战费的具体方法，他认为不外乎还是开源节流，只是需先开源，再节流。在开源方面，他提出，可以利用通货膨胀、救国公债、征收新税或者提高原有税种之税率、举

① 董修甲. 战时理财方案［M］. 武昌：战争丛刊社，1937：6.

借外债、举办爱国捐或救国捐。其所提到的这些方法基本包含了当时理论界的普遍建议。而在节流方面，他认为主要通过以下措施：对农、工、商、学、兵等收入予以节流；节省政府一切无关紧要的费用，除非是涉及军事上的费用；征用劳役以节经费；征用民间交通工具；利用民营工厂等。最后他得出结论说，要想达到事半功倍的效果，战时这些措施的施行还得仰仗战前的准备。一旦发生战事，以上措施一一施行便可。而就战后整理工作，董修甲认为，其困难程度和重要性皆取决于战事的长短，并列出其他各国进行战后整理的经验作为借鉴，譬如增加生产、厉行节约、增加新税以及延长公债期限和通货停止再膨胀等。

董修甲针对战事开源节流的论述大致将增税、举债、发钞三种方式悉数囊括了进去，但是他的论述也代表了当时战争尚未全面爆发，学界部分学者急功近利的眼界缺陷。例如在战前准备阶段，董修甲提出了一个颇受争议的看法。他建议在准备期暂时恢复厘金制度以抵补关、盐、统三大项的战时损失。这一点着实值得商榷，虽然恢复厘金制度能够为战争特殊时期筹措部分战费，但当时多方力量为了裁撤厘金这一恶税而排除万难，一旦暂时恢复，学界、民众定然会对恶税的重新开征怨声载道①。此外，以董修甲为代表的部分学者抱着若本次抗日战争失败，亦不给敌人留下任何好处的心态，倾向于举债、开税等方面，以竭泽而渔的方式筹措巨额战费。这种观念未将民众的疾苦、长远的发展置于研究的过程中，同时也是战时悲观、失望甚至是怯战、丧志的心态体现，幸而未成为战时财政思想的主流观点。

除了挖掘税源、内外举债以及发钞等开源方法外，当时整理旧税和田赋亦是战费的主要来源。田赋是直接税，受到战争的影响较小，同时还有抑制战时通货膨胀的功能。梅光复以及郭垣皆认为，非常时期发行公债、通货膨胀、征税、没收敌产等方法只能算是治标，唯有整理田赋方为治本。关税在鼓励粮食、军需用品等货物进口、抑制军需用品等出口方面有重要作用，也得以兼顾。除此之外，财政学界还针对一些特殊方面提出了相应的开源建议。如段逸珊主张在非常时期对工商营利事业应差别课税，马寅初则提议在非常时期将发国难财的人纳入课税对象征收临时财产税，并将其作为我国财政和金融的唯一办法。

战费筹措的源头是开源的关注重点，而开源的手段、方式同样需要重视。

---

① 1937年10月，南京国民政府带厘金性质的转口税开征，课税对象为国内土货。此举不仅招致各界反对，还在一定程度上促进了洋货的进口。

不少学者如闵天培、熊凌霄等人都认同在非常时期应运用统制经济的办法。如闵天培认为，非常时期的财政问题已经不单单是财政领域的问题，需结合战时经济统制、交通等方面进行综合考量，为此他还就统制经济之粮食、燃料、被服、物价以及战时所有交通领域做了逐类分析，不可谓不详实。由于战时财政思想的主要观点皆集中在开源方面，故而对于节流这部分的论述相对较少，但不少学者依旧认为开源与节流缺一不可。如有的学者提出战时阶段要严控一切不必要开支，尤其是奢侈品方面的消费。只有这样，节流才能发挥其应有效果。

8.3.3 关于各种关系的处理

8.3.3.1 中央与地方的关系

中央与地方的关系是战争中不可回避的一个话题。由于战争的爆发，中央需要举全国之力应战，不可避免地会引起与地方一系列关系的变动，其中最为核心的就是财政权力变动。中央与地方的财政关系和财政权力在这个过程中都发生了变化。因此，如何处理国地之间的关系亦是战时财政思想的研究重点。

南京国民政府时期，国地之间关系几经调整。最初为中央与省的二级关系，1935 年在省一级设立县市财政，调整为中央、省、县三级关系。抗日战争时期，摆在中央与地方财政面前的，都是“困难”二字。省地方财政困难，县地方财政更加困难。县作为国家机构中最基层的组织，在特殊时期作为抗日战争的基本根据地，背负的事项远非原有人力财力所能够胜任的。因此重新调整中央、省级、县级三级关系，尤其是在战时削减省级权力，扩大县级财权成为国地关系中最为紧迫的任务。尹文敬就曾对县级财政的困境表示担忧。他认为县级的税收总是被省级剥夺，县级每有支出项，便只能进行摊派，最终还是由当地人民来承担。而中央一级不仅无地方进项，反而每年需向地方输纳补助。因此他建言：“废止省一级地方财政，并入国家财政之中。以县为地方财政单位，划全部田赋及其他杂税捐，作县之税入，借以充实财政基础，而谋地方自治事业之发展。”① 罗敦伟也提出，战时只有充实县级财政，才能有效发挥县在基层的作用。在县级财政现实窘迫及财政学界的强烈建议下，1941 年，国民政府将省一级财政并入中央，将国地关系变动为二级关系。随着国地关系有所变化，国地财政事项也有所改变。国地变为二级关系之后，中央随之也带走了地方重要的税源——营业税。不仅如此，1941 年，国民政府还提出将田

① 尹文敬. 如何调整国地财政 [J]. 财政评论，1939，1 (5)：36.

赋暂归中央征收的建议，“为调剂各地军粮民食起见，得由中央统筹斟酌各地方供需情形，改征实物，收储运济，俾产销得以平衡，粮价赖以稳定”，“若由中央管理，则中央统收统支，必可为合理之分配”①。虽然在特殊时期中央此举有其合理性，但是对于县级财政而言，地方税入依旧杯水车薪，且所需办理事宜也在增多，相关的补助金在战时特殊情况下不敢奢望，地方自治财政在抗战阶段显得尤为困难。

8.3.3.2 政府与民众的关系

政府在战争爆发之时，应团结一切能团结的力量加以利用，这就对应于处理好政府与民众关系。陈正平在《我国战时财政前瞻》中论及这对关系的时候认为：“但力之所系在乎民，而民力之生产则贵乎当局之扶持，故今后吾国长期预算中，对于民力的培养与民生的改进，应当特别予以注意，才不会使民力枯竭，影响抗战的前途。”② 从其看法中可以看出学者们对于动员民众参与到战费筹集中来的重要性的认识，同时也强调了不可忽视民生的改进。这是一对相互促进的关系。抗战时期，国民政府就民捐做了许多宣传动员，也对财政有所补益。

除了号召民众为抗日战争直接募捐之外，战争时期政府与民众的关系还体现在政府为筹集战费所采取的各种政策对民众产生的影响上。在战时特殊形势下，全国民众上下一心，抵御外侮，承受一定程度上的牺牲在所难免，但一旦所做的牺牲超过民众所能承受之最大限度，就需重新考量是否得当。其中首要一项便是涉及民众基本生活的专卖制度。在抗战期间，专卖制是战时财政思想关于政府与民众关系方面的重要研究部分。当时有学者如田树滋就认为，专卖制作为一项非常合理的财政收入，在战争期间承担了补充战时财政收入的重要使命，可以充分发挥其在特殊时期的有效作用。《财政评论》1941 年第 5 卷第 5 期曾经集中刊发了众多关于专卖的文章，既有政界之官员如孔祥熙、鲁佩璋等人，也有学界之学者如朱偰、寿景伟等人，政、学两界都认为专卖制度既能为战时费用扩源，又能平抑物价，减轻民众负担。由此也推动了国民政府于 1941 年提出一系列有关专卖制度的举措。但同时有一点必须指出的是，政、学两界对于专卖制的过分推崇忽视了对专卖制的弊端如走私、贪污方面的观照。

除专卖制度以外，战争过程中对民众影响较大的还有物价上涨问题。要解

---

① 财政评论社资料室. 八中全会经济决议案及其重要文献 [J]. 财政评论，1941，5 (5)：159-160.

② 陈正平. 我国战时财政前瞻 [J]. 财政评论，1939，1 (1)：21.

决物价飞速上涨问题，首先要了解物价上涨的原因。战时财政思想对于这个问题进行了很多方面的分析，基本上分为两派。一派观点如李泰初认为，战时物价飞涨主要是法币发行过多、垄断、囤货等原因，而另一派观点如金天锡认为，法币发行过多并非主要原因，最根本原因在于商品的供需不匹配。为抑制物价飞涨，财政学界分别提出了不同的见解。褚一飞认为，要抑制物价当采用治本方法，就是要增加生产解决供应不足的根本症结，同时通过适当的物资分配手段来治理垄断、囤货等影响物品流通的问题。增加生产和供给是平抑物价的根本，故而褚一飞的观点代表了当时财政学界主流的观点。此外，还有不少研究从物价评定、限制消费、提倡储蓄乃至法律制裁等角度提供了丰富的视角。这些研究基于政府与民众之间的关系，既是从战时财政状况的角度进行思考，亦是学界对民众的疾苦所做的关怀。

8.3.4 对战时财政思想的评价

战时军费筹集问题是战时财政的核心问题。在 1931 年“九一八”事变至 1945 年日本战败投降的 14 载抗日战争岁月中，国内战时财政思想提出非常时期的财政政策为筹集军费奠定了思想基础。同抗日战争一样，财政学界也在漫长的时间内对战时财政进行了探索。目前我国国内、国外局势都较稳定，但是从财政的层面，时刻保持防范以及警惕有一定的必要性。近代的战时财政思想开创了我国财政思想在特殊时期思想的先河，对其进行深入研究对于当下而言，不论是国防经济学科还是具体实践都有重要的现实意义。虽然其特殊背景与现今政治、经济、社会、军事各方面都有天壤之别，但是通过对战时财政思想的提炼，依旧能够挖掘出对当下有益的借鉴。

8.3.4.1 对战时财政思想的简要总结

1. 战时财政思想就战时财政问题进行了有益的探索

对于一国来说，面对战争的爆发以及战争的延续，财政的准备与应对显然至关重要。在这一非常特殊的时期，无论是财政实践还是财政思想都不能独善其身。一国在战争这一特殊情形下的思想储备，关系到其战争实践的成功与否。近代中国财政学界对于战时财政思想的探索沿着一条学习先进国家的战争财政经验，并在抗战过程中深化战时财政思想的道路不断发展。

抗日战争全面爆发前，财政学界就开始通过引进军事、战争方面的著作来学习先进国家的战时财政经验。同时，由于当时对日本军事动态较为关注，所引进的著作也更为倾向于日本学者的著作。如吉桥德三郎的《日俄战役胜败原因论》（1912 年）、植园悦二郎的《欧美各国改造问题》（1920 年）、安川雄之助的《日华经济绝交之过去与将来》（1928 年）、胜田主计的《日本对华经济侵略之过去及将来》（1928 年）等。这些著作虽偏重于军事领域，但大部分都包含有对战时财政及经济相关问题的探讨，为国内财政学界了解外部发展动向提供了一定的借鉴。

20 世纪 30 年代，财政学界开始对战时财政予以重点关注，尤其是 1931 年“九一八”事变后的危机，逼迫学界开始进一步思考如何因应战争实践的需要，故而研究的针对性更强，对战时财政的应对思考也更加深入。总体而言，这一时期战时财政思想的中心脉络是战费的筹措问题，这是由战争的现实需求决定的。除此之外，不同时期对于战时财政的应对也有所侧重：“九一八”事变至“七七”事变这段时期内，战时财政思想的重心在于如何短时期内筹措军费，并积极组织战前动员。财政学家的著作如关吉玉的《战时财政》（1933 年）、董修甲的《非常时期之理财方案》（1936 年）、尹文敬的《非常时期财政论》（1936 年）等都对非常时期财政开支的方法展开了论述；“七七”事变至中国对日宣战这段时期内，国内战时财政思想伴随着战争的延续，一方面继续对战费筹集问题加以讨论，另一方面侧重于战略研究即如何应对长期战争，满足长远需求进行财政方面的规划。这一时期的著作表现为注重对税种、法币、专卖等筹措渠道的可持续性的研究；中国对日宣战至抗战胜利这段时期内，战费筹集依旧是重心，但同时战时财政思想开始注重针对战时财政中出现的问题研究解决之道，如通货膨胀下的物价问题、统制经济下的国地财政关系问题等。

由上述分析可见，财政学界在不同阶段对战时财政思想的不同重点的观照体现了战时财政思想与战时财政实践的紧密结合，促进了战时财政思想的内容和热点不断丰富与发展。

2. 战时财政思想为战时财政政策的制定提供理论支撑

在长达 14 年的抗日战争期间，财政学界主要围绕着国地财政划分、税制建设、战时公债、经济统制等问题进行了充分的思考，并初步形成抗日战争时期的战时财政思想，为战时各项财政政策提供了理论支撑。由政、学两界共谋参与的各项财政政策成为特殊时期战时费用筹集的重要保证。同时，对于当时的国民政府而言，战争的爆发既对经济、政治、社会各方面带来了巨大的破坏，又为各个层面事宜的重建带来了契机，这其中战时财政思想便为当时现实财政诸多百废待兴的改革提供了充足的理论支撑。

以直接税体系的构建为例，抗战时期，由于一些主要城市暂时沦陷，各地工商业都遭受了严重打击，国民政府因此丧失了大量的关税、盐税、统税收入，通过税制改革开税收之源成为当务之急。因此在财政学界的倡导下，南京国民政府提前进入开始直接税开征的议程。1936 年国民政府开征所得税，1939 年开征过分利得税，1940 年成立直接税处，开征遗产税，并将印花税加入直接税，1942 年又将营业税并入直接税，1943 年成立直接税署，负责总揽所得税、利得税、遗产税、印花税、营业税。除税种科目的新开征以外，当时直接税在国民政府中央税中的占比（具体见表 8-2）也能显示直接税在这一过程中的快速发展。除直接税体系的构建以外，抗战时期财政学界还就特殊时期的国地财政体制、专卖制度、公库制度等（前文对此已多有论述，此处不再赘述）方面展开了各方争鸣和探讨，为特殊时期提供科学、恰当的财政政策提供了理论支撑。

表 8-2　抗战时期直接税在国民政府中央税中的地位 单位：千元

年度	税收总数	盐税	货物税	直接税	直接税占税收总数的比例/%
1936	145 448	—	—	6 487	4. 46
1937	728 464	217 705	147 742	20 117	2. 76
1938	469 131	138 597	67 738	8 231	1. 75
1939	524 970	113 276	51 156	29 214	5. 56
1940	739 020	105 100	65 730	92 441	12. 50
1941	996 109	125 363	198 771	184 539	18. 53
1942	4 474 710	1 437 372	5 994 464	1 173 957	26. 24
1943	14 120 276	1 644 894	1 836 909	4 521 287	32. 02
1944	53 748 686	17 446 956	5 628 909	9 413 499	17. 51
1945	172 093 265	61 908 917	22 742 311	24 984 574	14. 52

资料来源：本书编写组. 中华民国工商税收史料选编：第一辑，综合类（下册）[G]. 南京：南京大学出版社，1996：3148.

3. 战时财政思想是近代中国财政思想的重要补充

近代中国的战时财政思想虽然是在战争这一特殊时期下产生的，但是它同样是这一时期财政思想当中的重要一环。前文曾提到，抗战后期战时财政思想的侧重点开始有意识地思考战后的财政运行。著名经济学家丁洪范在抗战期间说过："抑且抗战之后，欲维系国脉，延续庶政，财政制度又有非改善不可之势。"① 诚然，战时财政与非战时财政有较大差别，却不可隔断二者之间的关系。我们在归纳相关思想的过程当中，应当从三个层次对其进行判定：核心内涵、基本原理、论述争辩。无论是核心内涵还是论述争辩的形式，只要是围绕着财政的本质和核心展开的，都应当被纳入财政思想领域当中。诚如本书首章在对财政思想的理论范畴进行界定时所认为的，财政学是由简单、初级的财政观念→集中、成熟的财政学说及思想→独立、科学的理论逐级生成的。近代战时财政思想沿着战费筹集的需求脉络展开，触及财政学的各个层面，而在对这些方面的争鸣、探讨中，战时财政思想一方面着力于解决现实紧迫问题，另一方面也为非战争时期的财政运行提供了对比参考。由此可以说，近代中国的战时财政思想并未偏离整个财政思想的正常轨道，它同样是近代财政思想当中的重要组成部分。

8.3.4.2　战时财政思想的现实意义

其一，战时一切以战事所需为出发点。思想的发展进步需要一个稳定的国内环境支撑，任何领域都是如此。但在面对战争的时候，"胜利第一，军事第一"的原则就要统领全局。在财政领域，财政措施所要做的是集中全部力量支撑战事所需。"九一八"事变之前，国内财政学界对于财政问题的思考更多的是出于内忧的现实要求。外敌入侵后，学界又面临了外患的紧张逼迫，需要做出较有针对性的思想转变。如国民政府在战前对于所得税、遗产税等直接税种开征踌躇不前，学界对于开征直接税也是反对声远多于认同声。战事爆发之后，政界与学界的主流意见都是加紧开征相关税种，以弥补战事造成的巨大财政缺口，这一决定反而加快了税制改革的前进步伐。由此来看，战事所需在战争期间是第一位的。

其二，战前、战中、战后的财政思想应有连续性。学界对于实践的思考是有超前性的。近代中国对于战时财政思想的丰富并不是在战事突发情况下才出现的，而是围绕战事前后都有一个较为系统的研究。当然，这与当时国内始终处于战事准备的紧张局势有关。尽管抗战时期财政思想的侧重点有所不同，但是从研究脉络来看，战前、战中、战后的考量都有内在的前后延续性。"九一八"事变后，不少财政学者在财政学著作当中将战争储备金纳入财政的考量范围。"七七"事变之后，国民政府快速制定的财政政策如开征战时利得税等举措与战前财政学界的战时财政思想研究有着直接关系。战争过程中，结合战

① 丁洪范. 由抗战财政转为建国财政 [J]. 财政评论, 1939, 2 (6): 1-2.

争的最新形势，财政学界对战费的征集从财政各个层面加以思考，是采用债务还是开税抑或是发钞的方法皆有赖于战争的新情况而有不同的见解。抗战胜利后，学界同样基于内外新形势提出了稳定物价、实施战后财政金融复员等财政措施的建议。可以说，战时财政思想在战前、战中、战后过程中体现出来的先导性、同步性、现实性是财政思想应对战争提出的系统性研究。当前我国处于相对稳定的国际环境当中，并不存在战中、战后之情境，但学界依旧需要对战争爆发及相关的准备工作甚至是对假想战争保有系统思考，尤其是将非正常情况下的财政收支纳入预算考虑范围内。国民政府在抗战阶段缺乏战备金造成的窘境对当前来说有着一定的警示意义。

其三，要谨慎使用战时特殊方法。首先是辩证看待战时的通货膨胀。战时因特殊情况，需采用特殊办法来筹集战费。发债、增税、发钞是这种特殊情形下最为有效的办法。但这三种办法都极容易造成通货膨胀，民众负担加重。不少财政学者认为，特殊情况下以通货膨胀促进战时战费筹集实属应急办法。但是站在客观的角度而言，通货膨胀犹如一杯鸩酒，若不谨慎对待，将对战中、战后的财政状况造成致命性创伤。诚然，这些手段对于促进战费筹集有一定的帮助，但是抗战期间国内已经形成了非常恶性的通货膨胀，于国民经济于人民生活都是非常不利的。况且在抗战期间，通货膨胀致使很多富人与穷人之间的贫富差距越拉越大，这让战后社会的恢复工作显得愈加困难。其次，在当时抗战的特殊情况下，国民政府采用了 20 世纪 30 年代初经济学界推行的经济统制思想。虽然战时统制在抗日战争中一定程度上保证了各项生产的继续，但是统制经济本身的特质对国民经济就有着较大的损害，极容易造成上述通货膨胀、破坏资源的合理配置等问题。除此之外，国民政府与学界推崇的统制经济在目的上背道而驰，极容易产生权力资本化、肆意扩张国家资本的恶果。最后，战时特殊时期所采用的专卖制度作为一项特殊手段同样需要谨慎使用，其在战时的作用不亚于赋税的地位，但切勿让走私、腐败等问题滋生以破坏专卖制度的正面作用。

9 结语

在论及史学与其他学科研究间的关系时，梁启超认为：“夫地理学也，地质学也，人种学也，言语学也，群学也，政治学也，宗教学也，法律学也，经济学也，皆与史学有直接关系。”① 任意一门学科，断不能抛弃过去，立于虚无之上而眺望远方。同时，对于任意一门学科而言，有关此学科的思想史在其发展中有着重大而深远的意义。正如我国著名财政学家马寅初所言：“夫思想为百世之根本，某主义之兴衰，某政策之适否，群众之思想如何，最能左右一切。”② 财政作为一门交叉性极强的学科，连接了经济、政治、文化等各方面的活动。财政思想也包括了经济学科、政治学科、社会学科、管理学科等众多学科的内容。由于其综合性特质，财政领域内的问题极容易波及各个领域，因而受到各方关注。现代财政问题的复杂性，是整个世界范围内财政深化及创新循环活动中产生的。在这个过程中，西方发达国家始终处于引导地位。而对于众多不发达国家而言，财政问题的复杂性实质上也是财政现代化的过程，只是这个现代化过程稍显漫长。就目前的中国而言，“单从财政视角看，中国经济进入新常态后，财政自身的运行机制事实上也难以为继”③。这是我国财政国家治理现代化过程中展现出来的复杂性。中国自 19 世纪下半叶就开始了对现代化的探索，对于国家治理层面历经百余年来的浮浮沉沉和成败得失，理应给予一定的重视。借助思想史的角度回顾近代中国财政制度体系的构建，廓清近代中国财政思想转型历程的内在逻辑脉络，或许能够让我们立于更客观的角度来剖析当下现代财政理论当中的问题。而要对近代中国财政思想体系构建的框架有一个立体的认识，一则要重点关注这一时期财政思想转型的过程，再则要匹配历史场景下的财政实践活动。

回首 100 多年以前，中国在社会经济领域面临重重危机，“医疮剜肉，无

① 蒋大椿. 史学探渊：中国近代史学理论文编［M］. 长春：吉林教育出版社，1991：280.

② 马寅初. 马寅初全集：第 4 卷［M］. 杭州：浙江人民出版社，1999：78.

③ 卢洪友. 新时代财政体制机制转换与财政理论创新［J］. 地方财政研究，2018（3）：4-9.

米为炊。内则清还洋债，裁遣军队，以及银行币制，税法盐务，无着手整理之资；外则英使开单索债于前，俄蒙协约宣布于后，列强眈眈，群涎砧肉，事机万变，险象环生”①。而单就财政领域而言，“1913 年预算，岁出总额 64 223.7 万元，岁入 33 366.1 万元（不包括外债、内债收入），赤字高达 30 857.6 万元”②。在此情况下，财政改革如箭在弦上，恰如周学熙当时所言：“当于财政求整理”③。有此想法的岂止当时内阁周学熙一人！人生历程达百年的财政学家马寅初在留美回国之后，曾感慨道：“装满着西洋学识的我，回国之后，见了这种种情形，心理上起了一种极大的反感，于是，余不能不就中国的实际情况，重加一番考察与研究，可以说痛下功夫，把中国的实情与西洋的学理配合起来，遂想出比较适合于中国的学识。”④ 然而结果我们已然知晓，距今 70 余年的南京国民政府，最终财政陷入困境，无路可走。尽管他们个人在历史进程面前无能为力，但是依照二者的身份阶层回溯过去，近代中国历任政府的财政改革与财政思想的转型历程值得深思。

党的十八届三中全会明确设立了架构现代财政制度的目标，在此大背景下，本书选择以近代中国财政思想转型的视角，以两个主线——历史情境下的财政思想转型与财政制度体系构建对近代财政改革与财政思想进行分析总结，以此实现对历史的反思以及得出对现实的启示。

9.1 总体评价

9.1.1 财政改革与财政思想转型——一个趋势和两个结果的演化

美国财政专家杨格（Young A. N.）曾经评价国民政府 1927—1937 年的财政变革是“非凡的改革”。这种评价确实是有一定的根据的。从客观角度来讲，近代以来晚清政府、北洋政府以及国民政府在财政改革某些方面的作为确

① 周叔贞. 周止庵先生别传［M］. 台北：文海出版社，1965：79.

② 贾士毅. 民国财政史［M］. 上海：商务印书馆，1934：159.

③ 周叔贞. 周止庵先生别传［M］. 台北：文海出版社，1965：81.

④ 马寅初. 财政学与中国财政：理论与现实［M］. 北京：商务印书馆，2001：1-2.

实是值得肯定的。尤其是就财政思想的发展而言，没有这个时期经济“黄金十年”① 的快速发展，以及政府在教育领域尤其是高等教育上的作为，财政思想不可能在这一时期取得如此丰硕的成果。可以说，财政思想的转型特征彰显了同样趋于现代化的财政改革。二者虽然都有着明显的现代化内涵，却在同一个趋势下逐渐走向分化，呈现出两个结果。

9.1.1.1　财政思想与财政改革的现代化趋势

近代的财政思想以及财政改革始终是以现代化为指向的。鸦片战争失败之后，社会的大激荡触发了知识体系及制度范围内的连锁性反应，西方有关国家治理思想、财政观念或方法被引入中国，传统财政观下的观念模式及行为范式无论是在思想还是实践领域都被质疑，因此，财政思想及实践领域的先驱者开始了共同探讨现代化的道路。不同思想之间的碰撞有可能导致三种结果：或先进思想把落后思想迅速同化并消融；或落后思想被先进思想慢慢侵蚀；或势均力敌的双方相互慢慢融合。19 世纪后期的中国面临的社会大动荡，使得思想领域内的这种新旧思想碰撞走向了迅速被西方先进思想同化并消融的结局。从财政思想的角度来说，通过细察财政思想体系可以发现，现代化的内涵渗透于体系的各个部分。从财政思想中公共性的学理建构到预决算民主与法治的价值取向，从最新的国家治理理念到税收现代化的多维度考量，带着对传统财政观的些许继承，近代中国财政思想体系自始至终都是朝着现代化的方向不断延展的。

近代中国的财政思想，依附于当时同样处于时代变革中的财政改革。相较于思想领域的冲击，财政改革承受着当时内和外的压力，并在新与旧的夹缝之中生存与发展。财政实践在追求现代化的过程中也因此显得更为曲折。而从财政改革的角度而言，近代中国各项财政改革措施尽管存在诸多尚不完善的地方，但抛开出发点及最后的效果而言，其毕竟是以当时西方各国的财政体制为建设蓝本，并综合中国当时的国情，同时兼顾各方面的关系，所做出的现代化改革尝试。综合近代中国财政思想转型与财政改革的发展来看，二者的现代化趋势是时代的整体现代化发展轨迹在思想层面及制度层面的深刻烙印，有着一定的时代必然性。

---

① 关于国民政府 1927—1937 年，有一个“黄金十年”的说法。据估算，1930—1936 年，中国工业成长率达到了 7.7%以上，社会经济状况也呈现蓬勃发展的趋势。相较于其他工业化国家 1929 年经济危机爆发以后的经济大萧条，中国工农业产值达到了清朝末期、民国建立以来的最高水平，因而被称为“黄金十年”。参见：路瑞锁. 国民政府的“黄金十年”［J］. 资本市场，2012（12）：126-127.

9.1.1.2 发展与绝境——两个结果的最终演变

在同一个时代的现代化潮流席卷下，财政思想与财政改革的发展紧密交织在一起。恰如恩格斯所说："历史从哪里开始，思想进程也应从哪里开始，而思想进程的进一步发展不过是历史进程在抽象的理论上前后一贯的形式上的反映；这种反映是经过修正的，然而是按照现实的历史进程本身的规律修正的。"① 就近代中国财政思想转型与财政改革的最终演变结果来看，财政思想在复杂与曲折的道路中自我修正并继续发展，而财政改革则是在近代中国政府的政治经济逆流中走向绝境。

财政思想的发展是建立在财政改革的背景之下的，以现代化趋势为导向的财政思想在近代中国建立起了基本完备的思想体系，而它的发展也势必会影响财政改革。事实也确实如此，近代中国政府对于以西方现代化财政体系模式进行改革的尝试从未停止过：建立现代化税收体系尤其是以所得税、遗产税为主要税种的直接税体系；建立了预算制度并创设了财政监督制度——超然主计与联综组织；实施了地方自治并确立了中央与地方的财政关系。对于当时的财政实践来说，在当时内外交困的环境下，在新旧财政轨道的博弈面前，只有两条道路可以选择：或在过往封建集权式财政的基础上沉沦为大地主、大资产阶级独裁性质的专制财政；或在坚持现代化财政改革的阵痛中蜕变为现代财政。很显然，尽管当时的政府提出了上述这些在当时极富开创性的财政改革举措，但依然阻挡不了内部为维护自身利益而选择倒行逆施的行为，并致使其在财政上陷入困境的结局。可以说，正是近代中国针对财政改革所设计的现代化制度、机制在具体的实践运行中发生了严重变异，使得财政改革徒有其表，从而最终导致近代中国政府的财政陷入困境。正如马寅初评价的："按之实际，政治理想，常向前进，而经济现实，则向后退，如今日之中国然。"②

而细数造成这一演变的原因，则是政治、经济、文化各个方面的因素综合作用下引发而成的。抗日战争在这一演变过程中也只是导火索，并在一定程度上促使财政境况走向绝境。以抗战为名，在战费吃紧的状况下，南京国民政府大肆举借内外债、采用通货膨胀政策、征收苛捐杂税、搜刮地方经济等。这些对于前期财政改革的逆向举措，犹如暴风骤雨将累积于财政领域的各种矛盾不断激化，在给民众带来极大的负担的同时，也成为压垮近代中国财政改革的最后一根稻草，并促使财政走向彻底的崩溃。

---

① 马克思，恩格斯. 马克思恩格斯选集［M］. 北京：人民出版社，1995：122.

② 马寅初. 财政学与中国财政：理论与现实［M］. 北京：商务印书馆，2001：53.

9.1.2 近代中国财政思想转型的现代化表征

事实上，如前文所讲到的，现代化是一个极其宽泛的概念。近代中国的财政思想体系从各个分支体系来讲，不能说已经完成了彻彻底底的现代化，但是有着现代化财政的内涵表征是毫无疑问的。从这个角度出发，对财政思想的结构体系进行判定，虽然未构成十分完善和全面的财政思想体系，但是一个基本完备的思想体系还是呈现在了我们面前。这一点是毋庸置疑的。

9.1.2.1 变革下新旧财政思想的碰撞

时代的变革促使新旧财政思想展开激烈碰撞。梁启超便说过史学是“记述人类社会赓续活动之体相，校其总成绩，求得因果关系，以为现代一般人活动之资鉴也”①。可见，意图追求客观的历史事实，必须对历史事实之间的所属环境、因果关系分析透彻。这些自然或者社会层面对历史事实造成联系的影响变迁，是学说、思想或理论发生演变的根本渊源。传统财政观是建立在农业社会自然经济基础上的，西式财政思想是建立在工业社会市场经济基础上的，两者的差异诠释了不同内核驱动下的差别思想。这种差别自引入西方财政思想后就一直存在，而至清末中国大变革引发的国家危机开始，这种差别开始急剧转变为剧烈的冲突。新旧财政思想在此复杂背景下既有冲突，又有交汇，致使财政思想的二元特征也有着相当的复杂性。这种复杂性就财政思想方面而言，表现在对思维方式和立场的选择上，既有抵抗、排斥，也有接纳、包容，既有隐晦、避忌，也有超越、革新。

9.1.2.2 财政学教育及平台是思想转型的内外动力

思想或理论并不是凭空臆造出来的，而是在“教”与“学”、“传”与“论”的过程中形成的。如果说近代中国所属的时代背景属于财政思想转型的宏观背景的话，那么同时代下的教育及出版行业的现代化则是财政思想转型的微观环境。从教育的角度而言，这一时期现代财政思想的构建离不开教育、研究机构在“教”与“学”过程中的巨大贡献。同样带有现代化特征的教育、研究机构一方面为财政思想的教授、学习、传播、辩论提供了良好的平台，另一方面也是这一时期财政学科获得快速发展的表征。因此，考察教育及学术交流在近代中国财政思想现代化进程中的角色，可以从学科建设以及理论运用的角度对这一时期财政学理论进行系统解构，从思想产生的源头找到思想发展的内在动力。从出版的角度而言，出版行业的现代化进程为财政学的“教”与

① 梁启超. 中国历史研究法 [M]. 上海：上海古籍出版社，2011：1.

"学"、"传"与"论"过程提供了先行条件："以印刷技术为支撑的大众传媒在推动大众文化发展的过程中，总体上遵循着一条下降律的发展轨迹，即印刷传媒使文化从上流社会走向普通大众。"① 近代中国的财政思想体系的构建，并不是简单地对西方财政思想的照搬引用，而是由内外动力共同驱使。在西方财政思想的启蒙之下，其逐渐与中国现实财政问题相互交织糅合，并最终催化于财政出版物的载体之中。对近代财政类出版物发行状况进行分析，不仅可以再现近代财政思想转型的过程，还可以清晰地掌握近代财政思想体系构建的基本轨迹。同时，考察教育及学术交流在近代中国财政思想的现代化进程中的角色，可以从学科建设以及思想运用的角度对近代中国财政思想进行系统解构，从思想产生的源头找到思想转型的内在动力。

9.1.2.3 公平与正义的财政本质

回溯人类社会的形成过程，公共性在人与人之间的社会化关系构建当中起到了至关重要的作用。公共性既体现了人作为个体的自我表达和意志代表，又伴随着个人的独立而渐渐强调整体性。故而，公共性作为财政的基本属性，既强调个体所存在的条件，又重视对透明、无障碍、可对话的公共场域的追求。在研究近代中国财政思想转型的过程中，判断其对财政公共性本质的认识程度处在极其显要的位置上。在近代中国的财政理论著作中，绝大多数学者均认为财政的本质在于公共性的属性彰显。围绕着这个财政思想的核心问题，财政的定义、职能、作用等问题得以明确，近代的财政思想借助这个与改革实践有着本质分歧的判断标准，开始在公平正义的基础上全面构建制度、管理、体制等各个具体的财政理论框架，并通过外在显化民主、法治等现代内涵内收进行自我保护，从而保障了现代化的财政思想体系得以构建。尽管从当时财政改革的角度来讲，财政思想对于公平与正义的本质认知，很难改变当时一切财政改革实践求发展的终极价值导向，但是正确认识国家与市场、国家与个人的关系对于构建财政思想体系有着极其重要的现实意义和长远意义，也为理论源于实践而又高于实践的发展进程提供了可靠依据。

9.1.2.4 财政收支思想是财政思想的关键内容

财政作为国家治理的基础，其收支状况既决定了整个国家的运行状况，又对整个国家的运行起到了重大作用。因此，财政收支的重要性自然不言而喻。无论是财政思想还是财政改革，财政收支都是其实现最终目的的主要手段。而采取何种制度促使财政收支达成相应目的，能有效区分近代中国财政思想与财

① 崔欣．孙瑞祥．大众文化与传播研究［M］．天津：天津人民出版社，2005：158.

政改革的内在诉求。近代中国处在当时社会经济各方面转型的重要时期，诸多复杂因素促使财政收入与财政支出面临着各种新的内容。救亡图存的外在压力更是逼迫近代中国政府做出有力改变，沿袭几千年的传统赋税制度也不再能应付新形势下的财政需求。财政收支因此开始迈向现代化改革，这一时期的财政思想也将收支领域作为主要探索阵地展开研究，现代化税制的构建及公债的各种运用都为财政改革提供了各种新的议题。因此，财政思想与财政改革的分歧也集中体现在收支思想领域。

分歧的原因主要在于内在诉求的不同。以裁厘为例，厘金作为一项恶税，裁撤在所难免，社会各界均已达成共识。但是区别在于学界思考的是各行各业公平竞争的问题，而政府的角度则是裁厘之后收入抵补问题，因此也就有了裁厘之后各界关于统税之争。除裁厘之外，类似的分歧数不胜数，由此也集中构成了近代中国财政思想与财政改革在财政收支领域相克相济的交织图景。

9.1.2.5　探索财政管理体制的新思路

政府间的财政关系是财政管理的中心内容。近代中国中央政府与地方政府有着一种区别于现在的特殊关系形态，这种特殊尤其体现在理念的差异上。最初由西方引进的地方自治理念为这种关系提供了制度蓝本及治理途径。进入近代后，在军阀割据、中央势弱的现实情况下以及“联省自治”的观念深化下，中央政府与地方政府关系中始终存在较强的对立与抗争。因此，近代中国在财政体制方面的思想探索不可避免地具有浓厚的地方自治色彩。

事实上，在此环境下产生的地方自治财政思想有着其一定的进步性和合理性，关于地方财政分权以及财政自治的新思路都有其可取之处。布迪厄的场域及惯习观点认为，过往的历史无论是形成过程还是存在形式都会对当下的实践产生惯习方面的制约①。历史上的中央集权制惯习无论是在近代后期还是目前的财政体制中，都制约了对于中央与地方场域关系的相关理解。了解历史并作用于现在，近代中国地方自治财政思想在探索财政分权与自治方面为我们提供了一个新颖的思路。

---

① 布迪厄等人认为，“惯习是一种生成性结构，是一种精神的或认知的结构。人们就是通过这种结构来与社会打交道的。它塑造、组织实践，生产着历史，同样也制约着现代和未来。惯习本身是历史的产物，一种惯习的获得是长期占据社会世界中某一位置的结果。并非每一个人都有相同的惯习，然而，那些在现实社会中占据相同位置的人们会具有相似的惯习。从这个意义上看，惯习也是一种集体现象。惯习既由现实社会产生，又产生出社会世界”。人们各种合乎理性的行为都是通过惯习产生的，通过惯习，人的行为可以呈一种“不自觉”状态，因而惯习是“外在性的内在化”，是“所有选择所依据的不被选择的原则”。参见：布迪厄，华康德. 实践与反思——反思社会学导引［M］. 李猛，李康，译. 北京：中央编译出版社，2004：168.

9.1.2.6 改革预算管理及财政监督的思维

财政管理是一个较为宽泛的领域，它主要是为组织财政收支、实现财政活动目标服务的。从内容上来讲，预算管理以及财政监督都属于财政管理内容中较为重要的部分。而强化预算全过程的监督，又是财政监督中的重要内容。孟德斯鸠曾有言："一种无所不为、无所不在的权力必然是与繁重的赋税、与不受制约的财政权利相联系的，要限制政府的权力，首先就必须限制政府的财政权力，这是人类社会历史的一个普遍规律。"① 近代中国财政思想体系中预算管理思想与财政监督思想存在前后呼应的关系。通过分析二者之间的相互关系，可以发现，在与财政改革实践紧密联系的过程中，预算思想是超然主计与联综组织思想的诱因，而财政监督制度反过来对预算制度进行了有益补充。由此也彰显出近代中国预算思想及超然主计与联综组织思想的现代化内涵。

综上所述，本书认为，近代中国的财政思想体系在新旧财政思想的碰撞下不断转型，它不仅促进了中国本土化的财政思想体系走向现代化的步伐，还在接下来更长时间内对于财政改革实践起到了思想引领作用。当前中国正在以建立现代财政制度为目标进行相关改革，在面对改革过程中所遇见的相关问题时，以近代中国财政思想转型探索的过程为参照，不失为一个好的选择。

9.2 反思与启示

9.2.1 对历史之反思

回溯近代中国财政思想转型的历程，学以致用的时代需求始终贯穿于财政思想体系的构建过程之中。"学"既有对于西方财政思想的引入，也离不开中国财政思想自身的"教"与"学"，即近代中国财政学教育以及财政学者之间的交流探讨。西方财政思想在"学"的过程当中起到了极其重要的启蒙作用，而中国自身的"教"与"学"则是将理想化的西方财政思想与中国国情不断匹配的过程。在"学"不断积累的过程中，如何作用于"用"这一命题无论是在过去还是在现在都显得至关重要。就近代中国财政思想"学"与"用"的各自演变结果来看，"学"超前于"用"几乎是一种常态。几乎是在各个财政思想的分支部分，思想对于现代化内涵的表征都超前于现实财政实践，这是思想本身所应有的前瞻性。

---

① 孟德斯鸠. 论法的精神［M］. 张雁冰，译. 北京：商务印书馆，1961：154.

而在某些特殊时期，“用”也会超脱“学”的合理框架而先于“学”。如在南京国民政府前期，财政学界普遍认为所得税、遗产税等直接税在税制体系中应有一席之地，但从客观现实分析又不具备立即开征的可能性。全面抗战爆发之后，南京国民政府为开源而开设了所得税、遗产税等一众税种，效果甚佳，以至于学界转而认为战后直接税必将占据主要地位。除“学”与“用”二者几乎常态化的脱离状态下，“学”能充分致“用”的情况甚少。近代中国的超然主计与联综组织思想算是一个学以致用的较为充分的例子，甚至提出该思想的主体人物都背负着政府官员与学者的双重身份。客观来讲，近代中国“学”与“用”的常态化分离很大程度上是“用”之过，对于“学”到底是“用”或者“不用”学界话语权微弱，也就自然造成了近代中国较为先进的财政思想难以充分实施的结局。这是时代环境的局限，自难更改，但由历史反思当前，从思想的角度，如何处理好“学”与“用”的匹配关系，对于财政思想作用于财政改革来说至关重要。“用”自不必多说，更多的是涉及实践层面的落实。但“学”既要始终保持思想的先进性和前瞻性，又要避免脱离实际，以至于自身空有制度设计却无法落地，最终成为空中楼阁。

9.2.1.1　思想转型欠缺公共性

近代中国尤其是后期，不少思潮主张在政治和思想文化方面实行自由主义，而在经济方面则主张统制经济或计划经济。1929—1933 年的经济大危机波及全球，更是引发了学术界对于自由经济缺陷的反思。统制经济开始成为学界研究的热点，并受到政、学、商三界的热情追捧。在实践层面，尽管并没有在口号上确认统制经济的事实，但是国民政府在 20 世纪 30 年代开始从计划、机构等方面践行统制经济。客观地讲，统制经济在抗日战争中发挥了极其重要的作用，保证了诸多军需物资的生产，同时在财政领域实施了专卖制度，确保了财政收入以及相关生活必需品的稳定供应。但是，统制经济只能作为一种战时特殊手段加以利用。不少学者对其并未有深刻的认识，甚至将其与计划经济混为一谈。如吴达诠认为：“统制经济者，各个国家各在其国某种经济主义下，平时或战时，为某种目的做成一种整个有系统之经济计划。在某种经济组织中，而以其国家统治之权力施行之。”① 统制经济与计划经济在所有制方面存在本质分歧，与凯恩斯主义下的国家干预市场更是大不相同。因此若在战后还继续执行统制经济，便是完全剔除市场调节在经济当中的作用，极容易促成国家资本的膨胀以及贪腐等诸多问题。在财政领域同样如此，有不少学者对专

---

① 吴达诠. 统制经济问题 [J]. 银行周报，1933，17（37）：1-35.

卖制度大加推崇。专卖制度在抗战时期曾经在筹集战费方面发挥了较大的作用，因此学界有不少人在战后主张继续推行甚至扩大专卖制度实行范围。这种仅从国家资本的角度出发，过分强调国家干预的建议，根本上而言是一种狭隘的否定市场观念，违背了财政学界历来所遵循的公共性。公共性的本质特征就是民主与法治，结合近代中国财政思想在这一方面的缺陷，从财政与国家关系的角度以及我国当前的社会主义市场经济现实来看，财政收入有赖于国家权力的实现，因此财政直接关系到国家公权力的发挥。政府通过财政支出等措施向社会提供公共产品，而市场在资源配置中起着至关重要的基础性作用，政府与市场的紧密关系，使得财政在这当中扮演了重要的角色。因此财政在各方面的改革势必要立足于市场本身，明确国家与市场的界限。只有在财政制度上清晰界定，方能保证改革中市场主体的个人权利得以维护、国家公权力干涉得以被约束。

9.2.1.2 思想转型欠缺实践指导性

从近代中国的财政思想演变的过程看得出来，虽然在某些具体的分支思想领域确实推动了财政制度的建立与完善，但是从总体上看，思想与实践之间的联结程度并不高，未能指导近代财政改革的整体设计。如租税思想中一个很重要的内容就是建立直接税体系，尽管在南京国民政府后期有了相关的税种出台，但经过实际考察评估，很多时候制度只是停留在文件的表面而难以得到真正的贯彻实施。又比如中央政府与地方政府之间的财政关系一直是近代中国财政思想最核心的内容，甚至可以认为地方财政自治思想是关键性的思想表征，但是几次财政体制的调整都未能按照当时学界的框架设计，尤其是省一级的财政不是形同虚设就是越俎代庖，完全不能做到政府间财力关系职责分明，事权与财权相匹配。因此，思想对于实践的指导意义缺失是近代中国财政思想转型中一项巨大的遗憾，也对我们当前的财政理论研究提出了实践检验的标准。

9.2.1.3 思想转型欠缺自主性

任何一种思想、学说、理论都不可避免地会有着其形成过程中的历史气质。“为着使一般人都能获致他们所能达到的精神体量，思想自由是同样或者甚至更加必不可少。”① 对于普通民众而言，思想自由尚且如此重要，对于财政思想而言，思想自由就显得更为重要。假设财政思想丧失了其本身该有的独立性，那么就极容易沦陷为政治或其他的附庸。如此的思想最终将变成政治话语下虚妄的、肆虐的词语堆积，假设是这样的财政思想体系，既不能客观且有

① 密尔. 论自由［M］. 程崇华，译. 北京：商务印书馆，1996：35.

说服力地应对财政领域中的问题，更无法提供设计建构财政制度的方案。

近代中国的财政思想的转型始终处在复杂的国际国内环境当中。就国内环境而言，全国各地军阀割据，政局混乱震荡，整个社会环境处于无序的状态。而在国际环境方面，近代中国政府的国家主权不能保持完整，集各种不平等条约于一身，后期甚至遭到日本大肆侵略。虽然在这期间也有一些独立自主的积极方面，如受列强钳制的关税、盐税等税的自主权得以收回，但是整个近代中国的国际环境始终绕不开“屈辱”二字。在此国际国内环境下，近代中国财政思想的转型也深深地刻上了时代的烙印。震荡而又复杂多变的国内环境为财政思想所提供的是支离破碎的环境，当局者的频繁更替更是使得财政改革日益偏离财政思想的指引范畴。故而这一时期财政思想与实践的结合呈现出断续而又分离的特点，这一点在租税思想方面尤为明显。在触及某些领域的时候，财政思想也不能独善其身，犹如“戴着镣铐跳舞”，始终受到束缚和局限。如复杂的国际政治格局下以及国内政治经济环境中，论及关税的时候，财政思想始终要将列强的综合意见作为最终考量。主权沦丧顺势带走的还有思想的自主性。尽管如此，从总体上来看，近代中国的财政思想在内忧外患的环境中仍保持了自身的独立性，这也是财政思想与财政实践最终走向分流的原因。反思历史，才会愈加珍惜现在。一个稳定有序的国内环境以及主权完整的国际地位才能保证思想得以良性、健康发展。

9.2.2 对现实之启示

9.2.2.1 对公共财政的认知

在近代中国财政思想体系当中，有着对财政公共性认知的普遍认同，这一方面是当时国内财政思想吸收西方财政思想的结果，另一方面则是国内学者们出于对财政应有的属性所做出的基本定义。新中国成立之后的很长一段时间之内，由于国情的需要，我国采用的是计划经济体制基础上的国家财政，即“本质是以建立在社会主义生产资料公有制基础上的社会主义国家为主体的，处于社会再生产过程中，为满足实现其职能的需要，主要利用价值形式强制地、无偿地参与社会产品或国民收入分配所形成的取之于民、用之于民的分配关系”①。国家财政所侧重的是国家作为主体的分配关系，财政也着重强调其内在的政治属性，近代以来建立起来的公共财政思想被湮没。直至在市场经济体制被重新确认，而计划经济下的财政思想无法解释新形势下各种问题的情况

① 邓子基. 财政学原理［M］. 北京：经济科学出版社，1989：34.

下，学界又开始了对财政公共性的学理再认知。尽管目前对于公共财政与国家财政的争辩依旧在继续，但是从目前中国财政思想与财政改革相互关系的角度来讲，国家财政和公共财政之间并没有非此即彼的冲突，对于国家财政与公共财政的对立划分是没有意义的。公共性无论是在国家财政还是公共财政中都是其本质属性，只不过是对政治性和市场化的侧重有所不同。在具体的实践工作中，延续近代中国财政思想中对公共性的理念认同，是对财政的本质属性及客观要求的认知回归，对于目前财税体制改革及现代化财政制度建设有着一定的借鉴意义。

当前我国正处在财政改革转型期，正处于社会矛盾集中凸显的关键时期，实现地区之间、城乡之间、群体之间的各方面公共服务均等化即是对财政公共性属性的考验。故而要想将民生等问题解决好，就需注重对民众公共需求的满足，只有基于这个立足点，才能在社会、经济转型的重要时期，做到财政支出数量上和效率上的最优化，实现基本公共服务均等化，有效地舒缓诸多社会矛盾，维护社会稳定，从而保障各项改革顺利向前发展。

9.2.2.2 对公平原则的坚守

公平作为一个正义社会的伦理规范，它主要是通过现代社会的具体制度架构、政策行为等表现出来的，财政领域内的公平原则亦是如此。在近代中国，无论是在财政收支方面还是在财政体制方面，公平性在财政思想中都被认为是需要遵循的基本原则。这一点尤其值得在当前财政体制改革中加以重视并予以借鉴。从公共财政角度出发的近代财政思想，尤其是在紧密关系到民众利益的具体税制、支出、公债、预算等方面，无一例外均是将公平原则作为首要考量的标准。当前我国正处在财政改革转型期，实现地区之间、城乡之间、群体之间的各方面公共服务均等化即是以公平原则为指导的目标。因此，借鉴近代中国财政思想对于公平原则的坚守，结合当下我国社会正处于社会矛盾集中凸显时期的背景，确立财政公平的价值准则，并努力实现公共服务均等化，能够有效地舒缓诸多社会矛盾，维护社会稳定，从而保障各项改革顺利向前发展。

9.2.2.3 对财政监督的借鉴

财政监督的效率直接影响了财政管理的绩效。目前，我国正处在政治体制改革的“深水区”。尽管从财政管理的角度而言，相关方法日渐多元化，能力也日益提升，但是财政领域内的监督体制和制度建设依然相对滞后。这其中最大的一个问题，还在于财政监督体系始终缺乏独立性与完整性，在严重影响财政监督效率的同时，也影响到市场经济的健康发展。回顾近代中国财政监督思想，超然主计与联综组织有效地解决了独立性与完整性方面的问题。政治结构下的超然主计系统，与行政系统、审计系统、出纳系统共同形成了独立有序的财政管理体制，既在独立性上保持了超然性，又以“四纵联横”的形式相互协作提升了整体办事效率。当代中国与近代中国相比，制度、政体等方面都有着较大差异，但是超然主计与联综组织的理论创设依旧能为当下财政监督方面的改革提供有力借鉴。除此之外，近代中国财政监督思想还十分注重对法治的提倡，通过立法来增强财政监督的合法性与权威性。这种思想观念对于我们今天依法行政、依法理财，健全和完善财政监督法律体系具有一定的思想指导意义。

首先便是法理层面对财政监督的法律体系尚不完善，要么处于空白，要么含糊不清，直接导致了人大对于预算监督的作用收效甚微。其次从监督机构来看，不论是人大监督还是审计或财政部门的监督都存在比较大的漏洞，监督体系之间始终缺乏独立性与完整性，在严重影响财政监督效率的同时，也影响到市场经济的健康发展。最后，在社会监督方面，不论是社会组织还是舆论监督抑或是民众监督都存在着监督意识薄弱、监督力度不到位的情况。因此，借鉴近代中国超然主计、联综组织思想对财政监督全方位的思考角度，完善我国财政监督制度首先要做到有法可依，健全财政监督方面的法律体系，尤其要对人大预算监督权加以完善。其次完善政协、审计、财政等部门在财政监督体系当中的立体化效应。最后注重培育社会组织、新闻媒体、民众对于财政监督的意识，壮大财政外部监督的力量。

9.2.2.4 对分税制的启示

历史上，向来都是以中央绝对集权的方式处理与地方的关系。到清朝后期，随着财政分权的发展，中央集权的形式便不再适应新形势下中央与地方的关系。目前我国中央与地方的关系是在 1994 年分税制改革的背景下形成的。尚不完善的分税制实施至今日也出现了较多问题。当下解决问题的方法虽然颇多，但是成效并不明显。从历史的角度来看，以近代中国对于中央与地方关系理论为参照对象，或许能为当下中央与地方之间的问题解决提供一个较好的视角。近代中国施行的是地方自治财政，地方自治的主体既有省级，亦有县级。与此相应的自治财政理论将这对关系置于经济和政治的视域，分别从财政体制、国家政权方面进行了阐述，提出最为核心的问题在于明确中央与地方财权与事权的划分范围，以及对集权与分权“度”的掌握。有鉴于此，联系当下中央与地方的关系的现实，明确财权与事权的范围固然重要，但是对集权与分权“度”的把握也是关键。此外，近代中国的自治财政思想对于县一级及以下的财政都有所观照，这方面的经验同样可以为目前我国省直管县及相关县乡基层财政层面的财政问题所借鉴。

9.2.2.5 对债务风险的警示

公债，事实上是一种以财政和税收作为担保的合同或者契约。近代中国不少学者都对公债递延性的属性有过概述。与历史上的状况不同的是，近年来我国债务方面的风险及问题主要是出自地方发行的债务。截至2020年底，地方债存量余额在我国债务市场存量中的占比已经接近两成，依然超越国债或其他金融债而占据首位。目前我国各地的地方债务不约而同地都在发行规模警戒线、偿还能力等方面出现了问题。同时较为致命的是，各地政府出于各种原因，对于地方债务的问题讳莫如深，讳疾忌医，使得这一问题成为我国财政运行当中的一大隐患。我国目前地方债务虽然与近代发行的公债有着本质上的区别，大致上也是保证了“取之于民，用之于民”的原则，但是在诸多方面都应该以近代中国的公债状况恶化为警戒。对于公债的认识，近代中国的财政思想经历了一个大力推崇至反躬自省的过程，这个过程既有理论界对于当时政府滥发公债并最终丧失公债效用的痛心批判，也是理论界对于自身理论未能对实践过程提供预见性的指导做出的自省。因此近代中国关于公债实践及理论的认识过程，可以作为目前我国地方政府对债务问题不敢正视及怠于风险管控的警示。

参考文献

一、著作类文献

[1] CULLER JONATHAN. Literary Theory：A Very Short Introduction [M]. New York：Oxford University，1977.

[2] MIN TU-KI. National Polity Power：The Transformation of Late Imperial China [M]. New York：Harvard University Press，1989.

[3] S. N. 艾森斯塔特. 帝国的政治体系 [M]. 阎步克，译. 贵阳：贵州人民出版社，1992.

[4] 阿部洋. 解放前中国的人才培养与留学美国 [M]. 东京：霞山会，1982.

[5] 坂入长太郎. 欧美财政思想史 [M]. 张淳，译. 北京：中国财政经济出版社，1987.

[6] 北京图书馆. 民国时期总书目（1911—1949）经济 [M]. 北京：书目文献出版社，1993.

[7] 布迪厄，华康德. 实践与反思——反思社会学导引 [M]. 李猛，李康，译. 北京：中央编译出版社，2004.

[8] 蔡次薛. 各国战时财政政策 [M]. 长沙：中央日报社湖南分社，1942.

[9] 曹国卿. 财政学 [M]. 上海：独立出版社，1947.

[10] 曹均伟. 近代中国利用外资 [M]. 上海：上海社会科学院出版社，1991.

[11] 曹均伟. 中国近代利用外资思想 [M]. 上海：立信会计出版社，1996.

[12] 岑学吕. 三水梁燕孙先生年谱 [M]. 上海：上海书店，1946.

[13] 陈德溥. 京师大学堂中国史讲义 [M]. 北京：中华书局，1995.

[14] 陈光焱. 中国财政史 [M]. 北京：中国财政经济出版社，2001.

[15] 陈焕章.《孔门理财学》书后 [M]. 上海：上海书店出版社，1992.

[16] 陈启修. 财政学总论 [M]. 上海：商务印书馆，1924.

[17] 陈万雄. 五四新文化的源流 [M]. 上海：上海三联书店，1997.

[18] 陈旭麓. 宋教仁集 [M]. 北京：中华书局，1981.

[19] 陈争平，龙登高. 中国近代经济史教程 [M]. 北京：清华大学出版社，2002.

[20] 崔敬伯. 财税存稿选 [M]. 北京：中国财政经济出版社，1987.

[21] 达尔顿. 财政学原理 [M]. 杜俊东，译. 上海：上海黎明书局，1933.

[22] 大内兵卫. 财政学大纲 [M]. 施复亮，译. 上海：大江书铺，1933.

[23] 邓启农. 论中国战时遗产税 [M]. 重庆：正中书局，1941.

[24] 丁日初. 近代中国的现代化与资本家阶级 [M]. 昆明：云南人民出版社，1994.

[25] 董长芝，马东玉. 民国财政经济史 [M]. 大连：辽宁师范大学出版社，1997.

[26] 董长芝. 中国现代经济史 [M]. 长春：东北师范大学出版社，1988.

[27] 杜赞奇. 文化、权利与国家：1900—1942 年的华北农村 [M]. 南京:江苏人民出版社，1995.

[28] 费正清. 剑桥中国晚清史 [M]. 中国社科院历史所编译室，译. 北京：中国社会科学出版社，1985.

[29] 冯桂芬. 校邠庐抗议 [M]. 郑州：中州古籍出版社，1999.

[30] 付志宇. 近代中国税收现代化进程的思想史考察 [M]. 成都：西南财经大学出版社，2010.

[31] 葛兆光. 中国思想史 [M]. 上海：复旦大学出版社，1988.

[32] 故宫博物院明清档案部. 清末筹备立宪档案史料 [M]. 北京：中华书局，1979.

[33] 顾潮. 顾颉刚年谱 [M]. 北京：中国社会科学出版社，1993.

[34] 何爱国. 中国现代化思想史论（1912—1949） [M]. 广州：世界图书广东出版有限公司，2014.

[35] 何帆. 为市场经济立宪：当代中国的财政问题 [M]. 北京：今日中国出版社，1998.

[36] 何公敢. 公债 [M]. 上海：商务印书馆，1924.

[37] 何廉，李锐. 财政学 [M]. 上海：商务印书馆，1935.

[38] 侯厚吉，吴其敬. 中国近代经济思想史稿 [M]. 哈尔滨：黑龙江人民

出版社，1983.

[39] 侯坤宏. 抗战时期中央财政与地方财政 [M]. 台北："国史馆"，2000.

[40] 胡己任. 中国财政整理政策 [M]. 北京：民国大学，1927.

[41] 胡寄窗. 中国古代经济思想的光辉成就 [M]. 北京：中国社会科学出版社，1981.

[42] 胡寄窗. 中国近代经济思想史大纲 [M]. 北京：中国社会科学出版社，1984.

[43] 胡显中. 孙中山经济思想 [M]. 上海：上海人民出版社，1985.

[44] 黄逸平，虞宝棠. 北洋政府时期经济 [M]. 上海：上海社会科学院出版社，1995.

[45] 吉尔伯特·罗兹曼. 中国的现代化 [M]. 国家社会科学基金"比较现代化"课题组，译. 南京：江苏人民出版社，2003.

[46] 贾德怀. 民国财政简史 [M]. 重庆：商务印书馆，1941.

[47] 贾士毅. 民国续财政史 [M]. 上海：商务印书馆，1934.

[48] 江灏，钱宗武. 今古文《尚书》全译 [M]. 贵阳：贵州人民出版社，1990.

[49] 江继五. 地方自治概要 [M]. 上海：大中国图书公司，1985.

[50]《江苏省财政志》编辑办公室. 江苏财政史料丛书 [M]. 北京：方志出版社，1999.

[51] 姜建设. 注说《尚书》[M]. 开封：河南大学出版社，2008.

[52] 蒋筠. 公债论表解 [M]. 上海：上海科学书局，1914.

[53] 久保亨. 走向自立之路：两次世界大战之间中国的关税通货政策和经济发展 [M]. 王小嘉，译. 北京：中国社会科学出版社，2004.

[54] 卡尔·裴伦. 财政学大纲 [M]. 上海：上海世纪书局，1933.

[55] 冷隽. 地方自治述要 [M]. 南京：正中书局，1935.

[56] 李翠莲. 留美生与中国经济学 [M]. 天津：南开大学出版社，2009.

[57] 李权时. 财政学原理 [M]. 上海：中华书局，1935.

[58] 李权时. 国地财政划分问题 [M]. 上海：世界书局，1929.

[59] 李权时. 中国关税问题 [M]. 上海：商务印书馆，1936.

[60] 李权时. 中国经济问题纲要 [M]. 上海：世界书局，1927.

[61] 李书源. 筹办夷务始末 [M]. 北京：中华书局，2008.

[62] 梁启超. 论中国财政学不发达原因及古代财政学说之一斑 [M].

北京：中华书局，1989.
[63] 林美莉. 西洋税制在近代中国的发展 [M]. 上海：上海社会科学院出版社，2020.
[64] 林许辉. 孙中山先生与中国现代化之研究 [M]. 台北：正中书局，1992.
[65] 刘不同. 财政学概要 [M]. 上海：昌明书屋，1948.
[66] 刘不同. 民生主义之租税制度 [M]. 重庆：重庆青年书店，1941.
[67] 刘佛丁. 中国近代经济发展史 [M]. 北京：高等教育出版社，1999.
[68] 刘善述. 自治财政论 [M]. 南京：正中书局，1947.
[69] 刘守刚. 近现代中国财政转型与政治发展 [M]. 天津：天津人民出版社，2009.
[70] 罗荣渠. 现代化新论 [M]. 北京：北京大学出版社，1993.
[71] 骆耕漠. 战时的财政问题 [M]. 上海：黑白丛书社，1937.
[72] 骆惠敏. 清末民初政情内幕 [M]. 刘桂梁，等译. 北京：知识出版社，1986.
[73] 吕复. 比较地方自治论 [M]. 增订本. 上海：商务印书馆，1943.
[74] 马伯煌. 中国近代经济思想史 [M]. 上海：上海社会科学院出版社，1992.
[75] 马金华. 民国财政研究：中国财政现代化的雏形 [M]. 北京：经济科学出版社，2009.
[76] 马克思，恩格斯. 马克思恩格斯选集 [M]. 北京：人民出版社，1995.
[77] 马克思·韦伯. 儒教与道教 [M]. 王容芬，译. 北京：商务印书馆，1995.
[78] 马寅初. 财政学与中国财政 [M]. 上海：商务印书馆，1948.
[79] 马寅初. 财政学与中国财政：理论与现实 [M]. 北京：商务印书馆，2001.
[80] 马寅初. 马寅初全集：第9卷 [M]. 杭州：浙江人民出版社，1999.
[81] 毛程连. 西方财政思想史 [M]. 北京：经济科学出版社，2003.
[82] 梅尔茨. 十九世纪欧洲思想史 [M]. 周昌忠，译. 北京：商务印书馆，1999.
[83] 闵天培. 中国战时财政思想 [M]. 南京：正中书局，1937.
[84] 南开大学历史系. 清实录：经济资料辑要 [M]. 北京：中华书局，1959.
[85] 南开大学校史编写组. 南开大学校史 [M]. 天津：南开大学出版社，1989.

［86］彭立峰. 晚清财政思想史［M］. 北京：社会科学文献出版社，2010.
［87］钱穆. 国史大纲：上册［M］. 北京：商务印书馆，1996.
［88］任达. 黄金十年与新政革命［M］. 李仲贤，译. 南京：江苏人民出版社，1998.
［89］阮元. 十三经注疏［M］. 北京：中华书局，1980.
［90］塞里格曼. 租税各论［M］. 李百强，译. 上海：商务印书馆，1934.
［91］舒新城. 近代中国留学史［M］. 上海：上海书店出版社，2011.
［92］孙大权. 中国经济学的成长［M］. 上海：上海三联书店，2006.
［93］孙怀仁. 中国政府之病态及其批判［M］. 上海：生活书店，1937.
［94］孙文学，刘佐. 中国赋税思想史［M］. 北京：中国财政经济出版社，2006.
［95］孙文学，王振宇，齐海鹏. 中国财政思想史［M］. 上海：上海交通大学出版社，2008.
［96］孙翊刚. 简明中国财政史［M］. 北京：中国财政经济出版社，1988.
［97］孙翊刚. 中国财政问题源流考［M］. 北京：中国社会科学出版社，2001.
［98］泰萨里·莫里斯·铃木. 日本经济思想史［M］. 厉江，译. 北京：商务印书馆，2001.
［99］谈敏. 中国财政思想史教程［M］. 上海：上海财经大学出版社，1999.
［100］谈敏. 中国经济学图书目录［M］. 北京：中国财政经济出版社，1995.
［101］唐庆增. 唐庆增经济论文集［M］. 上海：商务印书馆，1930.
［102］唐庆增. 中国经济思想史［M］. 北京：商务印书馆，2010.
［103］王成柏，孙文学. 中国赋税思想史［M］. 北京：中国财政经济出版社，1995.
［104］王军. 中国财政制度变迁与思想演进［M］. 北京：中国财政经济出版社，2009.
［105］王韬. 弢园尺牍：卷十二［M］. 北京：中华书局，1959.
［106］吴史刚. 战时公债［M］. 上海：文化生活出版社，1937.
［107］吴兆莘. 中国税制史［M］. 北京：商务印书馆，1998.
［108］夏国祥. 近代中国税制改革思想研究（1900—1949）［M］. 上海：上海财经大学出版社，2006.
［109］夏炎德. 中国近百年经济思想［M］. 上海：中华书局，1938.
［110］项怀诚，贾康. 中国财政通史［M］. 北京：中国财政经济出版社，2006.

[111] 徐建生. 近代中国经济政策的沿袭与变异 [M]. 福州：福建人民出版社，2006.

[112] 学部总务司. 学部奏咨辑要（续编）[M]. 台北：文海出版社，1986.

[113] 亚当·斯密. 原富 [M]. 严复，译. 北京：商务印书馆，1981.

[114] 严复. 严复集 [M]. 北京：中华书局，2009.

[115] 岩井茂树. 中国近世财政史研究 [M]. 京都：京都大学出版会，2004.

[116] 晏才杰. 租税论 [M]. 北京：新华学社，1922.

[117] 杨格（Young A. N.）. 1927—1937 年中国财政经济情况 [M]. 陈泽宪，陈霞飞，译. 北京：中国社会科学出版社，1981.

[118] 杨骥. 现行所得税改进论 [M]. 重庆：重庆独立出版社，1941.

[119] 杨叙然. 地方财政论 [M]. 长沙：同文印刷公司，1933.

[120] 杨荫溥. 民国财政史 [M]. 北京：中国财政经济出版社，1985.

[121] 杨志勇. 财政理论发展纲要：比较视角研究 [M]. 北京：中国财政经济出版社，2005.

[122] 姚庆三. 财政学原论 [M]. 陈石孚，译. 上海：大学书店，1934.

[123] 叶世昌. 近代中国经济思想史 [M]. 上海：上海人民出版社，1998.

[124] 易劳逸. 流产的革命：1927—1937 年国民党统治下的中国 [M]. 陈谦平，等译. 北京：中国青年出版社，1992.

[125] 尹文敬. 财政学 [M]. 上海：商务印书馆，1935.

[126] 尹文敬. 中国战时公债 [M]. 重庆：财政评论社，1943.

[127] 永田清. 现代财政思想体系 [M]. 吴兆莘，译. 上海：正中书局，1947.

[128] 虞宝棠. 南京国民政府与民国经济 [M]. 上海：华东师范大学出版社，1998.

[129] 张公权. 中国通货膨胀史（1937—1949）[M]. 北京：文史资料出版社，1986.

[130] 张连红. 整合与互动——近代中国中央与地方财政关系研究 [M]. 南京：南京师范大学出版社，1999.

[131] 张宪文. 中华民国史：1-4 卷 [M]. 南京：南京大学出版社，2006.

[132] 张馨. 财政公共化改革 [M]. 北京：中国财政经济出版社，2004.

[133] 赵丰田. 晚清五十年经济思想史 [M]. 北京：哈佛燕京学社，1939.

[134] 赵靖. 中国经济思想通史续集 [M]. 北京：北京大学出版社，2004.

[135] 郑大华. 民国思想史论 [M]. 北京：社会科学文献出版社，2008.

[136] 郑观应. 盛世危言 [M]. 曹冈，译. 呼和浩特：内蒙古人民出版社，2006.

[137] 中国第二历史档案馆. 中华民国史档案资料汇编 [G]. 南京：江苏古籍出版社，1991.

[138]《中国近代史丛书》编写组. 戊戌变法 [M]. 上海：上海人民出版社，1972.

[139]《中国经济思想简史》编写组. 中国经济思想简史 [M]. 上海：上海人民出版社，1984.

[140] 钟祥财. 20世纪中国经济思想述论 [M]. 北京：东方出版中心，2006.

[141] 周叔贞. 周止庵先生别传 [M]. 台北：文海出版社，1965.

[142] 周育民. 晚清财政与社会变迁 [M]. 上海：上海人民出版社，2000.

[143] 朱博能. 地方财政学 [M]. 南京：正中书局，1942.

[144] 朱通九. 近代我国经济学进展之趋势 [M]. 重庆：重庆胜利出版社，1942.

[145] 朱偰. 论中国之财政书籍及中国财政学 [M]. 重庆：重庆财政评论社，1943.

[146] 朱偰. 中国租税问题 [M]. 上海：商务印书馆，1936.

[147] 朱英. 晚清经济政策与改革措施 [M]. 武汉：华中师范大学出版社，1996.

[148] 邹进文. 民国财政思想史研究 [M]. 武汉：武汉大学出版社，2008.

二、期刊类文献

[1] 蔼庐. 整理税制之出发点 [J]. 银行周报，1928 (12)：1-3.

[2] 鲍慷志. 从各国关税制度说到中国新关税政策 [J]. 经济学，1930，1 (4)：110-125.

[3] 蔡如海. 中国遗产税问题 [J]. 中国经济月刊，1934，2 (7)：1-9.

[4] 蔡志新. 孔祥熙的战时财政思想和战时财政政策 [J]. 历史档案，2006 (1)：125-134.

[5] 陈建华. 清末民初法政学堂之研究：教育史的视角 [J]. 华东政法学院学报，2006 (3)：144-150.

[6] 陈扬镳. 现行财政之利弊及整理办法（续） [J]. 建言（上海），1937，1 (3)：25-28.

[7] 陈正平. 我国战时财政前瞻 [J]. 财政评论，1939，1 (1)：17-21.

[8] 程霖. 20世纪的中国经济思想史研究：以学术著作为主的考察 [J]. 中国经济史研究，2004 (4)：139-148.

[9] 崔敬伯. 关税问题鸟瞰 [J]. 经济学报，1935，1 (1)：79-88.

[10] 冯小红. 南京国民政府时期 (1927—1937) 的县财政研究综述 [J]. 历史教学，2005 (4)：77-80.

[11] 付志宇，敖涛. 近代中国直接税发展及其借鉴 [J]. 财政科学，2016 (53)：123-129.

[12] 龚汝富. 清末清理财政与财政研究 [J]. 江西师范大学学报 (哲学社会科学版)，1999 (2)：25-29.

[13] 管永昊，贺伊琦. 二战前后西方财政理论发展及其对我国的启示 [J]. 贵州财经学院学报，2008 (6)：26-31.

[14] 韩华. 论陈焕章对孔子"理财"思想的现代诠释 [J]. 社会科学研究，1999 (1)：87-92.

[15] 何汉威. 从清末刚毅、铁良南巡看中央与地方的财政关系 [J]. 台湾"中央研究院"历史语言研究所集刊 (台北)，1997 (1)：55-115.

[16] 侯厚培. 营业税问题之研究 [J]. 经济学季刊，1931，2 (2)：94-113.

[17] 侯厚培. 中国设施遗产税问题 (附表) [J]. 经济学季刊，1923，20 (10)：17-30.

[18] 胡鸣龙. 国民经济建设的几个重要问题 [J]. 中国新论，1936，2 (1)：128-134.

[19] 黄安年. 一个半世纪以来我国出版的美国经济著译作概述 [J]. 世界经济，1993 (11)：85-88.

[20] 黄文模.《马氏文通》的作者及其近代财经思想之探论 [J]. 中南财经大学学报，1992 (3)：125-130.

[21] 纪崇安，陈勇. 赫德与晚清印花税 [J]. 学术研究，2004 (6)：95-101.

[22] 贾士毅. 关税问题之商榷 [J]. 财政月刊，1918，5 (59)：1-8.

[23] 康有为. 公民自治篇 [J]. 新民丛报，1902 (6)：1-8.

[24] 孔祥熙. 抗战三年来财政与金融 [J]. 财政评论，1940，4 (2)：63-73.

[25] 李权时. 划分中央与地方财政问题 [J]. 东方杂志，1923，20 (15)：19-51.

[26] 李权时. 租税之影响 [J]. 复旦学报，1935 (1)：4-13.

[27] 李锐. 中央政府近四年来之税制改革 [J]. 经济统计季刊，1933 (1)：57-74.

［28］梁启超. 论自治［J］. 新民丛报，1902（9）：42-45.

［29］林毅夫. 中国经济学百年回顾［J］. 经济学季刊，2001（1）：3-18.

［30］刘方健. 近代中国的经济研究［J］. 经济学家，1994（4）：117-122.

［31］刘亚猛. 什么是“理论”［J］. 外国语言文学，2006（4）：264.

［32］路瑞锁. 国民政府的“黄金十年”［J］. 资本市场，2012（12）：126-127.

［33］马骏. 包税制的兴起与衰落：交易费用与征税合同的选择［J］. 经济研究，2003（6）：72-80，89-95.

［34］马寅初. 中国国家税与地方税之划分［J］. 中外经济周刊，1926（121）：1-8.

［35］闵天培. 预算决算之公开［J］. 东方杂志，1947，43（1）：33-36.

［36］潘国旗. 第三次全国财政会议与抗战后期国民政府财政经济政策的调整［J］. 抗日战争研究，2004（4）：101-122.

［37］秦瓒. 中国施行所得税问题［J］. 国立北京大学社会科学季刊，1935，5（4）：315-356.

［38］盛俊. 中国现行关税制度及其改正之办法［J］. 银行月刊，1925，2（22）：1-9.

［39］史革新. 十九世纪六十至九十年代西学在中国的传播［J］. 北京师范大学学报，1985（5）：18-24.

［40］士浩. 所得税施行之必要及其应注意之点［J］. 东方杂志，1920，17（21）：109-112.

［41］宋丽智. 国民政府时期超然主计思想变迁研究［J］. 财经研究，2007（8）：108-117.

［42］孙建国. 论近代债信缺失与民国政府债信维护［J］. 中国经济史研究，2014（3）：42-57，175.

［43］孙建华. 近代中国主要的公债风潮及其成因述评［J］. 内蒙古民族大学学报（社会科学版），2011（1）：88-90.

［44］田正平. 嬗变中的留学潮流与民国初年的教育改革［J］. 华东师范大学学报（教育科学版），1995（2）：19-30.

［45］童蒙正. 论关税政策与经济政策［J］. 财政评论，1946，15（3）：13-14.

［46］童蒙正. 如何平衡财政预算［J］. 财政评论，1946，14（1）：9-11.

［47］童蒙正. 中国国家税与地方税之划分施行问题［J］. 中大季刊，1926，1（2）：1-8.

[48] 王晓光. 清朝从康乾盛世到腐朽衰落的历史演变 [J]. 财政研究, 2002 (7): 61-67.

[49] 武艳敏. 统一财政: 1928 年国民政府第一次财政会议之考察 [J]. 史学月刊, 2006 (4): 125-128.

[50] 夏国祥. 清末民初西方财政学在中国的传播 [J]. 江西财经大学学报, 2004 (6): 35-38.

[51] 邢铁. 我国古代专制集权体制下的财政预算和决算 [J]. 中国经济史研究, 1996 (4): 94-102.

[52] 徐沧水. 公债票滥重号之杜渐防微 [J]. 银行周报, 1922, 6 (12): 16.

[53] 徐沧水. 所得税条例改正问题 [J]. 银行周报, 1920 (4): 21-24.

[54] 徐建生. 民国北京、南京政府经济政策的思想基础 [J]. 中国经济史研究, 2003 (3): 70-81.

[55] 许康, 高开颜. 百年前中国最早的《财政学》及其引进者——湖南法政学堂主持人胡子清 [J]. 财经理论与实践, 2005 (6): 123-127.

[56] 严清华, 邹进文. 民国经济思想史研究的意义与构想 [J]. 河南师范大学学报, 2005 (1): 84-87.

[57] 杨汝梅. 各国审计制度与吾国审计制度之比较 [J]. 东方杂志, 1930, 27 (9): 41-44.

[58] 叶青, 吕东民. 孙中山财税思想对当前财税改革之影响 [J]. 中南财经政法大学学报, 1995 (6): 31-33.

[59] 叶世昌. 要重视建国前 30 年经济思想的研究 [J]. 经济纵横, 1990 (8): 55-59.

[60] 虞和平. 关于中国现代化史研究的新思考 [J]. 史学月刊, 2004 (6): 6-8.

[61] 张达聪. 近代中国审计制度的演进及其特点 [J]. 江汉论坛, 1997 (1): 60-66.

[62] 张利荣. 近代学科发展: 19 世纪末 20 世纪初中国经济史研究的兴起 [J]. 江西师范大学学报, 2006 (3): 54-59.

[63] 张素民. 论平时经济与非常时期经济 [J]. 经济学季刊, 1936, 7 (3): 51-55.

[64] 张亚光. 民国金融思想的现代解构 (1912—1949) [J]. 河北经贸大学学报, 2015 (3): 123-129.

[65] 张志超, 等. 中国财政现代化模式的历程——近代中国 (1912—

1937）财税改革问题对话［J］. 华北水利水电学院学报，2007（3）：7-15.

［66］章太炎. 代议然否论［J］. 民报，1908（24）：1-27.

［67］长野朗，李占才. 中国的财政［J］. 民国档案，1994（4）：130-137.

［68］赵可. 20 年代我国留美知识分子对市政改革体制的探索［J］. 四川大学学报，1999（4）：101-108.

［69］郑大华. 论民国时期西学东渐的特点［J］. 中州学刊，2002（5）：18-123.

［70］周力. 略论薛福成的财政思想［J］. 暨南学报（人文科学与社会科学版），1997（1）：59-67.

［71］朱通九. 近代我国经济学进展之趋势［J］. 财政评论，1941（3）：117-126.

［72］朱偰. 论中国之财政书籍及中国财政学［J］. 中央时事周报，1935，4（6）：41-58.

［73］朱偰. 营业税实行以后之牙税及典当税问题［J］. 社会科学丛刊，1936，2（2）：133-143.

［74］邹进文. 清末财政思想的近代转型：以预算和财政分权思想为中心［J］. 中南财经政法大学学报，2005（4）：119-125.

三、学位论文类文献

［1］鲍岳甫. 南京政府时期的中国财政［D］. 马萨诸塞州剑桥市：哈佛大学，1950.

［2］蔡毅. 清末新政时期试办预算研究［D］. 保定：河北大学，2020.

［3］陈弘. 贾士毅财政思想述评［D］. 武汉：华中师范大学，2006.

［4］戴丽华. 民国时期印花税研究［D］. 南昌：江西财经大学，2013.

［5］董菲. 宪政视野下清末预算制度的引进探析［D］. 苏州：苏州大学，2016.

［6］方小玉. 民国《经济学季刊》（1930—1937）研究［D］. 武汉：武汉大学，2009.

［7］郭小兵. 民国《财政评论》（1939—1948）研究［D］. 武汉：武汉大学，2012.

［8］黄煌民. 民国初期袁世凯财政政策研究［D］. 北京：中国政法大学，2010.

［9］李帝. 清末新政财政改革述论［D］. 乌鲁木齐：新疆大学，2006.

［10］李燕. 关于民国时期财政思想的研究［D］. 长沙：湖南大学，2008.

［11］马金华. 外债与晚清政局［D］. 北京：中国人民大学，2004.

［12］彭立峰. 晚清财政思想史研究［D］. 西安：西北大学，2009.

［13］岁有生. 财政制度近代化的尝试［D］. 郑州：郑州大学，2004.

［14］万红先. 民国时期经济学著作的经济思想史研究［D］. 武汉：武汉大学，2013.

［15］王刚. 清末财税改革研究［D］. 济南：山东师范大学，2009.

［16］夏国祥. 中国近代税制改革思想研究（1900—1949）［D］. 上海：上海财经大学，2003.

［17］晏忠波. 南京国民政府前期统税研究［D］. 武汉：华中师范大学，2016.

［18］姚启文. 论统一司法财政权的合理性［D］. 武汉：华中科技大学，2018.

［19］余治国. 近代税制演进过程中厘捐、子口税及其博弈［D］. 合肥：安徽师范大学，2019.

［20］岳鹏星. 晚清财政困局下的货币思想研究［D］. 苏州：苏州大学，2017.

后　记

财政思想史研究在财政学领域可以算是冷门，较少有人愿意涉足。但是实际上，其重要性与必要性并不逊色于时下财政学领域流行的应用研究与对策研究，尤其是在国家领导人多次强调要加强历史学习与研究的大背景下，财政思想史研究对财政学的贡献是显著的，影响是深远的。因此，我们在申请教育部人文社科规划课题时，从传统财政思想的近代转型角度出发，对近代中国中西方财政思想碰撞与交流的历史过程进行研究，以期从中找出一定的规律，并为当前创建中国学派的财政学提供有益的参考。

课题立项后，在研究过程中，相关的中期成果曾在《财政研究》《税务研究》等重要刊物上发表，我们也在国内外学术会议上就某些成果（观点）进行了报告，受到了学术界的普遍关注，并引起了一定程度的理论争鸣。这些争鸣有助于我们深化对研究对象的认识，促使我们不断对书稿加以完善。在课题研究逐步深入和完善的同时，如仍有学术观点方面的错漏缺失，还请各位专家学者不吝指正。

在本书及相关论文的撰写过程中，笔者得到了财政学界和中国经济思想史学界各位同仁的大力支持与善意建议，尤其是得到中国财政学会财政史研究专业委员会和中国经济思想史学会两个学术组织的长期关心与大力支持，使我们的学术观点有平台和阵地发表，在此表示衷心的感谢！

本书初稿完成后，我们先呈请经济思想史学界的前辈学者武汉大学颜鹏飞教授和财政学界的领袖学者山东大学樊丽明教授审阅，蒙二位教授不弃，给予鼓励并慨然为本书作序，在此深表谢忱！

最后，希望学界同仁对本书中的内容、方法、观点与结论展开学术争鸣！

敖涛　付志宇

2022 年春